ALTE ABENTEUERLICHE REISEBERICHTE

Bildnis von Tavernier

Jean Baptiste Tavernier

Reisen zu den Reichtümern Indiens

Abenteuerliche Jahre beim Großmogul
1641–1667

Herausgegeben von
Susanne Lausch und Felix Wiesinger

Mit 24 zeitgenössischen Illustrationen und Karten

EDITION ERDMANN

Die Karten auf den inneren Umschlagseiten zeigen eine neu gezeichnete Karte Indiens mit den Orten, die Tavernier aufgesucht hat, und eine Karte aus dem 17. Jahrhundert.

Herausgeber und Verlag danken der Stadtbibliothek Nürnberg für die Bereitstellung der Nürnberger Ausgabe des Werkes aus dem Jahre 1681 sowie die Bereitstellung von Bildvorlagen; der Österreichischen Nationalbibliothek für die Bereitstellung der Genfer Ausgabe aus dem Jahr 1681 als Grundlage der Textbearbeitung; der Universitätsbibliothek Tübingen für die Bereitstellung der Bildvorlagen aus H. v. Schlagintweit-Sakünlünski, Reisen in Indien und Hochasien, Jena 1869. Bei den Abbildungen auf den Seiten 40, 99, 114 und 229 handelt es sich um Kupferstiche der Gebrüder von Bry (Frankfurt 1598).

Tavernier, Jean Baptiste:
Reisen zu den Reichtümern Indiens: abenteuerl. Jahre beim Großmogul; 1641–1667 / Jean Baptiste Tavernier.
Hrsg. von Susanne Lausch u. Felix Wiesinger. –
Stuttgart; Wien; Bern: Thienemann, Edition Erdmann, 1984.
(Alte Abenteuerliche Reiseberichte)
ISBN 3-522-60600-0

Alle Rechte vorbehalten
© 1984 Edition Erdmann in K. Thienemanns Verlag,
Stuttgart – Wien – Bern
Umschlag- und Einbandgestaltung:
Hilda und Manfred Salemke, Karlsruhe
Druck und Bindung: Friedrich Pustet, Regensburg

Inhaltsverzeichnis

Einführung
Seite 11
Brief an den König
Seite 27

DAS ERSTE BUCH

Das 1. Kapitel
Vom Weg von Isphahan nach Agra durch Gomron, insbesondere von der Schiffahrt von Ormus nach Surat
Seite 33

Das 2. Kapitel
Von den Fuhrwerken und der Art, in Indien zu reisen
Seite 35

Das 3. Kapitel
Der Weg von Surat nach Agra durch Brampour und Seronge
Seite 41

Das 4. Kapitel
Der Weg von Surat nach Agra durch Ahmadabad
Seite 49

Das 5. Kapitel
Der Landweg von Isphahan über Kandahar nach Agra und von der königlichen Residenz in Gehanabad
Seite 60

Das 6. Kapitel
Im prächtigen Königspalast von Agra
Seite 66

Das 7. Kapitel
Über den Weg von Agra nach Patna und Dacca in der Provinz Bengala und wie ich am Königshof betrogen wurde
Seite 73

DAS 8. KAPITEL
*Der Weg von Surat nach Golconda und wie der Großmogul die
Festung Navapour mit einer List zurückeroberte*
Seite 83

DAS 9. KAPITEL
*Das Leben im Königreich Golconda und darüber, wie der Sheikh von
Mecque um die Hand der Königstochter anhielt*
Seite 85

DAS 10. KAPITEL
Der Weg von Golconda nach Masulipatam
Seite 92

DAS 11. KAPITEL
*Über den Weg, der von Surat nach Goa und von dort über Visapour
und Golconda führt, und über die Gefahren, die überall
von Seeräubern drohen*
Seite 93

DAS 12. KAPITEL
Ein Bericht über die Stadt Goa
Seite 98

DAS 13. KAPITEL
Die Erlebnisse auf meiner letzten Reise nach Goa im Jahr 1648
Seite 103

DAS 14. KAPITEL
*Die Geschichte von der Verhaftung des Kapuzinerpaters Ephraim
durch den portugiesischen Inquisitor*
Seite 106

DAS 15. KAPITEL
*Der Weg von Goa nach Masulipatam über Cochin.
Die Geschichte der Eroberung Cochins durch die Holländer und von
der abenteuerlichen Flucht eines französischen Soldaten*
Seite 112

Das 16. Kapitel
Die verlustreiche Seereise von Ormus nach Masulipatam
Seite 124

Das 17. Kapitel
*Über den Weg von Masulipatam nach Gandicot, den Handel mit
dem Feldherrn Mirgimola und über die Elefantenjagd*
Seite 127

Das 18. Kapitel
*Der Weg von Gandicot nach Golconda.
Beschreibung einer Pilgerfahrt nach Carnatica und über die
wunderbare Heilung des Königs durch Aderlaß*
Seite 144

Das 19. Kapitel
*Von der Reise von Surat nach Ormus, während der ich im Kampf
zwischen Holländern und Engländern
in Lebensgefahr geriet*
Seite 152

DAS ZWEITE BUCH

Das 1. Kapitel
Allgemeine Bemerkungen
Seite 159

Das 2. Kapitel
Von der Krankheit Shah Jehans und dem Aufruhr seiner Söhne
Seite 161

Das 3. Kapitel
Über die Gefangenschaft Shah Jehans
Seite 164

Das 4. Kapitel
Über Dara-Chas Flucht und dessen Enthauptung
Seite 167

Das 5. Kapitel
Von der Flucht des Sultans Sujah
Seite 169

Das 6. Kapitel
Über die Gefangenschaft von Sultan Mahmoud und Sultan Soliman
Seite 170

Das 7. Kapitel
Von dem Anfang der Regierung Aureng-zebs
Seite 173

Das 8. Kapitel
Über das Fest des Großmoguls, bei dem er jährlich abgewogen wird
Seite 175

Das 9. Kapitel
Von den Merkwürdigkeiten am Hof des Großmoguls
Seite 178

Das 10. Kapitel
Über die Waren, die man im Reich des Großmoguls und in den Königreichen Golconda und Visapour erhält
Seite 181

Das 11. Kapitel
Von den Diamantengruben
Seite 189

Das 12. Kapitel
Meine Reise zu den anderen Gruben
Seite 197

Das 13. Kapitel
Wie ich auf meiner Reise von Surat nach Gomron betrogen wurde
Seite 201

DAS DRITTE BUCH

Das 1. Kapitel
*Vom absonderlichen Glaubensbekenntnis der Mohammedaner
im orientalischen Indien*
Seite 207

Das 2. Kapitel
Von den mohammedanischen Fakiren
Seite 209

Das 3. Kapitel
Von den Brahmanen und den Kasten
Seite 211

Das 4. Kapitel
*Vom Glauben der Heiden in Indien und über die Sage
vom sprechenden Affen Hanuman*
Seite 215

Das 5. Kapitel
Von den heidnischen Fakiren oder den freiwillig Armen in Indien
Seite 219

Das 6. Kapitel
*Vom Glauben der Heiden über den Zustand der
Seelen nach dem Tod*
Seite 224

Das 7. Kapitel
*Von der Gewohnheit der Heiden, die Leichen zu verbrennen, und
dem Brauch der Frauen in Indien, mit den Körpern ihrer
toten Männer verbrannt zu werden*
Seite 226

Das 8. Kapitel
*Merkwürdige Geschichten von einigen Weibern, die sich nach dem
Tod ihrer Männer verbrannt haben*
Seite 233

Das 9. Kapitel
Von den vornehmsten Pagoden der indischen Heiden
Seite 237

Das 10. Kapitel
Von den Wallfahrten der Heiden zu ihren Tempeln
Seite 244

Das 11. Kapitel
*Über Hochzeitsfeste, Bußgänge und andere Gebräuche
der indischen Heiden*
Seite 245

Das 12. Kapitel
*Vom Königreich Bhutan, in welchem es Bisam und
guten Rhabarber gibt*
Seite 251

Das 13. Kapitel
Vom Königreich Tipra
Seite 257

Das 14. Kapitel
Vom Königreich Assam
Seite 259

Das 15. Kapitel
Über die gefahrvolle Seereise nach Ceylon
Seite 264

Das 16. Kapitel
Vom Königreich Siam
Seite 268

Nachtrag
Seite 276

Worterklärungen, Zeittafel, Literatur
Seite 279

Einführung

Geschichtlich verbürgt weiß man nur von einigen wenigen Personen, die das alte Indien auf dem Landweg bereist und ihre Reiseeindrücke schriftlich niedergelegt haben. Jean Baptiste Tavernier war einer von ihnen. Tavernier, Ritter und Freiherr von Aubonne, besuchte als Kaufmann im 17. Jahrhundert innerhalb von vierzig Jahren sechsmal den indischen Subkontinent und gewann während seiner langjährigen Aufenthalte in diesem Land einen für damalige Verhältnisse tiefen Einblick in die Kultur und Politik Indiens sowie in die Lebensgewohnheiten seiner Bewohner.

Sein Bericht, in welchem er auch über seine Reisen durch die Türkei und Persien schreibt, erschien 1676–1679 in Paris und wurde bald darauf ins Englische und Deutsche übersetzt. Bereits 1681 wurden zwei deutsche Übersetzungen veröffentlicht, eine in Genf, die andere in Nürnberg, was – nebenbei bemerkt – als ein Beweis für das Interesse des zeitgenössischen Leserpublikums Europas an Reisebeschreibungen über fernöstliche Länder gelten kann.

Tavernier unternahm seine Reisen zu einer Zeit der zunehmenden Kolonisation Indiens durch beinahe alle europäischen Seemächte und erlebte noch die letzten Höhepunkte des Mogulreiches. Zwei Mogulkaiser, Shah Jehan und Aureng-zeb, lernte er persönlich kennen, wobei er von der Pracht und dem Glanz ihrer Höfe so ergriffen war, daß er diese Fürsten als die mächtigsten Herrscher ganz Asiens bezeichnete.

Seine Reisen führten ihn kreuz und quer durch ganz Indien; in seiner Eigenschaft als Kaufmann reiste er von Hof zu Hof der damaligen Königreiche und Fürstentümer, um dort seine Waren, vor allem wertvolle Perlen und Diamanten, zu verkaufen. Daß er dabei des öfteren betrogen wurde, versteht sich bei den korrupten Praktiken der damaligen orientalischen Fürsten und Beamten fast von selbst.

Zur Zeit Taverniers dominierten drei große Königreiche den indischen Subkontinent. Im Norden, bis zum Dekkan, erstreckte sich das mächtige Mogulreich, welches von dem großen Herrscher Akbar (1556–1605) gegründet worden war. Im Laufe seiner Regierungszeit gelang es diesem Fürsten, die Länder Gujerat und Sind im Westen sowie Bengalen im Osten seinem Reich einzuverleiben und zu einem einheitlichen Staatsgebilde zusammenzuschweißen, dessen Nordgrenze der Himalaya bildete. Selbst das heutige Nepal war ein Vasallenstaat des Reiches von Akbar. Die Regierungszeit Akbars gilt in der indischen Geschichte noch immer als »Goldene Epoche«. Als Sohn des Herrschers von Delhi, Humayun, mußte er schon in jungen Jahren – als sein Vater starb, war er gerade 14 Jahre alt – die Regierungsgeschäfte übernehmen. Die Politik Akbars in den von ihm unterworfenen Staaten war in erster Linie geprägt von seiner Toleranz den Hindus gegenüber. Im Unterschied zu seinen Vorgängern auf dem Mogulthron, die die hinduistische Bevölkerung brutal unterdrückt hatten, erkannte er sehr schnell, daß nur mit den Hindus gemeinsam und nicht gegen sie ein überlebensfähiger Staat zu schaffen war. Seine Abkehr von der früheren Unterdrückungspolitik, die lediglich – wie zu Zeiten seiner Vorgänger – dazu geführt hätte, die Energien seiner Armee in der Niederwerfung hinduistischer Aufstände gegen die Zentralgewalt zu erschöpfen und sein erfolgreiches Bestreben, die Hindu-Fürsten mit seiner Herrschaft auszusöhnen, waren die Voraussetzung für die territoriale Ausdehnung und politische Sicherung seines Reiches. Seiner Toleranzpolitik war es auch zu danken, daß zwei so grundverschiedene Kulturgruppen wie die Hindus und die Moslems einander näherkamen und ein friedliches Nebeneinander leben konnten.

Unter den zahlreichen Aussöhnungsversuchen gegenüber den Hindus hatte die Abschaffung der Steuer auf hinduistische Pilgerfahrten und der »Jizya« (Kopfsteuer auf alle Hindus) den größten Erfolg. Akbars Toleranzpolitik trug auch bald die ersehnten Früchte, indem die Rajputen (Hindu-Fürsten in Nordindien) ihm ihre Treue schworen und bald zu festen Stützen des Mogulreiches wurden. Akbar bestellte aus diesem Kreise auch einige seiner besten Minister; der Hindu Todar Mall z. B. wurde von ihm zum Ministerpräsidenten ernannt. Für einen Moslemstaat war eine solche Politik, und ist dies sicherlich noch heute, etwas Unvorstellbares und an Ketzerei Grenzendes.

Für Anhänger der islamischen Orthodoxie waren Akbars Aussöhnungsbestrebungen gegenüber den nicht-islamischen Bevölkerungsgruppen nichts anderes als eine verabscheuungswürdige Häresie. Insbesondere die Religionsgespräche, die er regelmäßig mit den anderen Religionsgemeinschaften zu führen pflegte, erfüllten strenge Moslems mit Verachtung gegenüber Akbar. So ist es denn auch nicht verwunderlich, daß sich seine Nachfahren unter dem Druck ihrer religiösen Oberhäupter langsam von dem staatsmännischen Pfad der Duldung aller Religionen abwandten. Jehangir und Shah Jehan gingen dabei noch behutsam vor und waren bemüht, einen offenen Bruch mit den Hindu-Fürsten zu vermeiden. Unter dem Sohn Shah Jehans, Aureng-zeb, der als letzter Großmogul in die Geschichte eingehen sollte, wurde der Weg der Toleranz indes endgültig verlassen. Die Engstirnigkeit Aureng-zebs, die auf seiner tiefen islamischen Religiosität gründete, war letztlich schuld an dem rapiden Zerfall des durch Akbar gegründeten Reiches. Gerechterweise muß hinzugefügt werden, daß Aureng-zeb dabei nur den religiösen Aufforderungen seiner Priester folgte und erst kurz vor seinem Tod erkannte, daß seine Politik mit verhängnisvollen Fehlern behaftet war. Einer dieser Fehler war der Bruch mit den Rajputen, indem er aus unverständlichen Gründen über den Tod eines seiner besten Rajputengeneräle, Raja Jai Singh von Jaipur, öffentlich seine Freude ausdrückte. Er führte für die Hindus wieder die Kopfsteuer ein und verbot die Errichtung neuer hinduistischer Tempel. Ein weiterer krasser Fehler war die Zerstörung des neuerrichteten Tempels von Mathura, eines der heiligsten Gebäude der Hindus. Zuerst rebellierten die aufgebrachten Rajputen gegen diesen fanatischen Herrscher, und bald danach flammten in allen Gebieten des Reiches Aufstände der Hindus auf. Anstatt äußere Feinde, vor allem die ins Land eindringenden Europäer konsequent zu bekämpfen, war er dazu gezwungen, seine Armee mit der Niederwerfung dieser zahlreichen Rebellionen zu beschäftigen.

So begann der Zerfall des Mogulreiches, der darauf zurückzuführen ist, daß Aureng-zeb die Hindus gegen sich aufbrachte und seine Vasallen in den Grenzgebieten nicht mehr beherrschen konnte. Tavernier erlebte lediglich die Anfänge der Regierungszeit Aureng-zebs. Die Hinwendung zu einer neuen islamischen Frömmigkeit und die damit einhergehende Intoleranz anderen Religionen gegenüber konnte er noch, wie in seinem Bericht zum Ausdruck kommt, aus eigener Anschauung verfolgen, nicht jedoch die verheerenden Auswirkungen, die diese geistige Grundströmung für das Reich des Großmoguls letztendlich haben sollte.

Die beiden anderen mächtigen Moslemreiche, die Tavernier bereiste, waren Golconda und Bijapur (Visapour) in Südindien. Beide wurden von Angehörigen der schiitischen Sekte regiert – im Unterschied zum Reich des Großmoguls, dessen Herrscher sich zur sunnitischen Glaubensrichtung bekannten.

Beide Staaten konnten sich einer ausgezeichneten Administration und eines großen Handelswohlstands rühmen. Golconda erstreckte sich zwischen den beiden Flüssen Godavari und Krishna bis an die Coromandelküste Indiens. Tavernier besuchte Golconda, als es auf dem Höhepunkt seiner Macht- und Prachtentfaltung stand. Golconda war von der Quli-Qutb-Dynastie 1518 gegründet worden und konnte sich bis 1686 behaupten, obwohl es ständiger Bedrohung durch das Mogulreich ausgesetzt war. Die sinnlose Verschwendung und korruptes Finanzgebaren seiner Verwaltung zwangen Aureng-zeb immer wieder, das wohlhabende Golconda zu überfallen und so seine leeren Staatskassen wieder zu füllen. Nach zähem Widerstand wurde Golconda im Jahre 1686 schließlich zur Kapitulation gezwungen.

Der dritte Moslemstaat, Bijapur, lag westlich von Golconda und beherrschte den größten Teil der Malabarküste Indiens. Die Jahre 1580–1656 umreißen seine bedeutendste Epoche. Tavernier war vom Reichtum dieses Staates sichtlich beeindruckt. Die Politik Bijapurs zeichnete sich wie die Akbars durch Toleranz gegenüber der Hindubevölkerung aus. Seine fähigsten Herrscher, namentlich Ibrahim II und Mohammed, bauten diesen Staat in den Jahren 1580–1656 zu einer bedeutenden Handelsmacht aus. Die wirtschaftliche Stärke erweckte, wie im Fall Golconda, den Neid des geldbedürftigen Aureng-zeb, der 1686 nach harten Kämpfen der Unabhängigkeit dieses Staates ein Ende setzte.

Obwohl die genannten Staaten im 17. Jahrhundert eindeutig das Land beherrschten, war zu dieser Zeit bereits ein dichtes Netz von europäischen Stützpunkten entlang der gesamten indischen Küste gezogen. Vasco da Gama entdeckte 1497 als erster Europäer den Seeweg nach Indien und legte am 18. Mai 1498 im Hafen Kalikut an. Er konnte von Glück reden, daß der Hafen einem Hindufürsten, dem Zamorin von Kalikut, gehörte, denn wäre er etwas nördlicher im Königreich Bijapur angekommen, so wäre er sicherlich nicht so freundlich empfangen worden. Die Hindus, die schon seit alters her auf den Handel mit auswärtigen Kaufleuten eingestellt waren[1], begrüßten die Fremden herzlich, in der Erwartung eines gewinnträchtigen Geschäftes. Obwohl sicherlich die Brechung des Handelsmonopols der Araber am Indischen Ozean das Hauptmotiv für Vasco da Gamas Seereise war, beschränkten sich die Portugiesen bald nicht mehr nur auf den Handel, sondern mischten sich überdies in die innere Politik des Landes massiv ein. Unterstützt wurden sie dabei von den zahlreichen inneren Streitigkeiten der Fürstentümer untereinander, die zu spät erkannten, daß die „fremden" Kaufleute eine echte Gefahr für sie bedeuteten. Bijapur war auch der erste Staat, der den europäischen Eindringlingen Widerstand entgegensetzte. So wurde der auf seinem Territorium liegende Hafen Goa energisch verteidigt, was letztlich allerdings vergeblich war. Im Jahr 1510 fiel er endgültig in die Hände der Portugiesen, die sich dort bis 1962 als Kolonialmacht halten konnten. Darüber hinaus eroberten die Portugiesen zwei weitere Stützpunkte, nämlich Diu und Daman, beide im Fürstentum Gujerat gelegen. Trotz heftiger Gegenwehr des Fürsten von Gujerat, der vom Kalifen des osmanischen Reiches mit einer Flotte unterstützt wurde, gingen diese Häfen für Gujerat verloren. Anstatt sich mit Bijapur zu verbünden, um so gemeinsam die „europäische Gefahr" zu bannen, war das Mogulreich vorrangig darauf aus, die aus seiner Sicht feindlich gesinnten schiitischen Dekkanreiche (Bijapur und Golconda) zu erobern. Obwohl die Portugiesen die Häfen von Gujerat, welches unter Akbar in das Reich der Moguln eingegliedert worden war, bedrohten, wurde ihnen kein Widerstand entgegengesetzt. Einer der Hauptgründe, warum Akbar und andere Fürsten die Portugiesen duldeten, war deren Rolle als Waffenlieferanten für ihre schlecht ausge-

1 Erster nachgewiesener Handel in Indien fand schon im Indusreich in den Städten Mahenjo Daro und Harappa statt. Handel wurde vor allem mit Mesopotamien betrieben.

statteten Armeen. Die Portugiesen lieferten, besonders an die Hindus, Rüstungsgüter in steigendem Umfang. Vijayanagar, ein Hindustaat in Karnataka, der bei der Schlacht von Talikot 1565 ausgelöscht wurde, war einer ihrer Hauptkunden und zahlte horrende Preise für die Einfuhr von Kampfpferden. Aber auch die Gegenseite wurde beliefert. So entdeckte Akbar, als er versuchte, die Festung Asirgarh dem Fürsten von Khandesh abzuringen, daß die Portugiesen seinem Feind eine bessere Artillerie verkauft hatten als seiner eigenen Armee. Die indischen Fürsten wurden erst hellhörig, als die Portugiesen begannen, ihre Handelsstützpunkte zu befestigen und zu kleinen Forts auszubauen und diesen dann einen exterritorialen Status zu geben. Als schließlich ein portugiesischer Vizekönig für Indien bestellt wurde, bestätigte sich der Verdacht einiger weitblickender Herrscher. Doch mittlerweile war es schon zu spät, um die Portugiesen noch besiegen zu können.

Als Tavernier Indien erreichte, war die Macht der Portugiesen bereits im Niedergang. Doch ihre Brutalität und die Greueltaten, die sie begingen, machten es den Hindus unmöglich, mit den neuen Eroberern zusammenzuarbeiten. An die Stelle der Portugiesen traten nun neue Mächte, allen voran die Briten.

Bereits 1585 waren angeblich drei Schiffbrüchige bei Akbar und hatten einen Brief der englischen Majestät bei sich. Ein weiterer Brite, John Mildenhall, besuchte Akbar 1605 und erbat von ihm Handelserleichterungen. Die neugegründete Ostindien-Kompanie schickte drei Jahre später den hochgebildeten und sprachlich versierten Captain Hawkins, der neben einem Brief des englischen Königs an Jehangir Geschenke im Wert von 25 000 Goldstücken mitbrachte. Die Moguln sahen in den Briten eine willkommene Konkurrenz zu den Portugiesen, die mittlerweile den ganzen Außenhandel Indiens unter ihre Kontrolle gebracht hatten.

Der diplomatisch geschickteste Schritt der Briten war jedoch, 1615 ihren Ersten Bevollmächtigten Gesandten, Sir Thomas Roe, zu Jehangir zu schicken, um mit ihm Verhandlungen über die Förderung des bilateralen Handels zu führen. Sir Roe war der erste europäische Gesandte am Mogulhof, und durch sein geschicktes Auftreten gewann er bald die Anerkennung des Großmoguls. Die Briten erhielten die Erlaubnis, zuerst in Surat und später in Masulipatam Faktoreien zu errichten. Die empörten Portugiesen jedoch rächten sich, indem sie kaiserliche Handelsschiffe angriffen und ihre wertvollen Ladungen, die zum Teil Privatbesitz der kaiserlichen Familie waren, vernichteten. Der Versuch Jehangirs, Daman daraufhin anzugreifen, scheiterte, und so wurde er gezwungen, die Privilegien, die er den Briten gewährt hatte, wieder zurückzunehmen.

Neben den Briten trat Holland als neuer Machtfaktor in Indien auf. Die Holländer gingen sofort daran, Goa zu blockieren und den Portugiesen einige Stützpunkte an den Küsten Indiens abzunehmen. Tavernier war selbst Zeuge von der allmählichen Zerschlagung des portugiesischen Indienreiches durch die Holländer.

Trotz dieser Wirren wurde das Netz europäischer Faktoreien und Stützpunkte an den Küsten größer und größer. Shah Jehan mußte sich unter dem Druck der einheimischen Kaufleute entschließen, dagegen etwas zu unternehmen. Als Angriffsziel wählte er die Portugiesen in Bengalen, die an der Mündung des Flusses Hugli eine befestigte Niederlassung hatten und aufgrund ihrer üblen Verhaltensweisen am meisten verhaßt waren. Sie betrieben nicht nur Sklavenhandel, den Akbar vormals abgeschafft hatte, sondern rissen auch mit Gewalt kleine Kinder an sich – unter dem Vorwand, sie zum Christentum bekehren zu wollen. Shah Jehan ließ diesen Ort belagern und, nachdem er nach drei Monaten gefallen war, alle ergriffenen Portugiesen kurzerhand umbringen (1632).

Solche Unternehmungen konnten die europäischen Seenationen jedoch nicht aufhalten, ihre Stützpunkte weiter auszubauen und den Handel in wachsendem Maß an sich zu reißen.

Als der letzte Großmogul, Aureng-zeb, 1707 starb, war der Grundstock für die europäische Kolonisierung Indiens bereits gelegt. Die sich im Niedergang befindenden Portugiesen hielten noch immer Goa, Daman und Diu; die Holländer besaßen Cochin, Pulicat und Nagepatam an der Ostküste. Die Franzosen regierten u. a. in Masulipatam, Pondicherry und Chandarnagor, und selbst das Heilige Römische Reich Deutscher Nation errichtete eine Faktorei in der Nähe des heutigen Kalkutta. Im Vergleich zu den Besitzungen der Briten waren all diese aber unbedeutend. Die Engländer bemächtigten sich der Städte Surat, Bharuch, Bombay, Madras und der Mündung des Hugli in Bengalen. Zu Beginn des 18. Jahrhunderts zählten die anfänglich kleinen Faktoreien von Madras 20000, die von Kalkutta 100000 und die von Bombay 70000 Einwohner. Sie waren also längst keine bloßen Handelsstützpunkte mehr, sondern richtige Städte, deren Einwohner unter britischem Recht und britischer Verwaltung lebten.

Trotzdem betrachteten die Großmoguln Shah Jehan und Aureng-zeb die Europäer allenfalls als unliebsame Handelskonkurrenten, die jedoch die Existenz des Reiches gegenwärtig nicht grundsätzlich bedrohten. Das Mogulreich war nach dem osmanischen und persischen Reich der dritte große mohammedanische Staat im asiatischen Raum. In seiner Selbstherrlichkeit verkannte der kaiserliche Hof in Agra und Delhi den neuen expansionistischen und kolonisierungsfreudigen Geist der Politik der europäischen Großmächte. Die Außenpolitik des Mogulreichs konzentrierte sich ausschließlich auf die ihm unmittelbar benachbarten Gebiete. An seiner Nordwestgrenze lebten die aufständischen und von einem starken Expansionsdrang beflügelten Ösbegen, die wegen ihres sunnitischen Glaubens vom osmanischen Reich unterstützt wurden. So ist es auch nicht verwunderlich, daß die Ösbegen dem sunnitischen Akbar ein Bündnis anboten, um mit ihm gemeinsam das schiitische Persien anzugreifen. Aus sehr wohlüberlegten Gründen lehnte Akbar dieses Angebot freundlich ab, woraufhin die Ösbegen Iran allein angriffen und eine vernichtende Niederlage erlitten. Shah Jehan und Aureng-zeb führten eine Reihe von Feldzügen gegen die Ösbegen, die für die Nordwestgrenze des Reiches eine ständige Gefahr darstellten.

Zur Zeit Taverniers kamen als neue Gefahrenherde die Pathanen und Afghanen hinzu. Aureng-zeb ließ die Rebellionen dieser Stämme mit unvorstellbarer Brutalität, gepaart mit der Vergabe von reichlichen Geschenken, niederschlagen. Neben solchen aufreibenden Grenzstreitigkeiten waren die beiden islamischen Dekkanstaaten – Bijapur und Golconda – der größte Dorn im Auge der Großmogeln Shah Jehan und Aureng-zeb. Bereits unter Shah Jehan gelang es, diese Staaten zu unterwerfen. Allerdings konnten wiederholte Aufstände gegen die Zentralgewalt nicht verhindert werden. Erst 1686 erreichte Aureng-zeb die endgültige Unterwerfung dieser Staaten.

Diese ewigen Kleinkriege erschöpften das Land vollkommen. Insbesondere der Versuch, die Dekkanländer völlig auszupressen, um dann die zahlreichen Feldzüge zu finanzieren, verschlimmerte die Situation zusehends.

Als eine Gegenbewegung zu den Moslems traten im Dekkan die Marathen auf. Unter ihrem genialen Führer Shivaji (1627–1680) konnte ein für kurze Zeit ansehnliches Marathenreich errichtet werden. Aus verstreuten Bergfestungen führte Shivaji einen taktischen Guerillakrieg gegen die islamischen Herrscher und rief einen Hindu-Staat inmitten eines mohammedanisch besetzten Gebietes aus. Dieser Staat zeichnete sich vor allem durch seine ausgezeichnete Verwaltung

Briefmarke nicht vergessen!

Rückantwort

Edition Erdmann
in K. Thienemanns Verlag
Blumenstraße 36

D-70182 Stuttgart

Absender

Name, Vorname

Straße/Nr.

PLZ/Ort

E-Mail-Adresse

Alter / Beruf

☐ Bitte informieren Sie mich regelmäßig über die Reihe »Alte Abenteuerliche Reise- und Entdeckerberichte«

☐ Bitte schicken Sie mir das aktuelle Gesamtverzeichnis der Edition Erdmann

Ich besitze ____ Bände der Edition Erdmann

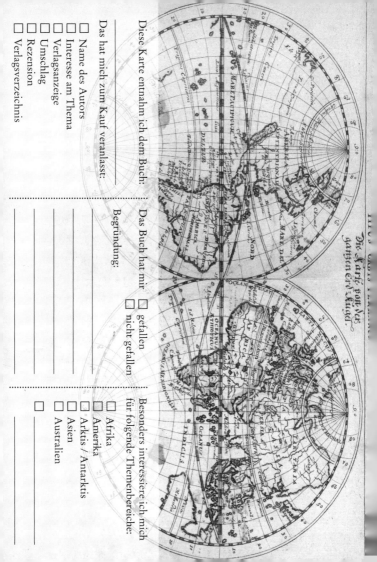

Die Karte von der ganzen Erd-Kugel.

Diese Karte entnahm ich dem Buch:

Das Buch hat mir
☐ gefallen
☐ nicht gefallen

Begründung:
....
....

Das hat mich zum Kauf veranlasst:
☐ Name des Autors
☐ Interesse am Thema
☐ Verlagsanzeige
☐ Umschlag
☐ Rezension
☐ Verlagsverzeichnis

Besonders interessiere ich mich für folgende Themenbereiche:
☐ Afrika
☐ Amerika
☐ Arktis / Antarktis
☐ Asien
☐ Australien

und durch sein straff organisiertes Militär aus. Shivaji ließ als einziger indischer Fürst eine Flotte bauen, die im 18. Jahrhundert den Briten und Portugiesen an der Malabarküste große Schäden zufügte. Nach seinem frühen Tod, er starb schon mit 53 Jahren, gingen große Teile seines Reiches wieder an die Moguln verloren.

Zur Zeit Taverniers gab es noch eine zweite nicht-mohammedanische Bewegung gegen die Moguln, nämlich die Aufstände der Sikhs im Punjab. Jehangir ließ ihren fünften Guru (geistiger Führer) ermorden und löste damit kriegerische Unruhen in diesem Gebiet aus. Mit der brutalen Ermordung ihres neunten Gurus durch Aureng-zeb wurde der endgültige Bruch mit dem Mogulreich besiegelt. Der Kampfgeist gegen die Zentralgewalt, der den Sikhs schon damals eigen war, besteht noch heute und wird vor allem von ihren geistigen Führern aufrechterhalten.

Das 18. Jahrhundert markiert den Beginn der eigentlichen Kolonisation Indiens. Während im 17. Jahrhundert die Europäer sich noch auf ihre Stützpunkte an der Küste und das Hinterland beschränkten, begannen sie sich im 18. Jahrhundert in die zahlreichen Thronfolgestreitigkeiten der indischen Fürsten einzumischen. Briten und Franzosen waren in diesem Bereich besonders aktiv und konnten so einen weitreichenden politischen Einfluß an den Höfen der Potentaten erringen.

So war es auch durchaus möglich, daß sich die beiden Staaten auf indischem Boden bekämpften, indem sie des öfteren jeweils verschiedene rivalisierende Fürsten unterstützten. Die Briten jedoch behielten die Oberhand und konnten ihren politischen Einfluß stark ausdehnen. Mit dem Beginn des 19. Jahrhunderts verlor der indische Subkontinent seine politische Selbständigkeit gänzlich an die Briten – bis zur Unabhängigkeitserklärung im Jahr 1947.

Tavernier, Chronist eines bedeutsamen Abschnitts indischer Geschichte, läßt uns diese Epoche durch die Schilderung seiner Reisen miterleben. Seine Bewunderung für die Mogul-Kaiser ist offenkundig, wobei er sich nicht scheut, in aller Ausführlichkeit die »Gastgeschenke« aufzuführen, mit denen er die Gunst der Herrscher erreichte. Tavernier ist ein weltoffener Mann, tolerant und mit viel Verständnis für die fremde Kultur. Dennoch kann er nicht immer das Gefühl der Überlegenheit des Repräsentanten eines europäischen christlichen Kulturvolkes gegenüber dem Islam und vor allem der als »Heiden« bezeichneten Hindus unterdrücken. Er sieht nur das Absonderliche, so die Witwenverbrennungen und die »heiligen Kühe«, dringt aber nicht tiefer in die Grundlagen des Glaubens ein. Ihm genügt es, alles Bedeutsame, was er sieht und hört, zu registrieren, und das ist nicht wenig. So wird Tavernier zu einem Zeugen indischer Geschichte, als Indien nicht nur reich an Diamanten war, sondern auch Lebensmittel, Reis und Zucker, »im Überfluß« besaß – bevor die europäische Kolonisation das Land durchdrang.

Susanne Lausch
Felix Wiesinger

Zur Redaktion dieses Werkes:

In dem gleichzeitigen Bemühen, den eigentümlichen Sprachduktus und die daran geknüpfte Ausstrahlung des Tavernierschen Reiseberichts zu wahren und dennoch dem heutigen Leser einen verständlichen und gut lesbaren Text zu präsentieren, wurden bei der Bearbeitung der hier zugrundeliegenden deutschen Ausgabe von 1681 nur solche Textpassagen abgeändert, die die Verständlichkeit und Lesbarkeit für den heutigen Leser nur unnötig erschwert hätten. Insoweit bestimmte Textstellen, z. B. Ausführungen über kaufmännische Details wie Zölle, Währungen, Gewichte usw., für das Lesepublikum nur von geringem Interesse sind, wurden sie gekürzt oder ganz gestrichen. Was die Umschrift der Namen anbelangt, haben sich die Herausgeber weitgehend auf das Original gestützt; wo dies möglich war, wurde indes die moderne Schreibweise verwendet. (Bei der Existenz verschiedener Umschriftsysteme soll es den Leser nicht irritieren, wenn er bei vielen Namen in anderen einschlägigen Werken auf unterschiedliche Schreibweisen stößt.)

Herrn Johann Baptisten Taverniers/
Freyherrns von Aubonne/
Vierzig = Jähriger
Reise-Beschreibung
Anderer Theil/
Worinnen dessen in Indien/ und andern benach-
barten Inseln/ insonderheit aber am Hofe des grossen Mo-
gols/ höchstlöblichst = vollbrachte Verrichtungen ausführlichst
verzeichnet/ und mit Kupfer = Figuren bestens
ausgezieret.

Alles Teutscher Nation zu Liebe/ Nutz und Ergötzung/
aus dem Französischen in das Teutsche treulichst über-
getragen und zum Druck befördert
durch
J. Menudier.

Nürnberg/
In Verlegung Johann Hofmanns/ Buch=und
Kunsthändlers.

Im Jahr Christi 1681.

An den König

Allergnädigster König, mein innigster Wille, Eurer Majestät zu dienen, und mein Wunsch, dem Vaterland treue Dienste zu leisten, sind zwei Regungen, die es trotz vieler Bemühungen nicht zulassen, mein Leben in Ruhe zu genießen.

Mein Alter hindert mich daran, neue Reisen zu unternehmen. Ich schäme mich denn auch, daß ich meinem Vaterland nicht mehr wie gewohnt zu dienen vermag.

Ich fühle mich aber verpflichtet, über das, was ich auf meinen Reisen erlebt und gesehen habe, ausführlich Bericht zu erstatten. Dabei hoffe ich, Allergnädigster Herr, daß die Reisebeschreibungen, die ich meinen Tagebüchern entnehme, meinen Landsleuten ebenso nützlich und angenehm sein mögen wie jene Kostbarkeiten, in deren Besitz zu kommen ich während meiner Reise das Glück hatte.

Mit diesem Bericht verfolge ich nicht nur die Absicht, die Neugier des Publikums zu befriedigen, vielmehr geht es mir um einen viel edleren Zweck. So wie mich nicht nur die Aussicht auf Gewinn gereizt hat, so viele fremde Länder zu bereisen, ebenso hat mich auch nicht nur das Verlangen, ein Buch unter meinem Namen zu veröffentlichen, dazu bewogen, diesen Reisebericht zu schreiben.

Ich war immer bemüht, sowohl Eurer Majestät die Besonderheiten der verschiedenen Länder zur Kenntnis zu bringen, als auch in eben diesen Ländern über die Wunderwerke, die in Eurem Reich geschaffen wurden, zu berichten und damit ein vollkommenes Bild von Eurer Macht zu zeichnen, das beweisen sollte, wie weit Eure Untertanen allen anderen Völkern an Mut und Fleiß überlegen sind.

Ich kann mich rühmen, daß mir Angeberei und Übertreibungen fremd sind. Dennoch will ich herausstreichen, daß ich mich den fremden Völkerschaften gegenüber, die uns unseren Wohlstand mißgönnen und mit Verleumdung unsere Erfolge zu schmälern versuchen, oftmals vielleicht sogar zu frei geäußert habe. Ich habe mich mehrmals in Lebensgefahr begeben, wenn ich in Gegenwart orientalischer Fürsten Eure Majestät über alle europäischen und orientalischen Könige gestellt habe. Trotz dieser Gefahr habe ich die Barbaren gelehrt, Euren Namen zu verehren. Und gerade weil Eure Majestät wegen Eures Großmuts und Eurer Tapferkeit in aller Welt hochberühmt sind, hatte ich es Eurem Namen zu verdanken, daß ich in vollkommener Sicherheit über sechzigtausend Meilen über Land reisen konnte.

Ich habe sechsmal die Türkei, Persien und die schönsten Gebiete Indiens bereist und dort auch die berühmteste Diamantengrube besucht. Ich schätze mich überaus glücklich, daß die kostbaren Perlen, die ich von meinen Reisen mitgebracht habe, der Krone Eurer Majestät zur Verzierung haben dienen können. Noch glücklicher wäre ich, wenn Eure Majestät meinen Reisebericht nicht für unwürdig hielten und ihm einige gnädige Augenmerke widmeten. Es finden sich darin Beschreibungen von den Besonderheiten der drei mächtigsten Königreiche Asiens sowie der Sitten und Gebräuche ihrer Bewohner. Zwischen die Berichte über die Karawanenzüge habe ich mehrere Geschichten eingeschoben, die das Gemüt des Lesers erfreuen sollen. Dies habe ich einer Gewohnheit der orientalischen Völker nachempfunden, die in der Wüste in Karawanen herumziehen und dabei die Reisenden mit solchen Geschichten unterhalten.

Ausgesprochen ausführlich habe ich nur das großtürkische Reich, das Königreich Persien sowie das Reich des Großmoguls beschrieben. Damit verfolge ich den Zweck, die fünf verschiedenen Reiserouten, auf denen man dorthin gelangen kann, genauestens zu beschreiben und die Irrtümer, die darüber von denen verbreitet werden, die diese Wege bereits beschrieben haben, aufzudecken.

Mein Reisebericht ist sprachlich sicherlich etwas ungeschickt, dennoch hoffe ich, daß die Sonderlichkeiten und die Wichtigkeit der Dinge, die darin zur Sprache kommen, dafür Gewähr bieten, daß er nicht ungelesen und mißachtet bleibt.
Diese meine Arbeit werde ich aber erst dann für gelungen erachten können, wenn Eure Majestät ihr ein gutes Zeugnis ausstellen werden.

Damit bin ich, Allergnädigster König und Herr, Eurer Majestät Untertänigster, Getreuester und Gehorsamster Knecht und Untertan.

J. B. Tavernier

DAS ERSTE BUCH

ÜBER DIE WEGE NACH AGRA UND GEHANABAD AN DEN HOF DES GROSSMOGULS UND ZU DEN HÖFEN DER KÖNIGE VON GOLCONDA UND VISAPOUR UND DEN ANDEREN REISEORTEN IN INDIEN

Das 1. Kapitel

Vom Weg von Isphahan nach Agra durch Gomron, insbesondere von der Schiffahrt von Ormus nach Surat

Von Isphahan nach Agra kann man zwischen zwei Wegen wählen: Der eine führt teils über Land, teils über See, wobei man sich in Ormus einschifft, der andere ganz über Land durch Kandahar. Es folgt nun die Beschreibung der Schiffsreise von Ormus nach Surat.

Die Schiffahrt auf dem indischen Meer ist im Unterschied zum europäischen Meer nicht zu allen Zeiten möglich, sondern man muß hierzu günstiges Wetter abwarten. Besonders geeignet zur Einschiffung von Ormus nach Surat und umgekehrt sind die Monate von November bis März.

Bei der Rückreise darf man von Surat jedoch nicht später als Ende Februar auslaufen, von Ormus hingegen kann man bis Ende März, ja sogar bis Mitte April ablegen.

In den ersten vier Monaten bläst ein Nord-Ost-Wind, wodurch die Reise von Surat nach Ormus nur 20 Tage dauert.

Die Schiffe, die von Ormus auslaufen oder von Surat kommen, pflegen Kurs auf Muscat an der Küste Arabiens zu nehmen, um den Eingang zum Persischen Golf zu finden. Aber keines von ihnen berührt Muscat, weil es sonst dem arabischen Fürsten, der diesen Platz den Portugiesen abgenommen hat, Zoll zahlen müßte.

Die Stadt Muscat liegt am Ufer des Meeres, gegenüber von drei Felsen, die den Zugang zu ihr sehr erschweren. Unterhalb eines Berges haben die Portugiesen drei oder vier Schanzen errichtet. In Muscat, Ormus und Balsara ist die Hitze unerträglich. Früher beherrschten allein die Engländer und Holländer die Schiffahrt, seit etlichen Jahren jedoch halten Armenier, mohammedanische Inder und heidnische Handelsleute ebenfalls Schiffe, auf denen man aber nicht so sicher reist wie auf europäischen. Den Indern fehlt es doch noch sehr an See-Erfahrung, und sie besitzen auch nicht so seetüchtige Schiffe wie die Europäer.

Die Schiffe, die nach Surat, dem einzigen Hafen im ganzen Reich des Großmoguls wollen, segeln an Diu und an der Spitze von St. Johann vorbei, um dann den Hafen von Suwali anzulaufen, der nur vier Meilen von Surat und zwei Meilen von der Mündung des Flusses Tapti entfernt ist.

Von dort aus bringt man die Waren auf dem Landweg oder auf kleinen Schiffen in die Stadt. Die Holländer wie auch die Engländer kehren, nachdem sie ihre Waren in Suwali an Land gebracht haben, wieder zurück. Es ist ihnen nämlich nicht erlaubt, den Fluß zu befahren.

Surat ist eine mittelgroße Stadt mit einer sehr schlechten Festung. Diese Festung muß man passieren – egal, ob man zu Wasser oder zu Land die Stadt erreichen will.

Der Gouverneur der Festung hat den Oberbefehl über die dort stationierten Soldaten. Doch er verfügt über keinerlei Macht über die Stadt, denn sie hat einen eigenen Gouverneur, der die königlichen Zölle und andere Einkünfte der Provinzen einzieht.

Die Häuser der gewöhnlichen Leute sehen wie Scheunen aus. Sie sind aus Rohr und Binsen gefertigt, und die leeren Stellen werden mit Kuhmist und Erde überdeckt und abgedichtet. In ganz Surat gibt es nur neun oder zehn Häuser, die gut gebaut sind, von denen allein der »Cha-Bander« oder »Vorgesetzter der Kaufleute« zwei besitzt. Die übrigen gehören mohammedanischen Kaufleuten.

Die Häuser der Engländer und Holländer sind ebenfalls gut ausgestattet. Jeder Vorgesetzte oder Befehlshaber ist bemüht, sie in gutem Zustand zu halten. Die Kosten werden von der jeweiligen Handelskompanie übernommen. Häuser dürfen aber nur gemietet werden, weil der König besorgt ist, daß sonst eine fremde Festung entstehen könnte.

Die Kapuzinerpater haben ein bequemes Haus nach Art unserer europäischen Häuser zusammen mit einer schönen Kirche bauen lassen. Der Kauf mußte aber unter dem Namen eines mohammedanischen Kaufmanns von Aleppo, Chelebi genannt, vorgenommen werden.

Das 2. Kapitel

Von den Fuhrwerken und der Art, in Indien zu reisen

Das Reisen in Indien ist nicht weniger bequem als in Frankreich oder Italien. In Indien verwendet man weder Esel noch Maultier oder Pferd für die Fuhrwerke, sondern Ochsen oder Karren, da das Land eben ist.

Die Ochsen werden mit 300 bis 350 Pfund beladen. Zehn- bis zwölftausend Ochsen tragen oft in einem Zug Reis, Korn und Salz an die Orte, an denen die Waren gehandelt werden.

Manchmal benützt man auch Kamele, vornehmlich für das Gepäck der großen Herren. Wenn die Ware schnell nach Surat gebracht werden soll, werden Ochsen bevorzugt, da die Karren für eine schnelle Reise zu umständlich sind.

Das Land des Großmoguls ist gut ausgebaut. Alle Felder sind mit Gräben und einem eigenen Weiher oder einer Wasserstelle versehen, um die Felder bewässern zu können. Dies ist für die Reisenden jedoch von großem Nachteil, denn wenn sie ein großes Fuhrwerk auf den engen Wegen antreffen, müssen sie bisweilen zwei oder drei Tage bis zur Weiterreise warten. Die Ochsenführer wohnen nicht in Häusern und sie führen Frau und Kinder mit sich. Die Häupter der Ochsenführer fühlen sich wie Fürsten und tragen eine Perlenkette um den Hals.

Wenn zwei Ochsenkarawanen einander begegnen, geraten sie oft wegen der Vorfahrt in einen blutigen Streit. Der Großmogul sah darin eine Gefahr für den Handel und den Transport der Lebensmittel in seinem Land. Er forderte die Häupter dieser Fuhrwerke deshalb auf, zu ihm zu kommen, und ermahnte sie, sich künftig zu vertragen und die Streitereien zu unterlassen.

In diesem Land gibt es unter den Ochsenführern vier Zünfte, die Manaris genannt werden und die jeweils hunderttausend Seelen umfassen. Diese Leute wohnen in Zelten und haben keine andere Beschäftigung, als die Waren von einem Land ins andere zu bringen. Die erste Zunft transportiert nur Korn, die zweite nur Reis, die dritte Gemüse und die vierte ausschließlich Salz, welches von Surat nach Comorin gebracht wird.

Diese Zünfte werden auch auf folgende Art unterschieden: Die Priester kennzeichnen die Mitglieder der ersten mit einem roten Punkt, der etwa so groß wie ein Taler ist, in der Mitte der Stirn, außerdem mit einem Strich auf der Nase, auf dem sich etliche Fruchtkörner befinden. Die Angehörigen der zweiten Zunft tragen einen gelben Punkt an der gleichen Stelle und darauf Reiskörner. Die dritte Zunft hat einen grauen Punkt mit Hirsekörnern, während die Mitglieder der vierten Zunft einen acht bis zehn Pfund schweren, mit Salz gefüllten Sack um den Hals hängen haben. Dieser Sack dient ihnen zu Bußübungen, wobei sie sich ihn bei der Verrichtung des täglichen Morgengebetes auf den Bauch schlagen.

Alle haben sie ein Band um ihren Leib hängen, an dem eine

kleine Silberbüchse in der Größe einer Haselnuß befestigt ist. Darin befindet sich eine abergläubische Schrift, die ihre Priester darin eingeschlossen haben. Solche Bänder hängen sie auch den Ochsen oder anderen Tieren aus ihrer Herde um, die sie wie Kinder lieben, vor allem wenn sie keine eigenen haben.

Die Kleidung ihrer Weiber besteht aus einem schlechten Leinenstoff, weiß oder gefärbt, der fünf- oder sechsmal in Form eines Rocks von der Hüfte bis zu den Knöcheln um den Leib gewickelt wird. Man gewinnt so den Eindruck, als ob sie drei oder vier Röcke übereinander trügen.

Von der Hüfte aufwärts lassen sie sich ihre Haut blumenförmig einschneiden und danach in unterschiedlichen Farben mit Wurzelsaft bemalen, damit sie geblümt aussieht.

Während in der Frühe die Männer ihre Ochsen beladen und die Frauen die Zelte abbrechen, hängen die Priester ein kunstvoll gefertigtes Bild in Gestalt einer Schlange auf eine Stange. Jeder, der daran vorbeigeht, zeigt seine Ehrerbietung. Die Töchter gehen dreimal um die Stange herum. Wenn alles vorbei ist, nehmen die Priester das Bild von diesem Ort weg und laden es auf einen dazu bestimmten Ochsen.

Eine Ochsenkarawane besteht gewöhnlich aus ein- bis höchstens zweihundert Stück. Vor jeden Karren werden zehn oder zwölf Ochsen gespannt, und vier Soldaten, die von dem Besitzer der Waren besoldet werden, begleiten ihn.

Auf jeder Seite des Karrens gehen zwei Soldaten, die jeweils das Ende eines am Karren befestigten Seiles halten, damit dieser auf schlechten Wegen nicht umkippen kann.

In Indien dienen Ochsen anstelle von Pferden als Reisetiere. Sie sind ebenso sanft wie Pferde. Aber man muß sich in acht nehmen: Wenn man einen Ochsen zu Reisezwecken kauft oder mietet, sollen die Hörner nicht länger als ein Schuh sein. Denn wenn Mücken das Tier plagen, wirft es den Kopf zurück und kann, wenn die Hörner zu lang sind, demjenigen, der auf ihm sitzt, die Hörner in den Leib stoßen, was schon oft geschehen ist. Ansonsten lassen sich diese Ochsen wie unsere Pferde lenken. Zu diesem Zweck haben sie einen Strick um die Schnauze gebunden. In den ebenen Ländern sind die Ochsen unbeschlagen, wohl aber in rauhen Gegenden, wo die Hufe wegen der Steine und der Hitze Verletzungsgefahren ausgesetzt sind. In Europa werden die Ochsen an den Hörnern angebunden, die indischen haben dagegen einen großen Höcker auf dem Hals, an dem ein Halsband aus Leder, vier Finger breit, befestigt ist, welches dem Tier über den Kopf geworfen wird.

Man findet zum Reisen auch kleine leichte Kutschen für zwei Personen, gewöhnlich aber werden sie als Einsitzer benutzt, um bequemer reisen zu können. Gepäck, ein kleiner Weinvorrat und anderes wird in der Kutsche, die mit zwei Ochsen bespannt ist, mitgeführt. Diese Kutschen sind nicht wie in unserem Lande mit Umhängen und Kissen versehen. Auf meiner jüngsten Reise ließ ich aber eine bauen, die unseren sehr ähnelte und die mit zwei Ochsen bespannt war. Sie kostete zusammen mit den Ochsen 600 Rupien. Der Leser soll sich über diesen Preis nicht wundern, denn die Ochsen sind stark und können während einer sechzigtägigen Reise jeden Tag zwölf bis fünfzehn Meilen in beständigem Tempo hinter sich legen. Nach einer halben Tagesreise gibt man jedem Tier eine aus Weizenmehl, Butter und schwarzem Zucker bestehende Knetmasse, etwa so groß wie unsere Brote. Abends besteht das Futter aus gestoßenen Erbsen, die vorher eine halbe Stunde in Wasser eingeweicht wurden. Der Mietlohn einer Kutsche ist gewöhnlich eine Rupie pro Tag. Von Surat nach Agra benötigt man 35 bis 40 Tagesreisen, so daß man hierfür etwa vierzig Rupien bezahlt. Von Surat nach Golconda sind Reisezeit und Mietlohn fast gleich.

Vermögendere Leute oder auch Kranke benutzen Sänften, Pallanquins genannt. In ihnen kann der Reisende bequem reisen. Diese Sänften haben die Form eines Ruhebettes und sind sechs Schuh lang und drei Schuh breit. Bambusrohre werden bogenförmig darüber gespannt, um die Decke aus Brokat festzuhalten. Wenn die Sonne auf einer Seite hereinzuscheinen beginnt, wird die Decke von einem neben dem Pallanquin gehenden Knecht herabgezogen, um so seinen Herrn vor der Sonne zu schützen. Neben diesem Knecht geht ein anderer, der einen Stab mit einem runden, mit einem schönen Stoff bezogenen Weideschild trägt, um den Reisenden gegen die Sonnenglut abzuschirmen. Der Pallanquin wird vorne und hinten von Männern auf der Schulter getragen. Diese Träger gehen schneller und sanfter als die Sesselträger von Paris, da sie schon von ihrer Jugend an darin geübt sind.

Will man schnell weiterkommen und bis 13 oder 14 Meilen am Tag reisen, so werden zwölf Mann benötigt, die die Sänfte abwechselnd tragen. Man zahlt pro Träger monatlich nicht mehr als vier Rupien, es sei denn, die Reise dauert länger als zwei Monate; dann kostet es fünf Rupien pro Monat.

Wenn man in Indien, sei es nun in Kutschen oder Pallanquins, ansehnlich reisen will, sollte der Reisende 20 bis 30, teils mit Pfeil und Bogen, teils mit Musketen bewaffnete Männer bei sich haben. Diese bekommen ebensoviel bezahlt wie die Pallanquinträger. Bisweilen wird zur Repräsentation noch eine Fahne mitgetragen.

Diese Leute erweisen ihrem Herren alle Ehre und bewachen ihn sogar in der Nacht. Sie dienen ihm so eifrig, daß kein Grund zur Klage aufkommen kann. Diese Leute besitzen nämlich in den Städten, in denen man sie angeheuert hat, einen Vorgesetzten, der für ihre Treue bürgt.

In den großen Dörfern, in denen ein Mohammedaner die oberste Gewalt inne hat, kann man Schafsfleisch, Hühner und Tauben kaufen, in von Heiden bewohnten Dörfern dagegen nur Mehl, Reis, Kraut und Milch.

Indisches Dorfleben

Die große Hitze in Indien hat zur Folge, daß die Reisenden oft während des Tages ruhen und nur in der Nacht reisen. Sie sollten aber danach streben, bei Sonnenuntergang in der entsprechenden Stadt aufzubrechen, denn wenn die Nacht anbricht, werden die Tore verschlossen und der Befehlshaber, der für die Raubüberfälle in seinem Gebiet zur Verantwortung gezogen wird, läßt dann niemanden mehr hinaus, es sei denn auf Befehl des Königs. Wenn ich in einem solchen Ort ankam, versah ich mich mit Lebensmitteln und reiste zu günstiger Zeit wieder fort, um unter einem Baum in der Kühle zu verharren, bis die Zeit zur Weiterreise gekommen war.

Das 3. Kapitel

Der Weg von Surat nach Agra durch Brampour und Seronge

Von Surat nach Agra führen zwei Wege, der eine über Brampour und Seronge, der andere über Ahmadabad. Der erste soll hier beschrieben werden.

Von Surat nach Barnoly, Coftes 14.

Die erste Tagesreise führt durch eine Landschaft mit Wäldern und Reisfeldern. In Barnoly befindet sich eine Furt, an der ein Fluß passiert werden kann.

Von Baloṛ nach Kerkoa, oder wie es heute genannt wird, Karawanserei der Begum, Coftes 5.

Die Karawanserei ist groß und bequem gebaut. Begum-Saheb, Tochter von Shah Jehan, hat sie aus Gutherzigkeit bauen lassen. Von hier aus reist man zum 15 Coftes entfernten Navapoura. Dort befinden sich viele tüchtige Weber; die Haupterwerbsquelle der Stadt jedoch ist der vorzügliche Reis. Das dortige Wasser macht den Boden besonders fruchtbar und ist hervorragend zur Bewässerung des Reises geeignet. Der Reis in dieser Gegend hat die besondere Eigenschaft, daß seine Körner kleiner als die der herkömmlichen Sorten sind. Gekocht werden die Körner schneeweiß und haben einen hervorragenden Geschmack. Alle großen Herren in Indien essen keinen anderen. Wenn man jemandem in Persien eine große Freude bereiten will, so ist ein Sack von diesem Reis ein sehr gutes Geschenk.

Von Navapoura sind es noch neun Tagesreisen nach Brampour. Brampour ist eine große, aber rauhe Stadt. Die Häuser sind meistens mit Strohdächern versehen. Inmitten der Stadt steht ein Schloß, in dem der Gouverneur wohnt. Die Regierung dieser Provinz hat so großes Ansehen, daß nur ein Sohn oder Oheim des Königs für diese Stelle in Betracht kommt. Selbst Aureng-zeb, der jetzt regiert, war zur Zeit der Regentschaft seines Vaters lange Zeit Gouverneur von Brampour.

In dieser Stadt wird viel Handel getrieben. In der ganzen Provinz stellt man eine große Menge von sehr dünner Leinwand her, die nach Persien, Türkei, Moskau, Arabien und Polen in großen Karren versandt wird. Sie ist in unterschiedlichen Farben gefärbt und hat meistens ein Blumenmuster. Die Frauen in Indien benützen sie als Schleier oder Leibbinde. Auch für Bettdecken oder Taschentücher finden sie Verwendung. Manche Leinen werden weiß gelassen und dann mit Gold- oder Silberfäden verziert. Die Weber machen dies so geschickt, daß die Muster auf beiden Seiten gleich aussehen. Die silberdurchwirkte Leinwand, die in Polen großen Absatz findet und sich während der langen Seereise oft schwarz verfärbt, kann der Kaufmann oft nur mit großem Verlust verkaufen. Er muß deshalb bei der Verpackung große Sorgfalt walten lassen, damit nichts feucht werden kann. Diese gold- und silberdurchwirkten Leinwände werden vorwiegend von reichen indischen Frauen als Leibbinde verwendet.

Im Jahr 1641, als ich wieder von Agra nach Surat zurückreiste, kam es in Brampour zu einem Aufruhr, von dem ich kurz berichten will: Der Gouverneur der Provinz war ein Enkel des Großmoguls. Unter seinen zahlreichen Pagen befand sich einer, der aus einem angesehenen Geschlecht stammte und ein schönes Gesicht hatte. Sein Bruder war ein stadtbekannter und hochverehrter Derwisch. Eines Tages befand sich der Gouverneur alleine mit diesem Pagen in einer Kammer des Palastes und versuchte, ihn mit Verehrungen und Liebkosungen zu verführen. Der Jüngling jedoch wies dieses ruchlose Ansinnen ab und konnte rechtzeitig fliehen. Er besuchte seinen Bruder, um ihm von der Schandtat seines Herrn zu berichten. Der Derwisch gab seinem Bruder ein Messer und riet ihm, es stets versteckt bei sich zu tragen. Falls der Gouverneur sich an ihm erneut zu vergreifen suchte, sollte er zunächst Unterwerfung vortäuschen, im entscheidenden Augenblick ihm dann aber das Messer in den Leib stoßen.

Der Gouverneur wußte nichts von dieser Unterredung, und er umwarb den Jüngling täglich aufs neue, um ihn sich gefügig zu machen. Als der Gouverneur sich eines Tages in einem kleinen Gemach am Ende seines Gartens befand, befahl er all seinen Leuten, ausgenommen dem jungen Pagen, der ihm Luft zufächeln und nach Sitte des Landes die Mücken vertreiben sollte, sich zu entfernen.

Daraufhin näherte er sich auf zärtliche Weise dem Pagen und liebkoste ihn aufs neue. Der Page leistete keinen großen Widerstand, und so glaubte der Gouverneur, daß der Jüngling ihm gefügig sei. In diesem Augenblick griff der Page zum Messer, stach seinen Herren in den Leib und tötete ihn, ohne daß er noch einen Laut von sich geben konnte.

Nach dieser Tat eilte der Page zum Palast hinaus. Die Wachen ließen ihn ohne weiteres passieren, da sie glaubten, der Gouverneur hätte ihn ausgesandt, um eine Botschaft zu überbringen. Er lief zu seinem Bruder und erzählte ihm von dem Mord. Dieser versuchte nun, ihn vor dem Zorn des Volkes zu retten und gleichzeitig das schändliche Vorhaben des Gouverneurs den Leuten zu erzählen. Er befahl seinen Gesellen, die mohammedanischen Fahnen, die unter der Moschee standen, zu ergreifen und alle Gläubigen aufzufordern, ihnen zu folgen. Ehe eine Stunde vergangen war, versammelte sich eine große Menge um den Derwisch, der sie in einer langen Prozession zu dem Palast führte. Auf dem Weg schrien sie so laut, wie sie nur konnten: »Lasset uns für Mohammed sterben, oder man soll diesen schändlichen Menschen herausgeben, damit ihn die Hunde fressen, weil er nicht würdig ist, unter Muselmanen begraben zu sein.« Die Wache des Palastes wäre sicherlich zu schwach gewesen, diese

Meute aufzuhalten. Doch den Stadtältesten gelang es nach längeren Verhandlungen, das Volk wieder zu beruhigen. Sie meinten, daß man vor dem Enkel des Königs etwas Respekt haben müsse. In derselben Nacht wurde der Leichnam samt Harem nach Agra gebracht. Shah Jehan, der damals regierte, war über diesen Vorfall nicht gerade unglücklich, da er so das Vermögen seines Enkels erbte. Er verlieh dem Pagen sogar die Herrschaft über eine kleine Provinz in Bengalen.

Von Brampour bis Piombi-sera, Coftes 5.

Überall wo ein Dorfname mit dem Wort »sera« endet, findet der Reisende einen Ort, der von einer größeren Mauer umgeben ist. Innerhalb dieser Mauer befinden sich rund 50 oder 60 mit Stroh bedeckte Hütten, in denen sich Männer und Weiber befinden, die Reis, Butter, Kraut und Hülsenfrüchte verkaufen. Sie backen auch Brot und kochen den Reis, wenn der Reisende dies wünscht. Dieselben Leute vermieten auch Hütten und säubern diese ordentlich für den Benutzer. Die Hütten sind mit einem Bett aus Stroh versehen, auf das die mitgebrachte Matratze gelegt werden kann.

Von Piombi-sera bis Seronge sind es 96 Coftes.

Die Einwohner von Seronge sind hauptsächlich heidnische Kauf- und Handwerksleute. Dort wird eine bemalte Leinwand hergestellt, die die Inder »Chites« nennen. Das gewöhnliche Volk von Persien und der Türkei ist von diesem Stoff sehr beeindruckt. In den anderen Ländern, wo diese Leinwand ebenfalls vertrieben wird, benützt man sie als Bettdecken und Tafeltücher.

Eine ähnliche Leinwand wird auch anderswo als in Seronge hergestellt, doch die Farben sind nicht so lebhaft und verbleichen bald vom oftmaligen Waschen. Die Leinwand aus Seronge jedoch wird immer schöner, je öfter sie gewaschen wird. Der Grund liegt in dem Wasser des Flusses, der durch die Stadt fließt. Es soll angeblich den Farben besondere Leuchtkraft verleihen. Während der viermonatigen Regenzeit färben die Arbeiter nach vorgegebenen Mustern die Leinwand. Nach der Regenzeit wird das Wasser des Flusses trüber, und je eher man jetzt die Leinwand darin wäscht, desto länger halten sich die Farben, desto leuchtender werden sie.

Es wird in Seronge auch eine Leinwand produziert, die so fein ist, daß sie beim Tragen nicht zu sehen ist, so, als ob man unbekleidet wäre. Den Kaufleuten ist es aber verboten, mit ihr zu handeln, da der Gouverneur hiervon alles an den Hof des Großmoguls schickt. Von ihr lassen sich Königinnen und die Weiber der großen Herren Hemden und Röcke als Schutz gegen die große Hitze anfertigen. Dem König bereitet es auch große Freude, durch diese Hemden hindurchzusehen, und er läßt seine Frauen deshalb oft darin tanzen.

Die Reise von Brampour nach Seronge führt durch fruchtbare Reis- und Kornfelder, die unseren in Frankreich sehr gleichen. Auf der ganzen Reise findet man nur selten Wälder. Von dort bis nach Agra ist das Land eben und sehr gleich beschaffen. Die Dörfer liegen nicht weit auseinander, so daß die Reise sehr bequem verlaufen kann.

Von Seronge nach Callabas, 23 Coftes.

In Callabas residiert ein Raja, der jetzt dem Großmogul tributpflichtig ist. Früher wurden die Reisenden in dieser Provinz oftmals von seinen Reitern ausgeplündert. Außerdem forderte der Raja von den Kaufleuten einen überhöhten Zoll. Als Aureng-zeb die Krone übernahm, ließ er den Raja und eine große Anzahl seiner Untertanen enthaupten. Um dem ganzen Volk eine Lektion zu erteilen, ließ er entlang der Landstraße etliche Türme errichten und steckte in jedes Fenster einen Menschenschädel. Auf meiner letzten Reise, die mich durch Callabas führte, waren die Enthauptungen erst kürzlich durchgeführt worden, denn die Köpfe waren noch ganz und der Verwesungsgeruch war entsetzlich.

Von Callabas nach Collafar, Coftes 11.

In der kleinen Stadt Collafar leben ausschließlich Heiden. Auf meiner letzten Reise erlebte ich, wie acht große Geschütze nach Collafar gebracht wurden. Jedes Stück wurde von 24 Paar Ochsen gezogen. Ein großer und starker Elefant folgte diesem Zug. Kam man bei einem schwierigen Paß an, den die Ochsen nur schwer überwinden konnten, mußte der Elefant mit seinem Rüssel die Geschütze anschieben. Außerhalb von Collafar befindet sich eine Reihe von großen Bäumen, in deren Nähe kleine Pagoden gebaut wurden. Vor diesen Tempeln der Heiden steht eine Statue. Ein Elefant dieses Geschütztransportes ergriff nun eine dieser Statuen mit seinem Rüssel und brach sie entzwei. Die Heiden konnten dem nur voller Wut zuschauen, aber nichts dagegen unternehmen. Die Geschütze waren von mehr als 2000 Mann begleitet, die allsamt Bedienstete des Königs und Mohammedaner waren, ausgenommen die Büchsenmeister: Diese waren Franzosen, Engländer und Holländer.

Von Collafar nach Gate, Coftes 13.

Gate ist ein Paß, auf dem zwei oder drei verfallene Schlösser stehen. Der Weg ist hier so schmal, daß zwei Karren nur schwerlich aneinander vorbeikommen. An jedem Ende des Passes befinden sich fünf oder sechs Kramläden der Heiden, in denen Schmalz, Reis, Kraut und anderes Gemüse verkauft wird. Auf meiner jüngsten Reise ging ich in einen der Kramläden. In seiner Nähe befand sich ein Magazin, welches mit Säcken voll Reis und Korn gefüllt war. Hinter diesen hatte sich eine 13 Schuh lange Schlange versteckt. Ein Weib sollte aus den Säcken etwas Reis entnehmen und wurde dabei von der Schlange gebissen. Als sie dies bemerkte, lief sie erschreckt aus dem Magazin und schrie: »Ram, Ram!«, das heißt: »O Gott, O Gott!« Sogleich liefen viele Banianen zu ihr, um ihr zu helfen, und banden den Arm oberhalb des Bisses ab. Auf diese Weise wollten sie das Gift daran hindern, weiter in den Körper vorzudringen. Die Mühe war aber

Kobra

vergeblich. Das Gesicht der Frau schwoll bald an und wurde ganz blau. Sie starb, noch ehe eine Stunde vergangen war. Zur selben Zeit erreichten vier Rajputen den Ort, und als sie erfuhren, was sich zugetragen hatte, gingen sie mit ihren Säbeln in das Magazin und töteten unerschrocken die Schlange. Die Rajputen wurden für die besten Soldaten in ganz Indien gehalten.

Sie sind ein Volk von heidnischen Kriegern.

Die Verwandten des Weibes brachten den Leichnam zum Wasser und wuschen ihn gründlich, danach wurde er zu Asche verbrannt. An diesem Ort mußte ich zwei Tage lang warten, weil der Fluß, über den ich fahren mußte, stündlich anstieg. Es hatte während der letzten Tage andauernd geregnet, und der Fluß verwandelte sich in einen reißenden Strom.

Ich war daher gezwungen, eine halbe Meile oberhalb dieser Stelle den Fluß zu passieren. Dieser Weg war der schlimmste, den ich je gesehen hatte. Er ist mit großen Felsstücken bedeckt und verläuft zwischen dem Fluß und einem steilen Berg. Steigt der Fluß, wie das bei meiner Reise der Fall war, überflutet das Wasser den ganzen Weg, so daß ihn nur die wenigen dort ansässigen Leute ausfindig machen können. Diese verlangen von dem Durchreisenden so viel wie nur möglich und verdienen sich mit dieser Lotsenaufgabe ihren Lebensunterhalt. Der Weg wäre aber leicht durch eine Brücke über dem Fluß zu sichern.

Von Gate nach Gwalior, Coftes 22.

Gwalior ist eine große, und, wie die anderen indischen Städte, schlecht gebaute Stadt. Sie ist am Fuße eines Berges gelegen. Auf der Spitze des Berges befinden sich die Mauern und Türme einer Festung. Innerhalb dieser sind etliche Brunnen mit gutem Wasser, und was dort angebaut wird, genügt, um eine ganze Besatzung zu ernähren. Das macht sie zu einer der besten Festungen in ganz Indien. Seit der Eroberung dieser Stadt durch die Mohammedaner dient die Festung als Gefängnis für die Personen, die der König in Gewahrsam halten will. Shah Jehan ließ alle Fürsten und Herren, von denen er glaubte, daß sie ihm gefährlich werden könnten, verhaften und nach Gwalior bringen. Sie blieben aber am Leben und konnten ihr Einkommen behalten. Sein Sohn Aureng-zeb hingegen war so schlecht, daß er die dorthin verfrachteten Männer mit Gift töten ließ. Dieses Mittel bevorzugte er, damit niemand ihm nachsagen konnte, er wäre ein blutgieriger Herrscher. Selbst sein Bruder, der sich eigenmächtig zum König der Provinz Gujerat ausrufen ließ, wurde nach seiner Verhaftung in diese Festung gebracht. Dort starb er bald nach seiner Ankunft unter geheimnisvollen Umständen.

Aureng-zeb ließ ihm eine große Begräbnisstätte in einer

Moschee bauen. Vor dieser Moschee befindet sich ein großer, von Gewölben umringter Platz, unter denen sich viele Kramläden befinden. Es ist in Indien üblich, einen großen Marktplatz immer dann zu bauen, wenn ein öffentlicher Bau errichtet wird. Es wird auch eine Stiftung für die Armen vorgesehen, denen man täglich Almosen reicht, damit sie zu Gott für denjenigen beten, der das Werk errichtet hat.

Bevor Agra erreicht wird, muß man den Zoll in Jaoulcapoul passieren. Dort wird der Wagen gründlich besichtigt, und besonders achten die Zöllner darauf, daß sich unter den vielen Kisten mit eingemachten Früchten keine Kiste Wein befindet. Also sind es von Seronge nach Agra 106 Coftes und insgesamt von Surat nach Agra 339 Coftes.

Das 4. Kapitel

Der Weg von Surat nach Agra durch Ahmadabad

Von Surat nach Bharuch, Coftes 22.

Das ganze Land zwischen diesen beiden Städten ist voller Korn-, Reis-, Hirse- und Zuckerrohrfelder. Bharuch ist eine große Stadt mit einer alten Festung. Dieser Ort ist wegen des Flusses berühmt geworden, weil dieser besonders geeignet ist, um Leinwand zu bleichen. Von allen Orten des Königreichs des Großmoguls wird die Leinwand hierher gebracht. Auch werden hier verschiedene Sorten von Leinwand hergestellt, die je Stück zwischen vier und 100 Rupien kosten. Die

Stadt Bharuch erhebt einen Zoll auf alle eingeführten und auch ausgeführten Waren. Die Engländer besitzen in dieser Stadt ein sehr schönes und geräumiges Haus Ich erinnere mich, daß sich, als ich dort in Begleitung des englischen Präsidenten auf einer meiner Reisen ankam, etliche Taschenspieler präsentierten und fragten, ob sie ein paar Kunststücke vorführen sollten. Der Präsident willigte ein. Der erste brachte eiserne Ketten im Feuer zum Glühen und legte sie dann um seinen Leib. Obwohl er sichtlich Schmerzen verspürte, kam er ohne Schaden und Brandwunden davon. Danach steckten die Taschenspieler ein Stück Holz in die Erde und fragten einen der Anwesenden, welche Art von Frucht er begehre. Man sagte ihm, man wolle Mangos haben. Jetzt bedeckte sich ein Taschenspieler mit einem Leintuch und bückte sich fünf- oder sechsmal zur Erde. Ich stieg zu einer Kammer des Hauses hinauf, damit ich den Hergang dieses Wunders besser beobachten konnte. Meine Position erlaubte mir, zwischen dem Leintuch von oben durchzusehen. Der Taschenspieler schnitt sich beim Bücken immer in die Achsel und bestrich das Stück Holz mit dem ausfließenden Blut. Jedesmal, wenn er sich aufrichtete, wuchs das Holz zusehends. Beim dritten Mal sah ich schon Äste, beim vierten Mal bekam der Baum Laub und beim fünften Mal trug er schon Blüten.

Der englische Präsident wurde damals von seinem Prediger begleitet. Als dieser Prediger nun sah, wie diese Leute in weniger als einer halben Stunde aus einem Stück Holz einen Baum, der vier oder fünf Schuh hoch und mit Laub und Blüten bedeckt war, schufen, ging er auf den Baum zu und zerstörte ihn. Er drohte allen Christen, nie wieder das heilige Abendmahl zu reichen, wenn sie solchen verhexten Zaubereien zusahen. Der Präsident mußte daraufhin die Taschenspieler wegschicken, er belohnte sie aber für ihre Kunststücke fürstlich.

Diejenigen, die Lust verspüren, Cambay zu besichtigen, müssen noch fünf Coftes weiterreisen. Um in die Stadt zu gelangen, muß ein Meeresbusen überquert werden, was sehr gefährlich sein kann. In Cambay werden Achatsteine wunderschön verarbeitet. Man verziert Kelche, Messerscheiden und Rosenkränze damit. An der Küste findet man noch sehr viele schöne Häuser, die in portugiesischer Manier errichtet wurden. Jetzt sind sie aber unbewohnt und verfallen den Naturgewalten. Früher reichte das Meer bis zur Stadt und es war so für kleine Schiffe leicht, dorthin zu gelangen. Heute zieht sich das Meer weiter hinaus, so daß die Schiffe vier oder fünf Meilen vor der Stadt ankern müssen, wodurch Cambay einen großen Teil seiner Handelsstellung einbüßte.

Um Bharuch, Cambay und Baroda leben viele Pfaue. Das Fleisch der Jungtiere ist weiß und schmackhaft wie das unserer jungen Truthühner. Am Tag sieht man sie haufenweise auf den Feldern, des Nachts setzen sie sich auf die Bäume. Am Tag ist es unmöglich, sie zu fangen, denn sobald sie einen Menschen erblicken, fliehen sie schneller als die Feldhühner und verstecken sich im Gebüsch. In der Nacht bedient man sich einer List, um sie zu fangen. Ein Mann nähert sich dem Baum mit einer langen Fahne, auf deren beiden Seiten ein Pfau lebensecht aufgemalt ist. Obenauf sind zwei brennende Lichter befestigt, die den Pfau verstören sollen. Sie bewirken, daß der Pfau seinen Hals bis zum oberen Ende der Stange hinaufstreckt, woran eine Schlinge befestigt ist. Man zieht dann an einer Schnur, und der Pfau ist gefangen. Sonst muß man sich wohl in acht nehmen, einen Vogel oder anderes Getier in dem Gebiet der Rajas oder an den Orten, in denen Heiden regieren, zu töten. Einstmals reiste ein reicher persischer Kaufmann durch das Land des Raja von Dantivar. Aus Kühnheit oder aus Unwissenheit über die Sitten des Landes erschoß er mit seiner Flinte einen Pfau. Die Heiden waren über diese Tat sehr erzürnt, denn sie betrachten ein solches Vergehen wie einen Kirchenraub. Der Händler wurde gefangengenommen und seines Gelds im Wert von 300 000 Rupien beraubt. Danach banden sie ihn an einen Baum und geißelten ihn drei Tage lang, bis der arme Mensch seinen Geist aufgab.

Drei Coftes entfernt von Cambay befindet sich ein kleiner Tempel. In diesem bringt ein großer Teil der indischen Hofdamen Opfergaben. Er ist gänzlich mit Bildern nackter Menschen verziert, unter anderem befindet sich dort eine Figur, die, Apollo gleich, unbedeckt ist. Alte Hofdamen kaufen für das in ihrer Jugend gesammelte Geld kleine Sklavinnen, die sie tanzen und schandhafte Lieder lehren. Nach dem Erreichen des zwölften Lebensjahres werden die jungen Sklavinnen von ihren Herrinnen in den Tempel geführt und dieser Figur dargeboten. Die jungen Mädchen betrachten es als großes Glück, dieser Figur dienen zu dürfen und dem Tempel überlassen zu werden.

Von diesem Dorf sind es nach Ahmadabad nur noch elf Coftes. In dieser Stadt wird viel Handel mit Seide, Gold, Silber, Seidenteppichen, Salpeter und Zucker getrieben. In der Nähe befindet sich ein Tempel, den die Mohammedaner zu einer Moschee umgestaltet haben. Vor dem Eingang dieser Moschee schreitet man durch drei mit Marmor gepflasterte von Gängen umgebene Höfe. Im dritten müssen die Schuhe ausgezogen werden. Die Innenwände der Moschee sind mit Mosaiken verziert. Die Mosaiksteine bestehen zum größten Teil aus Achatsteinen, die aus den zwei Tagereisen entfernten Bergen von Cambay gewonnen werden. Durch Ahmadabad verläuft ein Fluß, der während der Regenzeit oft über seine Ufer tritt und so großen Schaden anrichtet. Über ihn führt keine einzige Brücke, und so kann es durchaus passieren, daß der Reisende sechs bis acht Wochen warten muß, bis der Fluß überquert werden kann. Es sind zwar zwei Schiffe vorhanden, diese können aber nicht auslaufen, wenn der Fluß zu reißend ist. Die Bauern haben eine Möglichkeit gefunden, um von einem Ufer an das andere zu gelangen. Sie benützen dazu eine mit Luft gefüllte Ziegenhaut, die sie um ihren Leib binden. So können sie nicht untergehen und sicher an das andere Ufer schwimmen. Wenn sie ihr Kind mitnehmen, setzen sie es in einen irdenen Topf und schieben diesen vor sich her. Im Jahr 1642 verweilte ich in Ahmadabad und erlebte dabei folgendes: Ein Bauer schwamm mit seinem Weib auf die beschriebene Art über den Fluß. Sie hatten ein zweijähriges Kind in einem irdenen Topf bei sich. In der Mitte des Flusses befand sich eine Sandbank mit einem großen Baum, dessen Stamm ein wenig über das Wasser geneigt war. Als der Topf mit dem Kind sich dem Baum näherte, kam eine Schlange aus den Wurzeln des Baumes heraus und sprang zum Kind in den Topf hinein. Die Eltern erschraken dermaßen, daß sie ihre Besinnung verloren, und so wurde der Topf abgetrieben.

Zwei Meilen flußabwärts wusch sich zur gleichen Zeit eine heidnische Familie im Wasser des Flusses. Der Mann sah den Kopf des Kindes aus dem Topf ragen und eilte sogleich dem armen Kind zur Hilfe. Er brachte den Topf an Land und holte das Kind heraus. Die Schlange, die dem Kind kein Leid zugefügt hatte, sprang nun heraus und biß das Kind des Retters, welches bald darauf starb. Die Heiden dachten, dies sei auf Anordnung eines ihrer Götter geschehen, weil ihm das erste Kind vorenthalten wurde. Sie waren deshalb nicht sehr betrübt und trösteten sich alsbald.

Ungefähr zur gleichen Zeit ereignete sich in Ahmadabad eine andere merkwürdige Geschichte. Die Frau eines reichen Händlers namens Saintidas hatte keine Kinder, obwohl sie sich sehnlichst eines wünschte. Ein Hausknecht nahm sie eines Tages zur Seite und erzählte ihr, daß er eine Fischspeise kenne, die sie fruchtbar machen werde. Sie müsse nur vier kleine Fische essen und am selben Tag sich zu ihrem Mann legen. Der Glaube der Heiden verbietet ihnen aber, Tiere, also auch Fische zu essen. Deshalb weigerte sich die Frau zuerst, aber als der Knecht versprach, den Fisch so zuzubereiten, daß sie nicht merken würde, was sie aß, willigte sie ein. Nach dem Abendessen legte sie sich zu ihrem Mann und bemerkte tatsächlich einige Zeit danach, daß sie schwanger war. Ihr Mann verstarb zu ihrem Leidwesen bald danach. Seine Verwandten forderten sofort das Hab und Gut, doch die Witwe wehrte sich und bat sie, die Geburt des Kindes, das sie unter ihrem Herzen trug, abzuwarten. Die gierigen Verwandten lachten sie aus, denn sie glaubten nicht an die Schwangerschaft, da sie ihrem Mann nach fünfzehn Jahren der Ehe kein Kind geschenkt hatte. Der Frau wurden diese Sticheleien bald zuviel, und sie beklagte sich beim Gouverneur. Dieser befahl den Verwandten, die Geburt des Kindes abzuwarten. Nach der erfolgten Geburt begannen die habsüchtigen Verwandten, der Frau wieder Schwierigkeiten zu bereiten. Sie gönnten ihr die Erbschaft nicht und behaupteten, das Kind sei unehelich. Der Gouverneur versammelte die Ärzte der Stadt um sich und forderte sie auf, die Angelegenheit zu klären. Nach langen Beratungen beschlossen die Ärzte, dem Kind ein Schweißbad zu verabreichen. Für den Fall, daß die Frau die Wahrheit über das eingenommene Mittel gesagt hatte, sollte der Schweiß des Kindes einen Fischgeruch annehmen. Dies war auch tatsächlich der Fall. Die Hinterlassenschaft des verstorbenen Händlers wurde nun auf Befehl des Gouverneurs dem Kind zugesprochen. Die Verwandten waren wütend und wollten nicht so leicht um die Erbschaft kommen. Sie appellierten an den König in Agra. Er ließ die Mutter samt Kind in die Hauptstadt kommen. Dort wurde das Kind auf dieselbe Probe gestellt. Auch diesmal trat der Fischgeruch auf, und so wurde die Erbschaft endgültig dem Kind zuerkannt.

Ich erinnere mich noch an eine andere lustige Begebenheit,

die mir in Ahmadabad erzählt wurde. Einem alten Kaufmann, der beim Gouverneur der Provinz Gujerat, Shah Eft-Khan, sehr beliebt war, ging der Ruf voraus, niemals zu lügen. Shah Eft-Khan erzählte dem Großmogul Aureng-zeb von ihm, und dieser konnte nicht glauben, daß ein siebzigjähriger Mann noch niemals gelogen hatte. Er wollte ihn persönlich kennenlernen und ließ ihn deshalb nach Agra rufen. Der alte Kaufmann war darüber sehr verdrossen, denn die Reise würde einen Monat dauern, und außerdem mußte er dem König ein wertvolles Geschenk mitnehmen. Er suchte als Geschenk eine goldene, mit Diamanten, Rubinen und Smaragden verzierte Schachtel aus, in der man Betel aufbewahrt. Nachdem er dem König seine Ehrerbietung dargebracht hatte, fragte dieser, wie sein Vater genannt wurde. Der Kaufmann antwortete offen: »Ich weiß es nicht.« Seine Majestät begnügte sich mit dieser Antwort und schenkte dem Kaufmann einen Elefanten, was eine große Ehre bedeutete, und 10 000 Rupien.

Die Heiden verehren die Affen. Sie versorgen sie in ihren Tempeln, in denen sie sie auch anbeten. In Ahmadabad befinden sich sogar drei Häuser, die als Spitäler für Ochsen, Kühe, Affen und andere Tiere dienen. Jeden Dienstag und Freitag besuchen die Affen aus den Wäldern die Stadt und steigen auf die Dächer der Häuser. In diesen zwei Tagen versäumt kein Haushalt, Lebensmittel auf die Dächer zu legen, denn wenn die Affen nicht gefüttert werden, zerstückeln sie die Ziegel des Daches und richten so großen Schaden an. Die Affen sind so wählerisch, daß sie nichts essen, bevor sie es vorsichtig gekostet haben. In ihren Mäulern halten sie stets einen großen Nahrungsmittelvorrat, um den Hunger der folgenden Tage stillen zu können.

Einmal schoß ein junger Holländer einen Affen im Hof der holländischen Niederlassung ab. Sofort entstand ein großes Geschrei unter den im Dienst der Holländer stehenden

Heiden. Sie wollten alle den Dienst sogleich quittieren und klagten über den Tod des Affen. Nur mit großer Mühe gelang es dem holländischen Befehlshaber, der sich vielmals entschuldigen mußte, sie zu besänftigen und zum Bleiben zu überreden.

Während einer meiner Reisen von Surat nach Ahmadabad befand ich mich in Begleitung des englischen Präsidenten. Ungefähr fünf Meilen vor der Stadt befindet sich ein kleiner Wald, der von vielen großen Affen bevölkert wird. Die Weibchen tragen ihre Jungen auf dem Arm. Der englische Präsident ließ seine Kutsche halten und zeigte mir sein hervorragendes Gewehr, welches er kürzlich vom Gouverneur von Diu geschenkt bekommen hatte. Er wollte es mich an einem Affen ausprobieren lassen, doch ein treuer Knecht von mir warnte mich davor. Ich versuchte, auch den Präsidenten davon abzuhalten, einen Affen abzuschießen, aber meine Mühe war vergebens. Er nahm sein Gewehr und erschoß, ohne zu zögern, eine Äffin. Sie blieb tot zwischen den Ästen eines Baumes hängen, ihr Junges fiel auf die Erde hinunter. Sofort sprangen ungefähr 60 Affen von den Bäumen herab und liefen voller Wut auf die Kutsche des Engländers zu. Die Knechte mußten ihre ganze Kraft aufwenden, um die Affen zu vertreiben, denn diese hätten sonst sicherlich den englischen Präsidenten erwürgt. Obwohl sich die Affen meiner Kutsche nicht näherten, hatte ich vor ihnen große Furcht.

Erlaubt mir nun, den Weg von Surat nach Agra weiter zu beschreiben. Von Ahmadabad nach Chitpour sind es 41 Coftes. In Chitpour werden die gleichnamigen Tücher, Chites, hergestellt. Dort lagerte ich unter einer Gruppe von Bäumen in der Nähe der Stadt, wo ich zu meiner Freude eine Löwenzähmung miterleben konnte. Die Löwen werden an ihren Hinterbeinen mit einem Strick an einem zwölf Schritt entfernten Pfahl angebunden. Ein zweiter Strick, dessen

Ende der Meister in der Hand hält, wird ihm um den Hals gelegt. Nun werden die Löwen freigelassen und sie laufen, bis sich der Strick an ihren Hinterbeinen spannt. Jetzt zieht der Meister an seinem Strick die Löwen zurück. Dieses Spiel wiederholt sich des öfteren, und so gewöhnt sich der Löwe langsam daran, dem Meister zu folgen.

Am folgenden Tag begegnete ich einer Gruppe von mohammedanischen Fakiren oder Derwischen. Ihr Vorgesetzter war früher der Oberstallmeister von Sultan Boulaki, der auf Befehl stranguliert worden war. Unter ihnen waren noch vier weitere Edelmänner, die früher alle am Hof Shah Jehans tätig gewesen waren.

Die Kleidung der Derwische besteht aus drei bis vier Ellen langer, orangefarbener Leinwand. Aus dieser fertigen sie sich einen Gürtel, dessen Ende vorne zwischen den Schenkeln durchgezogen wird. So können sie ihre Scham bedecken. Jeder von ihnen besitzt auch eine Tigerhaut, die sie über ihre Schulter binden. Sie sind gut bewaffnet, und manche besitzen neben Pfeil und Bogen sogar eine Muskete. Unter ihnen sah ich zum ersten Mal eine Waffe, die in Europa gänzlich unbekannt ist. Es ist ein scharfes eisernes Blatt in Form eines Schüsselrandes, von welchem sie zehn auf ihrem Kopf tragen. Diese Waffe wird mit großer Wucht gegen den Gegner geschleudert und dieser dadurch beinahe in Teile geschnitten.

Die Derwische kündigen ihre Ankunft oder Abreise mit einem Hornsignal an. Sie genießen im Volk sehr großes Ansehen. Noch am gleichen Abend, an dem sie Chitpour erreichten, kam der Gouverneur und erwies den fünf höchsten Derwischen seine Ehrerbietung. Auch versah er sie mit Reis und anderen Lebensmitteln. Die Derwische selbst zerstreuen sich meist in der Stadt und betteln um Almosen und Speisen. Jeden Abend wird dann alles gerecht geteilt, so daß jeder sein eigenes Mahl zubereiten kann. Nichts wird für den folgenden Tag aufgehoben und alles, was übrigbleibt, wird an die Armen verteilt.

Von Chitpour nach Bargant sind es 40 Coftes.

Bargant ist ein Raja-Territorium, und jeder, der es passiert, muß Zoll entrichten. Als ich hierher kam, hatte ich in meiner Begleitung 60 Träger und acht Knechte. Am Abend erreichten wir die Grenze von Bargant. Zu meinem Erstaunen versammelten sich die Träger und teilten mir mit, daß der Weg durch dieses Gebiet sehr gefährlich sei. Der Raja lasse alle Reisenden erwürgen und ausrauben, ja, seine Haupteinkunftsquelle seien eben diese Morde. Alle baten mich noch, weitere 100 Bauern mitzunehmen, da eine solche große Menge kaum angegriffen werden würde. Ich stritt mich lange mit ihnen und warf ihnen sogar Feigheit vor. Nach langem Hin und Her entschloß ich mich doch, weitere 50 Mann aus den nächstgelegenen Dörfern anzuheuern. Die Reise durch das Raja-Land dauerte drei Tage, die Bauern besaßen aber die Frechheit, dafür einen Monatslohn zu fordern. Am nächsten Tag zeigten sie sich alle sehr wankelmütig und verzögerten, wo sie nur konnten, die Weiterreise. Zu Mittag baten sie mich, sie von ihrer Pflicht zu befreien und ihrem Vorgesetzten nichts von ihrer Feigheit zu erzählen. Sie wollten ihr Leben nicht aufs Spiel setzen und mich lieber rechtzeitig verlassen. Bevor ich dagegen irgend etwas unternehmen konnte, verschwanden sie in die Wälder. Mir blieben nur meine treuen Knechte, und so mußte ich mich im Vertrauen auf Gott, der mich auf allen meinen Reisen gut beschützte, auf den Weg machen. Nach zwei Coftes erblickte ich auf einer Anhöhe ungefähr 50 Reiter, von denen vier auf mich zuritten. Ich teilte sofort die Gewehre an meine Knechte aus, und wir stellten uns in Position, um uns für den Fall eines Angriffs verteidigen zu können. Die Reiter zeigten mir aber an, daß ich nichts zu befürchten hätte. Einer teilte mir mit, ihr Fürst sei auf der Jagd und schickte sie aus, um zu erkunden, wer durch sein Land reise. Sie fragten mich auch, ob ich Wein bei mir hätte, worauf ich antwortete, daß ich selten ohne Wein reise, weil die Engländer und Holländer mir viele Flaschen geschenkt hätten. Die Soldaten führten mich daraufhin zu ihrem Raja, und dieser bat mich, mit ihm einige Flaschen zu trinken. Er ließ einige Tänzerinnen rufen, denn ohne sie glauben die Inder sich nicht amüsieren zu können. Bei meiner Abreise stellte er für meine Begleitung bis zur Landesgrenze sogar 200 Reiter zur Verfügung.

Von Bargant reiste ich weiter zu dem 108 Coftes entfernten Mirda. Dort konnte ich trotz großer Mühe kein einziges leeres Wirtshaus finden. Der Grund hierfür war die Hochzeit des zweiten Sohnes von Shah Jehan. Ich war genötigt, meine Zelte auf einem Damm, der von großen Bäumen umzäunt war, aufzuschlagen. Nach zwei Stunden wurden große Elefanten herbeigeführt, die auf Befehl ihrer Meister die Bäume vernichteten. Diese Verwüstung geschah auf Befehl der Begum, die sich an den Einwohnern von Mirda rächen wollten, da diese sie nicht gebührend empfangen und nach Art des Landes beschenkt hatten.

Von Mirda nach Agra sind es noch 154 Coftes. Die ganze Reise von Surat nach Agra über Ahmadabad ist 412 Coftes lang und dauert ungefähr 40 Tage.

Das 5. Kapitel

Der Landweg von Isphahan über Kandahar nach Agra und von der königlichen Residenz in Gehanabad

Zwei Wege führen von Kandahar nach Agra: entweder über Kabul oder über Multan. Der letzte Weg ist um zehn Tage kürzer, aber er wird wenig befahren, weil er die meiste Zeit durch Wüste führt. Von Isphahan bis Agra braucht man insgesamt 150 Tagesreisen. Besonders eilige Kaufleute bewältigen den Weg aber in der halben Zeit, nämlich in 60 oder 75 Tagen.

In Multan wird viel Leinwand hergestellt. Früher wurde diese mit den Schiffen flußabwärts verfrachtet. Heute ist der Fluß so sehr versandet, daß große Schiffe ihn nicht befahren können. Deshalb muß die Leinwand auf dem Landweg nach Agra und von dort nach Surat gebracht werden. Die Fracht kostet aber sehr viel, und aus diesem Grund kommt wenig Leinwand aus Multan. Es sind auch viele Arbeiter weggezogen, und die Einkünfte des Königs aus dieser Provinz sind dadurch sehr verringert worden. Die Banianen, die dort wohnen, haben ein sehr sonderbares Gesetz. An gewissen Tagen des Jahres dürfen sie Hühner essen. Auch ist es zwei oder drei Brüdern gestattet, ein Weib gemeinsam zu haben. Der ältere wird als Vater der Kinder betrachtet. Der Weg von Kandahar nach Kabul beträgt 100 Coftes. Während der letzten 40 Coftes findet man nur drei armselige Dörfer, in denen es nur selten Brot und Gerste für die Pferde gibt. Es ist also ratsam und wohl das beste, Proviant mitzunehmen.

Die Stadt Kabul ist groß und gut befestigt. Jährlich kommen dorthin Leute aus Usbek, um ihre Pferde, 60 000 an der Zahl, zu verkaufen. Auch werden aus Persien viele Schafe und anderes Vieh hierher gebracht. Wie die Lebensmittel, so ist auch der Wein dort sehr bekömmlich.

Ich will nur kurz über die Völker, Augans genannt, berichten, die in den Bergen von Baluch wohnen und auf dem Weg von Kandahar bis Kabul anzutreffen sind. Es sind starke Leute und berüchtigt wegen ihrer nächtlichen Raubzüge. Eine indische Gewohnheit ist es, jeden Morgen die Zunge mit einem krummen Holzstäbchen, das aus einer Wurzel gefertigt ist, zu säubern und zu schaben. Dabei wird man zum Erbrechen gereizt. Auch die Augans haben eine solche Gewohnheit, allerdings erbrechen sie sich nur wenig in der Früh. Während ihrer Mahlzeiten müssen sie sich aber übergeben, sobald sie zwei oder drei Bissen gegessen haben. Nach dem Erbrechen essen sie mit großem Appetit weiter. Falls sie dies nicht tun, werden sie wassersüchtig und würden das dreißigste Lebensjahr nicht überleben.

Die Reise von Kabul nach Lahore beträgt 244 Coftes. Lahore ist die Hauptstadt eines Königreiches, das Punjab genannt wird. In dieses Königreich fließen fünf Flüsse aus den nordischen Gebirgen hinein und vergrößern den Indus. Der Flußlauf des Indus verändert sich häufig, und Überschwemmungen zerstören oft die anliegenden Felder.

Die Stadt Lahore erstreckt sich über eine Meile in der Länge, und ihre Häuser sind sogar höher als die zu Agra und Delhi. Viele von ihnen können dem starken Regen nicht standhalten und verfallen.

Während meiner Reise von Lahore durch das Königreich Kashmir, das sich im Norden an Lahore anschließt, bemerkte ich, daß alle Weiber auf ihrem Körper gar keine Haare und die Männer von Natur aus selbst auf ihrem Kinn nur sehr wenig Haare haben. Von Lahore sind es noch 191 Coftes nach Delhi. Der Weg gleicht einem Spaziergang, der durch eine Allee führt. An einigen Orten aber gehen die Bäume ein, und es werden an ihrer Stelle keine neuen gesetzt.

Die große Stadt Delhi liegt nahe dem Fluß Yamuna, der auch durch Agra fließt und in den Ganges mündet. Seitdem Shah Jehan eine neue Stadt, von ihm Gehanabad genannt, gegründet hatte und dort wegen der milden Luft residiert, wird Delhi vernachlässigt. Die Mauern sind verfallen, und die Häuser bestehen zumeist aus Bambus. Nur drei oder vier Herren vom Hof haben noch ihre Wohnung in Delhi. Diese Wohnungen sind große abgeschlossene Plätze, auf denen sie ihre Zelte aufspannen.

Gehanabad ist eine Stadt, die Delhi sehr ähnlich ist. Die Häuser der hohen Herren befinden sich auf umzäunten Plätzen, in deren Mitte das Haus steht, in dem die Weiber eingeschlossen sind. Der größte Teil der Herren aber wohnt wegen des Wassermangels außerhalb der Stadt. Beim seitlichen Zugang nach Delhi befindet sich eine lange, breit mit Gewölben versehene Gasse. Dort halten sich Kaufleute auf. Diese Gasse führt auf den großen Platz, auf dem der Königspalast steht.

Der königliche Palast hat einen Durchmesser von rund einer halben Meile. Die Mauern, die ihn umgeben, bestehen aus starken Quadersteinen, in die Zinnen eingebaut sind. Im Abstand von je zehn Zinnen steht ein Turm. Die Gräben des Palastes sind immer voller Wasser.

Die große Pforte des Palastes, wie auch der vordere Hof, in den die großen Herren mit ihren Elefanten hinein können, hat keinerlei Kostbarkeiten aufzuweisen. Von diesem Hof geht ein langer, breiter Durchgang ab, an dessen beiden Seiten sich viele kleine Kammern befinden, in denen sich die Wache zu Pferd aufhält. An einigen Stellen sieht man große Pforten, die zu verschiedenen Zimmern, in denen die Weiber wohnen, und zu dem Ort, an dem Gericht gehalten wird, führen. In der Mitte des Durchgangs fließt ein Kanal voller Wasser, der sich in gleichmäßigen Abständen zu kleinen Wasserbecken formiert.

Moschee mit Garten in Lahore

Dieser lange Durchgang führt in einen großen Hof, in dem die vornehmen Herrn des Königreiches persönlich Wache halten. Für sie hat man um den Hof herum eigene Unterkünfte gebaut, und ihre Pferde sind vor deren Pforten angebunden. Von diesem zweiten Hof geht man durch ein großes Portal, dessen Seiten wie kleine Säle aussehen. In diesen werden die Kleider des Königs, die sogenannten Calaat und Röcke aufbewahrt, die er anzieht, wenn er einen Untertanen würdigen will.

Es befinden sich dort auch die Trompeten, Trommeln und Schalmeien. Diese werden, kurz bevor der König Gericht hält, gespielt, damit die Wache aufmerkt. Vom Eingang des dritten Hofes sieht man den Divan oder königlichen Audienzsaal. Dieser befindet sich vier Schuh hoch über der Ebene und ist an drei Seiten offen. Marmorne Säulen, die reich an Verzierungen und Gravuren sind, stützen das Gewölbe ab. Allerdings reichen die Verzierungen nicht ganz bis zur Decke. Als Shah Jehan begann, diesen Saal zu bauen, wollte er, daß er durchwegs mit wunderschönen Steinen geschmückt würde. Nachdem aber drei Säulen zur Probe verziert wurden, merkte er, daß für ein so großes Werk nicht genug Steine zu bekommen waren und dies außerdem eine unermeßliche Summe Geld erfordern würde.

In der Mitte dieses Saales steht der Königsthron. Dieser gleicht einem kleinen Bett und ist mit vier Säulen und einer Decke versehen, die allesamt mit Diamanten bestückt sind. Wenn sich der König auf den Thron setzt, wird eine goldene, reich bestickte Decke über den Thron ausgebreitet.

Im Hof unterhalb des Thrones befindet sich ein von Säulen umgebener Platz. An den vier Ecken dieses Platzes sitzen die vier Staatssekretäre, die die Stellung von Advokaten innehaben. Auch die Musiker, die während königlicher Audienzen aufspielen, befinden sich dort.

Der oberste Staatsminister, Nabab genannt, geht um zwölf

Uhr zum König und berichtet, was sich alles zugetragen hat. Sobald er ausgeredet hat, steht der König auf. Man muß nämlich wissen, daß sich, solange der König auf dem Thron sitzt, niemand aus dem Palast entfernen darf. Als ich eines Tages, als der König noch Audienz hielt, wegen einer eiligen Sache, die keinen Aufschub duldete, den Palast verlassen wollte, hielt der Wachtmeister mich am Arm fest und wollte mich nicht vor Beendigung der Audienz gehen lassen. Ich stritt mich einige Zeit mit ihm, doch als ich einsehen mußte, daß er nicht auf mich hörte, bedrohte ich ihn in meinem Zorn mit einem Dolch. Allerdings hielten mich daraufhin drei oder vier Wächter, die zugesehen hatten, fest. Zu meinem Glück ging gerade der Nabab vorbei, und als er den Grund unseres Streites erfuhr, befahl er dem Wächter, mich sofort ziehen zu lassen.

Inmitten des Audienzhofes befindet sich ein zwölf Zoll breiter Kanal, der von Leuten, die eine Audienz begehren, nicht überschritten werden darf. Auch Botschafter und Abgeordnete dürfen diese Stelle nicht überqueren.

Zur Linken des Hofs steht eine sehr schöne Moschee. Ihre Kuppel ist vollkommen vergoldet. Dort verrichtet der König täglich seine Gebete – außer freitags, wo er die große Moschee benützt.

In den Ställen des Königs stehen immer stattliche Pferde, das geringste kostet wohl 3000 Kronen, andere werden auf 100 000 Kronen geschätzt. Vor jeder Stalltür hängt eine feine, aus Bambus geflochtene Decke. Diese wird mit gezwirnter Seide so zusammengeknüpft, daß feine Blumenmuster entstehen, was viel Arbeit und große Geduld erfordert. Die Decken dienen als Schutz gegen die Mücken, welche die Pferde sehr plagen können. Falls dies nicht ausreicht, werden jedem Pferd zwei Knechte zugeteilt, die die Mücken vertreiben sollen. Die Pferde bekommen weder Heu noch Hafer, sondern jeden Morgen drei brotähnliche Ballen, die aus Weizenmehl und

Schmalz zubereitet werden. Während der Reifezeit des Zuckerrohrs und der Hirse werden sie mittags und bei Sonnenuntergang davon gefüttert. Der König hat in Gehanabad sehr viele kleine, schöne Schiffe, die er für Spazierfahrten auf dem Fluß Yamuna benützt. Sie sind nach Landesart fein verziert.

Das 6. Kapitel

Im prächtigen Königspalast von Agra

Von Delhi nach Cheki-sera sind es 57 Coftes.

In Cheki-sera befindet sich eine der größten Pagoden oder Tempel von Indien. Daneben gibt es ein Hospital für Affen, die dort wohnen, und auch für solche aus der Nachbarschaft. Sie werden von den Banianen mit Nahrung versorgt. Diese Pagode wird Mathura genannt und wurde früher viel mehr verehrt als jetzt. Der Grund hierfür war, daß unterhalb des Tempels der Fluß Gemene vorbeifloß und die Banianen und die Pilger sich so vor dem Tempel waschen konnten. Nach dem Verlassen des Tempels wie auch vor dem Zubereiten der Mahlzeiten mußten sie im Fluß baden. Die Banianen glauben, daß sie durch das Wasser des Flusses von ihren Sünden gereinigt würden. Seit einigen Jahren indes hat der Fluß seinen Lauf geändert und fließt nun eine Cofte vom Tempel entfernt vorbei.

Von Cheki-sera nach Agra sind es 11 Coftes.

Agra ist die größte Stadt Indiens und war bis jetzt immer

Eingangshalle des Shah Jehan-Palastes in der Feste Agra

der Sitz der Könige. Die Häuser der vornehmen Herren sind schön und gut gebaut, die der einfachen Leute dagegen sind, wie in ganz Indien, sehr schäbig. Alle Häuser sind mit einer Mauer umgeben, damit die Frauen nicht gesehen werden können. Man kann sich gut vorstellen, daß sich in diesen Städten nichts Lustiges zuträgt. Außerdem ist Agra von einer Sandwüste umgeben. In der Sommerzeit ist die Hitze deshalb unerträglich, weshalb Shah Jehan nicht mehr dort residieren wollte und seinen Hof nach Gehanabad verlegte.

In Agra befindet sich ein prächtiger Königspalast und in der Nähe der Stadt etliche Begräbnisstätten. Der Königspalast ist von zwei Mauern umgeben, auf denen sich Wohnungen für die Hofbeamten befinden. Am Palast vorbei fließt der Fluß Gemene. Dazwischen liegt ein großer Platz, auf dem Elefantenkämpfe stattfinden. Dieser Platz wurde bewußt dafür ausgesucht. Wenn nämlich ein Elefant gewinnt, ist er dermaßen aufgeregt und unzähmbar, daß man ihn mit Raketen und Feuerwerk ins Wasser treiben muß. Erst dort beruhigt er sich wieder. Die Stadtseite des Palastes ist von einem großen Platz umgeben. Eine einfache Pforte führt vom Palast dorthin. Als der Kaiser früher noch hier residierte, übergab er, wenn er auf Reisen war, seinem verläßlichsten Soldaten die Aufsicht über diesen Palast. Dieser bewachte den Schatz des Königs Tag und Nacht.

Mit der Verlegung der Residenz nach Gehanabad wurde die Aufsicht über den Palast einem den Europäern freundlich gesinnten Herren übergeben. Dieser wurde vom holländischen Handelsdelegierten in Agra, Herrn Velant, nach Sitte des Landes reich beschenkt. Unter den Geschenken befanden sich Spezereien, japanische Möbel und holländisches Tuch.

Bei der Geschenkübergabe wollte der Holländer mich unbedingt bei sich haben. Der Aufseher des Palastes war des Geschenks wegen tief beleidigt und bewegte den Holländer, die Geschenke außer einem wieder wegbringen zu lassen. Ein

Tischchen behielt er als Zeichen der Freundschaft mit den Europäern. Es war aus japanischem Rohr und mit Gold verziert. Man mußte auch diese Verzierung entfernen, denn der Herr wollte es nur in ganz schlichter Form. Anschließend wollte der Gouverneur wissen, ob er Herrn Velant keinen Gefallen tun könne. Dieser bat, den Palast besichtigen zu dürfen, was ihm auch erlaubt wurde. Sechs Mann wurden ihm als Begleitung mitgegeben.

Die erste Pforte ist ein langes finsteres Gewölbe, durch das man auf einen Hof gelangt. Der Gang, den man sieht, ist breiter und höher als die anderen. Darunter befinden sich drei Säulenreihen. Bei den übrigen drei Gängen befinden sich die Wohnungen der Wachsoldaten. In der Mitte des großen Ganges ist eine sonderbare Maueröffnung. In diese gelangt der König durch einen kleinen verborgenen Gang, der aus seinem Harem herausführt. Hier bleibt er unbewacht, denn weder von vorne noch von hinten, weder von rechts noch von links kann man ihm hier zu nahetreten. Bei großer Hitze ist er in Begleitung eines Eunuchen und öfters auch eines seiner Kinder, die ihm alle Luft zufächeln müssen. Die Vornehmen des Hofes befinden sich im Gang unterhalb dieses Mauerloches.

Am Ende des Hofes auf der linken Seite befindet sich ein zweites Portal, durch das man in einen anderen großen Hof gelangt. Dieser ist ebenfalls mit Gängen umgeben, unter denen kleine Kammern für Palastbeamte liegen. Über diesen zweiten Hof kommt man zu einem dritten, in dem sich des Königs Wohnung befindet. Shah Jehan wollte das Gewölbe eines dieser Gänge ursprünglich mit Silber auskleiden lassen – und zwar von der Hand eines aus Bordeaux stammenden Franzosen namens Augustin. Der Großmogul schickte diesen aber, in Ermangelung eines besseren Unterhändlers, als seinen Stellvertreter zu Verhandlungen mit den Portugiesen nach Goa. Aus Angst, er könnte etwaige Geheimnisse preisgeben, wurde der Franzose allerdings auf der Rückreise in Cochin vergiftet.

Deshalb wurde das besagte Gewölbe lediglich mit Laubwerk von goldener und himmelblauer Farbe bemalt und der Boden mit Teppichen bedeckt. In dem Gang waren Pforten, durch die man in sehr kleine Kammern gelangte. Zwei oder drei davon waren geöffnet, und wir konnten sie sehen. Es wurde uns auch gesagt, daß die anderen diesen glichen. Die übrigen Seiten des Hofes sind offen und nur von einer schlechten halbmannshohen Mauer umgeben. Auf der Seite des Flusses befindet sich ein erkerförmiger Divan, wo der König verweilt, um seine Schiffe oder Elefantenkämpfe zu beobachten. Vor dem Eingang zum Divan ist ein weiterer Eingang. Shah Jehan hatte vor, diesen mit Ästen aus Rubinen und Smaragden, die grüne Trauben darstellen sollten, schmücken zu lassen. Diesen Plan konnte er aber nicht in die Tat umsetzen, weil dies seine Mittel überstiegen hätte. Deshalb gibt es nur zwei oder drei Stämme aus Gold, die Blätter sind aus Schmelzarbeit, und die Smaragde, Rubine und Granaten stellen Trauben dar. Ungefähr in der Mitte des Hofes steht eine 40 Schuh lange, aus einem grünen Stein gehauene Badewanne.

In und um Agra findet man sehr schöne Gräber. Viele von ihnen sind von Eunuchen des königlichen Harems errichtet worden. Die Eunuchen haben oft großen Reichtum erworben, den sie gerne für eine Pilgerfahrt nach Mekka verwendet hätten. Da der König sie aber nicht außer Landes läßt, setzen sie sich ein Denkmal in Form von Gräbern, um der Nachwelt in Erinnerung zu bleiben.

Unter allen Gräbern in Agra ist das der Gemahlin Shah Jehans das prächtigste.[1] Dieser hat das Grab absichtlich nahe

---

1 Tavernier meint das Taj Mahal, die Begräbnisstätte von Shah Jehans Frau Mumtaz Mahal.

dem Tasimacan errichten lassen, damit viele Fremde dieses sehen und verehren können. Der Tasimacan ist ein großer Bazar, der aus sechs großen Höfen besteht. Diese sind umgeben von Kammern, die den Kaufleuten als Wohnungen dienen. Dort werden große Mengen von Leinwand verkauft. Das Grab dieser Begum ist von einer Mauer umgeben, auf der sich ein Gang befindet. Innerhalb des Platzes befindet sich ein Garten. Die Wege des Gartens sind nicht wie bei uns mit Sand aufgeschüttet, sondern mit weißem und schwarzem Marmor bepflastert. Zu diesem Platz kommt man durch ein großes Portal. Auf der linken Seite sieht man gegen Mekka einen schönen Gang mit drei oder vier Öffnungen. Dorthin begibt sich der Mufti, um sein Gebet zu verrichten. Ungefähr in der Mitte des Hofes stehen drei große Altäre übereinander, an deren Ecken sich jeweils ein Turm befindet. Dort wird zum Gebet gerufen. Oben ist ein Damm, der ebenso prächtig wie der Val-de-Grace in Paris ist. Innen und außen ist er aus weißem Marmor, in der Mitte aus gebrannten Steinen. Unterhalb liegt ein leeres Grab, denn die Begum ist unter einem Gewölbe unterhalb der ersten Altane begraben. Von Zeit zu Zeit werden die Teppiche, Leuchter und anderer Zierat ausgewechselt. Etliche Mullahs beten an diesem Grabmal. Ich habe die Entstehung dieses Bauwerks von Beginn bis zur Vollendung beobachtet. Es dauerte 22 Jahre, und 20 000 Mann wurden benötigt, die unaufhörlich daran gearbeitet haben. Daraus ersieht man, wie kostspielig dieser Bau gewesen sein muß. Viele glauben, die Gerüste hätten mehr gekostet als das Bauwerk selbst; denn aus Mangel an Holz mußte man die Gerüste aus gebrochenen Steinen machen, ebenso die Füllung der Gewölbe. Shah Jehan fing an, die für ihn bestimmte Begräbnisstätte jenseits des Flusses errichten zu lassen, doch wegen des Krieges, den er gegen seine Söhne führte, konnte er diesen Bau nicht vollenden. Aureng-zeb, der jetzt regiert, ist nicht daran interessiert. Ein Eunuche mit

2000 Männern ist als Aufsicht über das Grab und den Tasimacan bestellt.

Eine Cofte vor der Stadt erhebt sich das Grabmal des König Akbar.[1] Die Gräber der Eunuchen bestehen nur aus einem Altan mit vier Kammern an jeder Ecke.

Auf dem Weg von Delhi nach Agra liegt ein großer Bazar, neben dem König Jehangir, der Vater Shah Jehans, begraben ist. Das Grab befindet sich über dem Portal dieses Gartens und ist mit einem schwarzen Schleier bedeckt und mit vielen Fackeln aus weißem Wachs umgeben. Außerdem sind an den Enden zwei Jesuiten aufgemalt. Man hat sich gewundert, daß auf einem mohammedanischen Grabmal solches erlaubt ist. Es gibt hierfür nur eine Erklärung: Der König und sein Vater haben von den Jesuiten Mathematik und Astrologie erlernt. Aber nicht immer war Shah Jehan den Jesuiten so zugetan. Als er nämlich einmal einen kranken Armenier namens Cotgia, den er sehr mochte, besuchen wollte, läutete die Glocke der Jesuiten. Dies mißfiel dem König, der dachte, der Klang könne dem Kranken schaden. Deshalb befahl er, die Glocke herunterzunehmen und sie statt dessen seinem Elefanten um den Hals zu hängen. Einige Tage später ließ er die Glocke aus Sorge um den Elefanten wieder entfernen und auf den Platz Couteval, auf dem ein Schultheiß Gericht hält, aufstellen. Der Armenier, der mit Shah Jehan aufgewachsen war, hatte einen wachen Verstand und war ein Poet. Deshalb schätzte ihn der König sehr und vertraute ihm die eine oder andere Regierungsstelle an. Doch er konnte ihn niemals dazu bewegen, zum Islam überzutreten.

---

1 Das Grabmal liegt in Sikandar.

Das 7. Kapitel

Über den Weg von Agra nach Patna und Dacca in der Provinz Bengala und wie ich am Königshof betrogen wurde

Am 25. November 1665 reiste ich von Agra nach Bengala. Ich übernachtete in einer schlechten Karawanserei drei Coftes von Agra entfernt.

Am 26. erreichte ich Beruzabad. Von dort reiste ich weiter in Richtung Bengala und kam am 1. Dezember in die Stadt Sanqual. Dort begegnete ich 110 jeweils mit sechs Ochsen bespannten Karren, von denen jeder 50 000 Rupien geladen hatte. Es handelte sich dabei um die Steuergelder der Provinz Bengala, die zur Deckung der Ausgaben und Unkosten des Gouverneurs dienten. Eine Meile von der Stadt Sanqual überquerte ich über eine steinerne Brücke den Fluß Saingour. Normalerweise versuchen die Reisenden von einer anderen Seite die Stadt Sanqual zu erreichen, da die Brücke durch das Gebiet der Rajas führt und die Gefahr besteht, ausgeraubt zu werden.

Am 2. Dezember kam ich durch eine kleine Stadt namens Gianabad. Nahe dieser Stadt beobachtete ich, wie ein kleiner Junge auf einem Hirsefeld ein Rhinozeros mit Hirse fütterte. Dieser zehnjährige Knabe gab auch mir ein paar Ähren, und sogleich kam das Tier auf mich zu und riß sein Maul auf, um von mir gefüttert zu werden.

Nach einer Reise von 32 Coftes erreichte ich Aurangabad. In diesem Ort regiert jetzt Aureng-zeb.

Von hier führte meine Reise weiter zum Fluß Ganges. Herr Bernier, der Leibarzt des Königs, und Herr Rachepot, die mit mir reisten, wunderten sich darüber, daß der Fluß so berühmt ist, denn er ist schmaler als die Donau. Von März bis Juni oder Juli, vor Beginn der Regenzeit, führt er so wenig Wasser, daß er nicht einmal beschiffbar ist. Als wir den Fluß erreichten, gönnten wir uns alle ein Glas Wein, mit Gangeswasser verdünnt. Dieses Wasser verursachte bei uns allen heftige Bauchschmerzen. Die Holländer, die ihre Wohnungen entlang des Flusses haben, hüten sich davor, das Wasser des Flusses zu trinken. Die Inder dagegen sind von Kindheit an dieses Wasser gewöhnt. Selbst der König und auch der ganze Hof trinken davon. Täglich ist eine große Menge Kamele beschäftigt, das kostbare Naß zu transportieren.

Am nächsten Tag erreichte ich die große Stadt Halabas. Dort mündet der Gemene in den Ganges. Der Gouverneur der Stadt besitzt ein schönes, aus Quadersteinen erbautes Schloß, das von einem doppelten Graben umgeben ist. Der Gesundheitszustand des Gouverneurs ist sehr schlecht. Deshalb wohnen in seinem Schloß einige persische Ärzte und ein Herr Clode von Bourges. Dieser Zahnarzt warnte uns vor dem Wasser des Ganges: Es verursache die Ruhr. Deshalb benutzten wir den Brunnen des Hauses.

Eines Tages stieß der Primar der persischen Ärzte seine Frau von einer Sommerlaube herunter. Dies geschah vermutlich aus Eifersucht. Der Arzt wollte sie damit töten, sie brach sich allerdings nur einige Rippen. Die Verwandten der Frau begaben sich daraufhin zum Gouverneur und verlangten die Bestrafung des Arztes. Der Gouverneur entließ den Doktor und wies ihn aus seiner Stadt aus. Nach drei oder vier Tagen verschlechterte sich aber der Zustand des Gouverneurs dermaßen, daß er keine andere Wahl hatte, als seinen alten Arzt wieder zurückzuholen. Bevor er jedoch zurückkehrte, erstach der Arzt seine Frau. Obwohl der Gouverneur dies wußte, nahm er ihn wieder in seine Dienste auf.

Am nächsten Tag baten wir den Gouverneur um die Erlaubnis, den Fluß Ganges überqueren zu dürfen. Nachdem wir den ganzen Vormittag auf die Einwilligung gewartet hatten, erreichten wir am Nachmittag mit einem großen Schiff das andere Ufer. Auf jeder Seite des Flusses steht ein Soldat, der niemanden ohne Erlaubnis des Gouverneurs den Fluß überqueren läßt. Diese Soldaten kontrollieren auch die Warentransporte; sie erheben außerdem den Frachtpreis für die Karren.

Am 11. Dezember erreichte ich die Stadt Banarou. Die Häuser dieser Stadt sind aus festen Quadersteinen gebaut und höher als die Häuser in anderen Städten. Unter ihnen befinden sich auch viele Karawansereien, in deren Höfen Leinwand, Seide und andere feingearbeitete Waren verkauft werden. Die Verkäufer der Waren sind meist die Handwerker selber, und somit bekommt der Käufer die Ware aus erster Hand. Bevor die Handwerker verkaufen können, müssen sie die Waren beim Zollbeamten deklarieren, der das königliche Wappen daran befestigt. Machen sie dies nicht, werden sie bestraft und verprügelt. Die Stadt liegt im Norden des Ganges und erstreckt sich entlang des Flusses. Hier befinden sich die heiligsten Tempel der Banianen.

Ungefähr 500 Schritt außerhalb der Stadt, gegen Nord-West, liegen eine Moschee und viele schöne mohammedanische Gräber. Die schönsten sind von Mauern umgeben, die ein Loch haben, damit die Vorbeigehenden hineinsehen können. In Banarou blieb ich bis zum 13., und obwohl es unablässig regnete, setzte ich meine Reise über den Ganges fort. Bevor man das Schiff besteigt, wird das Gepäck untersucht, und man muß für alles, mit Ausnahme der Kleider, Zoll zahlen.

Am 17. kam ich in Saseron an. Saseron liegt am Fuße eines Berges und an einem kleinen See, in dem sich eine kleine Insel befindet. Dort steht eine Moschee, und darin befindet sich das Grab eines Nabab, Selim-Khan genannt, der die Moschee als Gouverneur dieser Provinz erbauen ließ. Diese Insel erreicht man über eine schöne Brücke. Auf einer Seite des

Sees befindet sich ein zweites Grab, und zwar das des Sohnes des Nabab, der ebenfalls Gouverneur dieser Provinz war.

Am 20., in Aga-sera, begegnete ich morgens 130 Elefanten, große wie kleine, die zum Großmogul nach Delhi gebracht wurden.

Patna erreichte ich am 21. Dies ist eine der größten Städte Indiens und liegt am Ufer des Ganges. Die Häuser sind kaum schmucker als in anderen indischen Städten. Fast alle sind mit Stroh oder Rohr gedeckt. Die holländische Handelskompanie hat hier wegen der Salpetergewinnung einen Sitz. Hier begegneten wir einigen Holländern, die gerade von Choupar kamen. Mit ihnen tranken wir auf offener Straße zwei Flaschen Wein. Da die Bevölkerung sehr geduldig ist, nimmt niemand Anstoß an diesem Verhalten.

Ich blieb acht Tage in Patna und habe dort erfahren, daß Sodomie unter den Mohammedanern nicht ungestraft bleibt. Ein Mimbachi, der 1000 Mann Infanterie kommandierte, wollte einen jungen Knaben, der sich wehrte, mißbrauchen. Der Junge beklagte sich beim Gouverneur und bekam den Rat, im Wiederholungsfalle den Hauptmann zu töten. Der Hauptmann hatte ein Haus auf dem Land. Hier zwang er den Jungen, seinen Begierden nachzugeben. Daraufhin war der Junge sehr wütend und versuchte sich zu rächen. Als eines Tages sein Herr mit ihm alleine auf der Jagd war und die Diener weit entfernt waren, trat er von hinten auf ihn zu und schlug ihm mit einem Säbel den Kopf ab. Danach lief er so schnell er konnte in die Stadt, schreiend, daß er seinen Herrn getötet habe, weil dieser ihn mißbraucht habe. Daraufhin wurde er im Haus des Gouverneurs gefangengesetzt. Nach sechs Monaten wurde er wieder freigelassen, und die Bemühungen des Verwandten des Getöteten, ihn zum Tode verurteilen zu lassen, schlugen fehl.

Der Gouverneur konnte ihn nicht hinrichten, weil das Volk die Vorgangsweise des Jungen für richtig hielt.

Am 4. Jänner 1666 kam ich vom Norden her nach Ragemehale. Diese Stadt lag früher am Ufer des Ganges und war damals Sitz der Gouverneure der Provinz Bengala. Es gab hier, bevor sich der Flußlauf änderte, schönes Land für die Jagd, und auch das Gewerbe blühte.

Am 6. Jänner trennte ich mich von Herrn Bernier in einem Ort namens Tonapour. Von dort ging meine Reise weiter nach Toutipour. Hier wimmelt es von Krokodilen, so daß man sich nur sehr vorsichtig dem Fluß nähern kann. Erst am nächsten Tag erreichte ich die Stadt Acerat. Auch dort sah ich eine solche große Anzahl von Krokodilen, daß ich sogleich Lust verspürte, ein Krokodil zu schießen. Man erzählte mir nämlich, die Krokodilshaut sei durch einen Flintenschuß unverletzlich. Ich traf das Krokodil auf die Backe und sah, wie das Blut herausströmte. Leider blieb das Tier nicht an Land, sondern verschwand sofort im Wasser.

Am 8. Jänner traf ich wieder auf eine große Menge von Krokodilen, die am Ufer des Flusses lagen. Dort schoß ich auf zwei Tiere. Getroffen legten sie sich auf den Rücken und verendeten mit weit aufgesperrtem Maul.

Am 13. des Monats erreichte ich am Abend Dacca. Die Stadt erstreckt sich entlang des Flusses Ganges, denn jeder möchte gerne seine Wohnung nahe diesem Fluß haben. Selbst in Dacca fand ich nur selten schön gebaute Häuser. Auch die Wohnung des Gouverneurs war nur aus Holz errichtet und von einer hohen Mauer umgeben. Meistens zieht dieser es vor, in einem Zelt zu lagern, welches er in seinem Hof aufstellen läßt. Die Holländer wie auch die Engländer besitzen ein schönes Haus und lagern ihre Waren dort. Die Kirchen der Kapuziner sind ganz aus Ziegelsteinen gebaut und sehr schön.

Als ich nach Dacca kam, führte Nabab Shah Eft-Khan, der Gouverneur von Bengala, gerade Krieg mit dem König von Aracan, der eine große Flotte, bestehend aus 200 großen

Galeeren und vielen kleineren Schiffen, hatte. Viele dieser Galeeren sind wunderschön geschmückt, und man hat sicherlich nicht mit Gold bei der Verzierung gespart. Außerdem sind sie sehr schnell und eignen sich deshalb hervorragend zum Transport von Waren. Auch die Holländer besitzen einige dieser Transportschiffe. Sie müssen sich freilich des öfteren einige mehr dazumieten.

Am Tag meiner Ankunft begrüßte ich den Nabab und schenkte ihm eine mit Gold bestickte Decke, die außerdem noch mit goldener Spitze umrandet war. Darüber hinaus überreichte ich ihm ein Leibband, bestehend aus Gold- und Silberstickerei, sowie einen Ring mit sehr schönen Smaragden. Als ich nun am Abend zu meiner Wohnung, die sich in der Niederlassung der Holländer befand, zurückkam, ließ mir der Nabab Granatäpfel, chinesische Orangen und zwei persische Melonen als Geschenk zukommen. Den folgenden Morgen verbrachte ich damit, dem Prinzen und seinem Sohn meine Waren zu zeigen. Damit sein Sohn mir ebenfalls gut gesinnt war, beschenkte ich ihn mit einer goldenen Uhr, zwei mit Silber beschlagenen Pistolen und anderen Kleinigkeiten. Die Geschenke an den Nabab und seinen Sohn kosteten mich über 5000 Franken.

Erst am folgenden Tag konnte ich mich mit seiner Hoheit, dem Prinzen, über den Preis meiner Waren einigen. Obwohl sein Vezir sie mir bar abkaufen wollte, bat ich ihn, mir einen Wechsel zu geben, mit dem ich das Geld in Casenbazar abheben konnte. Die Holländer rieten mir, kein Geld auf dem Weg nach Casenbazar mitzuführen, da diese Strecke nur flußaufwärts bewältigt werden kann und die Schiffe deshalb leicht kentern. Bemerken die Bootsleute, daß die Passagiere Geld bei sich haben, kentern sie das Boot absichtlich, um dann später das auf Grund gesunkene Geld bergen zu können.

Am 20. des Monats nahm ich vom Nabab Abschied. Dieser

bat mich, bald wiederzukommen. Er stellte mir einen Paß aus, der mich als Edelmann seines Hauses auswies. Dieses Papier erlaubte mir, in allen Gebieten des Großmoguls frei ein- und auszureisen.

Danach luden mich die Holländer zu einer köstlichen Mahlzeit ein. Es waren auch einige Engländer, Portugiesen und Kapuziner anwesend.

Die nächsten Tage verbrachte ich mit verschiedenen Einkäufen. Am 29., gegen Abend, verließ ich Dacca. Die Holländer begleiteten mich noch zwei Meilen weit mit Kriegsschiffen, wobei sie mit spanischem Wein nicht geizten.

Ich fuhr flußaufwärts bis zu einem großen Dorf namens Mirdapour. Dort mietete ich ein Pferd für meine weitere Reise zu Land. Ich wollte auch ein zweites Pferd für mein Gepäck haben, doch es war keines aufzutreiben. Statt dessen gab man mir zwei Frauen mit, die mein Gepäck bis Casenbazar trugen. Am Abend des 12. Februar kam ich dort wohlauf an. Begrüßt wurde ich von den Direktoren der holländischen Kompanie, die mich freundlich bei sich aufnahmen. Den ganzen nächsten Tag verbrachte ich mit den Holländern, und wir feierten bis tief in die Nacht hinein.

Am 25. begab ich mich zum obersten Steuerverwalter des Shah Eft-Khan und präsentierte ihm den Wechsel des Prinzen von Dacca. Dieser prüfte ihn und bestätigte seine Gültigkeit. Zu seinem Bedauern sagte er aber, mir das Geld nicht auszahlen zu können, da Shah Eft-Khan ihm am Abend zuvor eine Nachricht mit dem Befehl zukommen gelassen hatte, den Wechsel nicht zu begleichen. Ich war darüber verständlicherweise sehr erbost. Am meisten ärgerte mich, daß der Nabab nicht einmal einen Grund für seine Zahlungsverweigerung angab. Nachdem ich in meine Wohnung zurückgekehrt war, schrieb ich dem Prinzen einen Brief und bat ihn darin, um eine Erklärung für sein merkwürdiges Verhalten. Die nächsten Tage war ich damit beschäftigt, die

Umgebung von Casenbazar zu erkunden. Mir fiel auf, daß dort so ziemlich alles angebaut wird, was man in den Gärten Europas findet. Besonders die Holländer bemühen sich, viel Gemüse in ihren Gärten anzubauen. So findet man dort verschiedene Salate, Kohl, Spargel, Erbsen, Kraut und noch andere Gemüse. Nur Artischocken vermochten sie bis jetzt nicht zu züchten.

Am 2. März besuchte ich wieder den Obersten Steuerverwalter in der Hoffnung, daß er vom Nabab irgendeine Nachricht über das Schicksal meines Wechsels bekommen hatte. Zu erwähnen ist noch, daß selbst ein Direktor der holländischen Kompanie dem Nabab in dieser Angelegenheit einen Brief schrieb. Aber weder mein Schreiben noch das des Direktors hatte die erhoffte Wirkung. Der Nabab befahl nämlich dem Steuerverwalter, mir 20 000 Rupien weniger als vorgesehen auszuzahlen. Falls ich damit nicht zufrieden sei, könne ich die Waren wieder abholen. Das Verhalten von Shah Eft-Khan ist zurückzuführen auf einen Vorfall, der sich am Hof des Großmoguls zugetragen hat: Aureng-zeb, der jetzt regiert, kaufte auf Drängen von zwei Persern und einem Banianen Juwelen für seinen Hof von europäischen Kaufleuten. Bei ihrer Ankunft in Indien wurden diese sofort mit Gewalt zum König gebracht. Ähnliches passierte auch mir im Jahre 1665, als mich der Gouverneur von Surat nach Gehanabad schickte.

Am Hof des Königs hielten sich die zwei Perser und der Baniane auf, die alle Juwelen, die man dem König verkaufen wollte, zu begutachten hatten. Der eine Perser namens Nabab Akel-Kan verwahrte alle Juwelen des Königs, der andere, Mirza-Maufon, war der Schätzer. Der Baniane hatte zu prüfen, ob die Steine echt waren oder ob sie Mängel aufwiesen. Bevor die Steine dem König gezeigt werden konnten, mußten sie von diesen drei Personen begutachtet werden.

Obwohl sie keine Geschenke von den Kaufleuten annehmen durften, versuchten sie jedoch, von diesen soviel wie möglich herauszupressen. Wenn zum Beispiel ein Kaufmann besonders schöne Stücke besaß und hoffte, damit einen guten Gewinn zu erzielen, kam es oft vor, daß die Hofbeamten die Waren für die Hälfte ihres wirklichen Wertes erstehen wollten. War der Kaufmann damit nicht einverstanden, wurden die Beamten derart böse, daß sie die gesamten Juwelen nur auf die Hälfte ihres tatsächlichen Wertes schätzten. Verlangte nun der Kaufmann weiterhin mehr, so konnte er die Ware kaum an Aureng-zeb verkaufen.

In Indien ist es Sitte, daß alle Fürsten und vornehmen Herren des Hofes dem König an seinem Geburtstag Juwelen, und falls keine aufzutreiben sind, Gold schenken. Sobald sich dieser Tag nähert, läßt der König aus seiner Schatzkammer viele Diamanten, Rubine, Smaragde und Perlen durch einen Kaufmann an die Fürsten, die ein Präsent brauchen, verkaufen. Auf diese Weise bekommt der König beides: Geld und Juwelen.

Nun folgt die Geschichte, wie man mich am Hof betrog. Als ich in Gehanabad ankam, besuchte mich ein Herr und teilte mir mit, daß er vom König den Auftrag hätte, die Waren für ihn zu besichtigen. Nachdem er die Waren kritisch geprüft hatte, verlangte er von mir, daß ich ihm davon einige besonders billig abtreten sollte. Er wollte sie wahrscheinlich mit großem Gewinn an einen anderen Fürsten weiterverkaufen. Ich tat ihm diesen Gefallen aber nicht. Am folgenden Tag kamen alle drei Beamten zu mir und suchten sich für den König einen großen Strauß aus neun Perlen und verschiedene andere birnenförmige Perlen aus. Den Strauß bekam der König, die anderen Perlen aber kamen in den Besitz von Giafer-Khan, dem Onkel seiner Majestät, bevor sie der König überhaupt sehen konnte. Er wollte sie nicht herausgeben und bat mich, niemand etwas davon zu erzählen, da er die Perlen dem König schenken wollte. Nach einigen Tagen schickte er mir das Geld für die Perlen, aber ich entdeckte zu meinem Entsetzen, daß er mir 10 000 Rupien zu wenig bezahlte. Die beiden Perser und der Baniane hatten ihm erzählt, daß sie dieselben Perlen bei meiner Ankunft um 10 000 Rupien billiger angeboten bekommen hätten. Dies war natürlich eine boshafte Lüge. Falls ich den Preis nicht akzeptieren wollte, sollte ich die Perlen wieder zurücknehmen, was ich auch tat.

Während ich nach Bengala weiterreiste, schrieben diese Beamten über mich voller Zorn an Shah Eft-Khan, daß ich einige Perlen mitbringen würde, deren Wert ich um 10 000 Rupien zu hoch ansetzen würde. Sie schrieben weiter, daß auch andere Stücke zu hoch bewertet seien. Das war auch der Grund dafür, daß der Nabab mir 20 000 weniger bezahlen wollte. Nach langen Verhandlungen bekam ich schließlich doch noch 10 000 mehr.

Jeder, der eine Audienz beim König möchte, muß großartige Geschenke mitbringen. Danach wird bemessen, ob man würdig genug dafür ist. Deshalb verehrte ich dem König, als ich ihn am 12. September 1665 besuchte, folgendes: ein eisernes Schild, dessen Vergoldung allein 300 Dukaten, also 1800 Französische Franken, wert war und im ganzen 4378 Franken gekostet hatte. Alle waren von dieser Arbeit, die von einem Meister seines Faches im Auftrag des Kardinal Richelieu angefertigt worden war, entzückt. Außerdem einen kristallenen Streitkolben mit Rubinen, Smaragden und Gold verziert im Wert von 3119 Franken; einen türkischen Pferdesattel mit Rubinen, Smaragden und Perlen versehen im Wert von 1892 Franken; und außerdem noch einen Sattel mit Decke, alles mit Gold und Silber bestickt, im Wert von 1730 Franken. Meine Geschenke kosteten mich also insgesamt 12 119 Franken.

Dem Nabab Giafer-Khan machte ich folgende Geschenke: eine 19teilige Tafel, mit Steinen aus Italien verziert, die in

Florenz angefertigt wurde und einen Wert von 2150 Franken hatte. Einen Ring mit einem wunderschönen Rubin im Wert von 1300 Franken. Weiter überreichte ich dem Großschatzmeister eine goldene, mit Smaragden verzierte Uhr im Wert von 720 Franken. Den Wächtern der königlichen Schatzkammer und den Trägern des Schatzes gab ich 200 Rupien; das sind 300 Franken.

Dem Eunuchen der Schwester des Königs Aureng-zeb gab ich eine bemalte Uhr, die 260 Franken gekostet hatte.

Insgesamt haben mich diese Geschenke 23 187 Franken gekostet, doch ohne Geschenke zu machen, kann man weder in Persien und der Türkei noch in Indien etwas erreichen.

Das 8. Kapitel

Der Weg von Surat nach Golconda und wie der Großmogul die Festung Navapour mit einer List zurückeroberte

Nach Golconda bin ich verschiedene Male jeweils auf anderen Wegen gereist. Aber der einfachste Weg führt von Surat nach Golconda.

Am 19. Jänner 1645 reiste ich von Surat über Navapour nach Dultabat. Dies ist eine der besten Festungen im Land des Großmoguls; sie liegt auf einem Berg. Der Weg, der hinaufführt, ist so schmal, daß nur ein Pferd oder ein Kamel hinaufkommt. Die ummauerte Stadt liegt am Fuße des Berges. Sie ging im Krieg mit den Königen von Visapour und

Golconda vorübergehend verloren, doch durch eine List gelangte sie wieder in die Hände des Moguls: Sultan Courom, später Shah Jehan, kommandierte das Heer seines Vaters. Aft-Khan, der Schwager von Shah Eft-Khan, war einer der Feldherren. Er beschimpfte den Fürsten, worüber dieser sich so sehr ärgerte, daß er Aft-Khan mit seinen Schuhen schlug. Dies ist die größte Schmach in Indien, und jemand, dem solches widerfährt, verliert seine Ehre. Damit verfolgten Sultan und Feldherr aber lediglich die Absicht, die Leute, besonders die Spione des Königs von Visapour, zu täuschen. Das Gerücht, daß Aft-Khan in Ungnade gefallen sei, verbreitete sich schnell, und dieser wandte sich an den König von Visapour mit der Bitte um Schutz. Der König empfing ihn sehr freundlich und versprach ihm seine Hilfe. Daraufhin wurde Aft-Khan erlaubt, mit zehn oder zwölf Frauen und ebensovielen Dienern in die Festung zu ziehen, um dort besser geschützt zu sein. Mit acht oder zehn Kamelen sollten, so hieß es, die Frauen in die Festung gebracht werden, in Wirklichkeit saßen in jedem Cajava jedoch zwei geübte Soldaten, und auch die Eunuchen, die normalerweise die Kamele führten, wurden durch Soldaten ersetzt. So gelang es, die Besatzung der Festung zu überwältigen und den Ort zurückzugewinnen. Seither befindet sich die Stadt wieder in Händen des Moguls. Seitdem ist sie auch mit vielen Geschützen ausgestattet, die von englischen oder holländischen Büchsenmeistern bedient werden.

Von Dultabad reiste ich weiter nach Aurangabad. Dies war früher nur ein kleines Dorf, wurde aber von Aureng-zeb zu einer Stadt ausgebaut, weil hier seine erste Gemahlin gestorben war. Sie liegt hier am Ufer des Sees in einem prächtigen Grab neben einer schönen Moschee und einer Karawanserei. Die Moschee und die Begräbnisstätte waren sehr kostspielig, weil sie aus weißem Marmor aus Lahore bestehen. Der Marmor ist von Lahore nach Aurangabad vier Monate unterwegs, und als ich einmal von Surat nach Golconda reiste, begegnete ich mehr als 300 mit Marmor beladenen Karren, jeder von mindestens zwölf Ochsen gezogen.

Bei Nadour muß man einen Fluß überqueren, wofür man für jeden Karren vier Rupien zahlen muß, außerdem braucht man dafür noch einen Passierschein des Gouverneurs.

In Stanaga beginnt das Land des Königs von Golconda. Der Weg von Surat nach Golconda beträgt im ganzen über 324 Coftes, und ich benötigte hierfür 27 Tage. Als ich ein zweitesmal dorthin reiste, nahm ich eine andere Route, und es dauerte fünf Tage länger. Diese Reise begann ich am 11. März 1653. Sie führte mich über Enneque, Lazuor, Aurangabad, Canear und Rigiuali nach Golconda, wo ich am 1. April ankam. Außer diesem Weg gibt es noch einen zweiten, nämlich über Goa und Visapour.

Das 9. Kapitel

Das Leben im Königreich Golconda und darüber, wie der Sheikh von Mecque um die Hand der Königstochter anhielt

Das ganze Königreich ist ein sehr fruchtbares Land. Es herrscht Überfluß an Korn, Reis, Ochsen, Schafen, Hühnern und anderen Lebensmitteln. Außerdem gibt es in den Seen viele Fische, insbesondere eine Art von Seefisch, Eperlan genannt. Diese Seen sind nicht nur von künstlichen Dämmen umgeben, sondern schon von Natur aus damit ausgestattet.

Wenn die Regenzeit vorüber ist, werden die Dämme geöffnet und die Felder damit bewässert.

Bagnagar ist die Hauptstadt dieses Königreichs, sie wird aber für gewöhnlich nach der Festung Golconda genannt, die in der Nähe liegt. Diese ist der Sitz des Königs. Die Festung hat eine sehr starke Besatzung.

Die Stadt Bagnagar war früher nur ein Lustort mit schönen Gärten, aber auf die Bitte der Lieblingsfrau eines Vorfahren des jetzigen Königs ließ dieser dort einen Palast und eine Stadt errichten. Er nannte sie Bag-nagar, Garten der Nagar, nach dem Namen seiner geliebten Gattin.

An der südwestlichen Seite der Stadtmauer fließt ein Fluß vorbei, der bei Masulipatam in den bengalischen Meerbusen mündet. In der Stadt führt eine große Brücke über den Fluß, und es gibt hier viele große Straßen, die aber ungepflastert sind. Im Sommer sind sie deshalb voller Sand, was sehr unangenehm ist. Erengabad ist die große Vorstadt Bagnagars, in der alle Kaufleute, Händler und Arbeiter, aber auch der Pöbel wohnen. Die Stadt selbst ist jedoch nur von Standesleuten, königlichen Beamten, Gerichts- und Heeresangehörigen bewohnt. Zwischen zehn Uhr vormittags und fünf Uhr nachmittags kommen die Kaufleute und Händler in die Stadt, um mit den fremden Kaufleuten Handel zu treiben. Danach kehren sie wieder in die Vorstadt zurück. In dieser gibt es zwei Moscheen, die den Fremden auch als Herberge dienen. Außerdem sind in der Umgebung noch sehr viele Pagoden. Über diese Vorstadt gelangt man nach Golconda. Über die Brücke kommend führt eine große Straße zum königlichen Palast. Auf der rechten Seite befinden sich die Häuser der Hofherren und vier oder fünf Karawansereien, die zwei Stockwerke hoch sind und große Räume besitzen, in denen man sich erfrischen kann. Am Ende dieser Straße ist gegenüber dem Palast ein großer Platz, auf dem der König Audienzen abhält. Die große Pforte des Palastes ist an einem anderen

Platz. Durch diese gelangt man in einen Hof, in dem sich die königliche Wache aufhält. Danach folgt ein weiterer Hof, der ebenso gebaut ist. Um ihn befinden sich aber schöne Räume, ähnlich Sommerlauben. Darüber sind Gärten angelegt, und es ist erstaunlich, daß die Gewölbe diese Last tragen.

Ungefähr vor 50 Jahren wurde hier mit dem Bau eines Tempels begonnen. Dieser sollte aber von solcher Größe sein, daß niemand imstande war, ihn zu vollenden. Wäre er fertig gebaut worden, dann wäre er sicherlich das großartigste Bauwerk in ganz Asien gewesen.

Auf der anderen Seite der Stadt, von wo aus man nach Masulipatam gelangt, gibt es zwei große Seen, auf denen der König mehrere Schiffe hat, um sich zu erfreuen. Am Ufer besitzen viele Vornehme des Hofes schöne Häuser.

In der Moschee vor der Stadt liegen die Königinnen der Stadt Golconda begraben, und täglich um vier Uhr nachmittags wird dort an die Armen Brot und Pilau verteilt. Besonders schön ist es, wenn zu Festen von morgens bis abends die Gräber mit wunderschönen Teppichen belegt weden.

Wenn ein Fremder an das Stadttor kommt, durchsucht ihn die Wache nach Salz und Tabak, denn dies ist die hauptsächlichste Einnahmequelle des Königs. Dann muß der Fremde oft ein oder zwei Tage lang auf die Genehmigung warten, um hinein zu dürfen. Dies deshalb, weil ein Soldat die Ankunft eines Fremden dem Offizier der Hauptwache melden muß, und dieser schickt dann einen Mann zum »Deroga«, um Bericht zu erstatten. Wenn aber der Deroga beschäftigt ist oder gerade einen Spaziergang macht, oder auch der Soldat, um den Gang wiederholen zu können, um somit für die größere Mühe mehr Entgelt zu bekommen, so tut, als ob er den Deroga nicht angetroffen hätte, kommt es zu eben diesen Verzögerungen.

Wenn der König Gericht hält, begibt er sich auf den Platz, der vorher schon erwähnt wurde. Alle Beteiligten stellen sich ihm gegenüber auf. Zwischen dem Volk und der Palastmauer wird eine Absperrung errichtet, die niemand überschreiten darf, der nicht besonders aufgerufen wird. Die Aufgerufenen dürfen durch eine dem König gegenüberliegende Öffnung gehen. Unterhalb der Plattform, auf der sich der König befindet, sitzt ein Sekretär, der die Bittschriften entgegennimmt. Diese werden dann in einen Sack gesteckt und von einem Eunuchen zum König emporgezogen. Jeden Montag müssen die Vornehmen Wache halten und werden erst nach acht Tagen wieder abgelöst. Je nach ihrem Stand kommen sie auf folgende Art zur Wache: mit bis zu zwölf Elefanten, mit einem kleinen Käfig darauf, oder nur mit einem Mann, der den Elefanten führt, und einem anderen, der die Fahne trägt. Nach den Elefanten folgen in einer Zweierreihe Kamele, bis zu 40 Stück. Auf diesen sitzen Männer, in Leder gehüllt, die Bänder durch die Luft schwingen. Danach folgen Kutschen mit den Hausdienern, dann die Lastpferde und schließlich der vornehme Herr selbst.

Auf den Herrn warten am Ende der Brücke zehn bis zwölf Hofdamen, die vor ihm tanzen, bis er den Platz erreicht hat. Die Soldaten besitzen als Kleidung eine Leinwand, die drei oder vier Ellen lang ist. Diese wickeln sie sich um den Leib. Sie tragen ihr Haar lang und binden es auf dem Kopf zu einem Knoten zusammen. Als Waffe tragen sie in einem kleinen Gürtel ein breites Schwert, das dem der Schweizer gleicht. Das Rohr ihrer Musketen ist stärker als das der unsrigen, und auch das Eisen ist reiner und besser. Die Reiter sind mit Pfeil und Bogen, einem Schild und einer Streitaxt bewaffnet. Als Kleidung tragen sie einen Helm mit Nackenschutz.

In dieser Stadt befindet sich eine große Anzahl von Dirnen. Freilich dürfen nur im Buch des Deroga Registrierte ihr Gewerbe ausüben. Es sind an die 20 000. Diese Frauen bezahlen keine Steuern, sondern sind nur verpflichtet, jeden Freitag mit ihren Vorgesetzten und Musikanten auf dem Platz des

Königs zu erscheinen und in seiner Gegenwart zu tanzen. Ist der König nicht da, schickt sie ein Eunuche fort.

Am Abend, wenn es kühler wird, zeigen sich diese Frauen vor ihren Häusern, die meist kleine Hütten sind. Sobald die Nacht hereinbricht, hängen sie Lampen an ihre Türen, damit die Kunden sie besser sehen können. Zu dieser Zeit werden auch die Läden geöffnet, die Tari anbieten. Dieses ist ein Getränk, das so süß wie unser frischer Most ist und aus dem Saft eines Baumes gewonnen wird. Man transportiert ihn in Häuten auf den Pferden. Jeden Tag kommen 500 oder 600 dieser Pferde in der Stadt an. Der König hat den Tari für zollpflichtig deklariert, und die Einnahmen daraus belaufen sich jährlich auf eine namhafte Summe. Dies ist auch der Hauptgrund, warum so viele Dirnen geduldet werden, da ihretwegen sehr viel Tari getrunken wird. Es ist deshalb nicht verwunderlich, daß die meisten Läden sich in der Nachbarschaft der Dirnen befinden.

Die Dirnen sehen alle gleich aus und sind sehr beweglich. Als der regierende König die Stadt Masulipatam besuchen wollte, dienten ihm neun Dirnen als Elefant: Vier stellten die Füße dar, vier andere formten einen Leib und eine den Rüssel. Der König setzte sich darauf und zog so in die Stadt ein.

Das Volk von Golconda ist gut gewachsen; es hat eine helle Hautfarbe. Nur die Bauern sind braungebrannt.

Der jetzige König heißt Abdoul-Couton-Shah. Ich möchte nun kurz von der Herkunft dieses Königs erzählen. Während der Regentschaft von Akbar erstreckte sich das Reich der Mogulen bis zum Vorgebirge des Comorin. In dieser Gegend gab es einen mächtigen Raja, der vier Heere mit jeweils einem Feldherren befehligte. Einer dieser Feldherren belagerte das Land, das heute das Königreich Golconda ist. Als der Raja ohne Erben starb, eignete sich jeder dieser Feldherren das Land an, das er gerade besetzt hatte. Obwohl der Raja ein Heide war, waren seine Feldherren Mohammedaner, und jene in Golconda kamen sogar aus dem vornehmen Geschlecht der Turkomanen, die das Land Hamadan in Persien bewohnen. Einige Tage vor dem Tode des Raja errang dieser einen Sieg über die Mogulen, und so konnte ihm niemand seinen Besitz streitig machen. Es wurde ihm jedoch ein Tribut in Höhe von 200 000 Pagodes jährlich auferlegt. Der regierende König von Golconda ist ohne männlichen Nachkommen, er hat nur drei verheiratete Töchter. Die älteste ist mit einem Verwandten des Sheikh von Mecque verheiratet. Dieser kam eines Tages nach Golconda und hielt sich monatelang in Fakirkleidung vor der Pforte des Palastes auf, ohne dies zu begründen. Als der König davon hörte, sandte er seinen Arzt, der sehr gut Arabisch konnte, aus, um in Erfahrung zu bringen, was jener hier wollte. Der Arzt erkannte sogleich, daß er sich nicht mit einem gewöhnlichen Fakir unterhielt, und er führte ihn zum König. Dieser hatte einen guten Eindruck von ihm. Doch als der Sheikh um die Hand seiner Tochter anhielt, war der König bestürzt, und die Hofleute machten sich darüber lustig. Der Sheikh blieb aber bei seinem Begehren und kündigte für den Fall, daß man ihm die Prinzessin verweigerte an, daß Unheil über das Land kommen werde. Daraufhin wurde er verhaftet. Nach einiger Zeit ließ ihn der König in Masulipatam auf einem Schiff, das Pilger nach Mekka brachte, von wo aus man zu Land nach Mecque weiterreiste, seiner Wege gehen. Ungefähr zwei Jahre später kam der Sheikh abermals nach Golconda. Jetzt erreichte er, daß man ihn mit der Prinzessin verheiratete. Ihm ist es nämlich zu verdanken, daß die Festung Golconda dem König erhalten blieb, als Aureng-zeb und dessen Sohn in Bagnagar einfielen. Er drohte, den König umzubringen, wenn er dem Feind nicht standhielte. Nach dieser Tat achtete ihn der König und zog ihn künftig auch in wichtigen Angelegenheiten zu Rate. Und nun ist er der Vornehmste im ganzen Hof von Golconda. Ihm ist es auch zuzuschreiben, daß der Tempel zu Bagnagar nicht vollendet wurde. Er prophezeite nämlich großes Unglück, falls der Tempel fertiggebaut würde. Besagter Fürst besitzt eine besondere Vorliebe für die Mathematik. Aus diesem Grund ist er, obwohl selbst Mohammedaner, jenen Christen, die dieses Fach beherrschen, besonders wohlgesinnt. Dies erklärt auch seine Großzügigkeit gegenüber dem Kapuzinerpater Ephraim. Er versuchte alles ihm nur mögliche, diesen Priester in seinem Land zu halten. Er bot ihm deshalb sogar an, auf seine eigenen Kosten ein Haus und eine Kirche erbauen zu lassen. Auch wies er den Pater darauf hin, daß die neue Kirche bald gut besucht sein würde, da viele Portugiesen und Armenier in der Stadt Handel betrieben. Aber Pater Ephraim mußte trotzdem dem Befehl seines Vorgesetzten folgen und an einen anderen Ort ziehen. Zum Abschied schenkte ihm der Sheikh ein Ehrenkleid. Dieses bestand aus einer Kappe, einem großen Rock, einer Jacke, zwei Unterhosen, zwei Hemden und zwei Gürteln mit einem Band, das um den Hals und über dem Kopf als Sonnenschutz getragen wird. Der Pater war über dieses Geschenk sehr überrascht und machte dem Sheikh klar, daß er ein solch wertvolles Geschenk nicht annehmen könne. Der Sheikh bewegte ihn aber schließlich doch noch zur Annahme. Er könne es ja später an einen Freund weitergeben. Als ich in Surat verweilte, schenkte mir der Pater dieses Kleid. Der Pater beabsichtigte, seine Reise von Golconda nach Masulipatam zu Fuß fortzusetzen. Dies wollte der Sheikh nicht zulassen. Er verschaffte dem Kapuziner einen Ochsen und zwei Knechte. Da der Pater kein Geld und auch nicht den Ochsen annehmen wollte, befahl der Sheikh den Knechten, dem Pater in Masulipatam das mitgegebene Geld zu überreichen. Die zweite Tochter des Königs von Golconda ist mit dem älteren Sohn Aureng-zebs verheiratet. Die dritte Tochter sollte mit dem Sultan Sejed, dem zweiten Sheikh von Mecque verheiratet werden. Hierzu kam es aber nicht, und statt dessen wurde sie mit Mirza-

Abdul-Cofing, dem Cousin des Königs, vermählt. Dies war ohnedies von vornherein beabsichtigt gewesen, aber der König hatte Bedenken wegen des lockeren Lebenswandels, den dieser führte. Nach seiner Vermählung besserte er sich jedoch merklich.

Das 10. Kapitel

Der Weg von Golconda nach Masulipatam

Ohne Abzweigungen beträgt der Weg von Golconda nach Masulipatam 100 Coftes. Ich jedoch bin immer über die Diamantgruben nach Masulipatam gereist, dadurch waren es 112 Coftes weit. Meine erste Station auf der Reise war Tenara. Dies ist ein netter Ort, in dem es vier schöne Häuser mit jeweils einem großen Garten gibt. Eines davon ist viel schöner als die übrigen. Es ist aus Quadersteinen erbaut und hat zwei Stockwerke. Davor befindet sich ein großer Platz. Vor den anderen Häusern befinden sich Raststätten für Standespersonen; diese können dort auch bei Bedarf Zelte aufstellen. Das schönste Haus ist der Königin vorbehalten, wenn es aber leersteht, kann man es besichtigen und in dem wunderschönen Garten spazierengehen. Rund um den großen Platz wird an die armen Reisenden täglich gegen Abend Brot, Reis und Gemüse verteilt.

Von dort reiste ich weiter nach Lakabaron. Danach führte der Weg mich über felsiges Gebiet nach Gani zu den Diamantgruben. Diese liegen an einem Fluß, der nahe bei Masulipatam ins Meer mündet. Über Voucher und Nilimor erreichte ich Masulipatam.

Masulipatam liegt an der Küste und ist deswegen berühmt, weil nur von hier Schiffe nach Pegu, Siam, Arachan, Bengala, Cochinchine, Mecque und Ormus als auch nach Madagaskar, Sumatra und Manila in See stechen können.

Auf der Strecke von Golconda nach Masulipatam verkehren keine Karren, weil der Weg hier über viele hohe Berge und durch Seen und Bäche führt. Außerdem sind die Straßen zu eng, um sie mit einer Kutsche passieren zu können. Deshalb mußte ich ab den Diamantengruben meine kleine Kutsche oft tragen lassen. Von Golconda bis zum Vorgebirge Comorin werden nur Ochsen und Pferde für die Reise verwendet. Außerdem hat man hier auch Pallanquins, die sehr bequem sind.

Das 11. Kapitel

Über den Weg, der von Surat nach Goa und von dort über Visapour und Golconda führt, und über die Gefahren, die überall von Seeräubern drohen

Von Surat nach Goa kann man zu Land und zu See reisen. Die meisten fahren jedoch mit dem Schiff, weil der Landweg sehr beschwerlich ist. Der Seeweg ist indes sehr gefährlich, weil sehr viele Seeräuber den Schiffen auflauern.

Der Weg von Surat nach Goa wird nicht mehr in Coftes gerechnet, sondern in Gos; ein Gos entspricht ungefähr vier Meilen. Der Weg beträgt also 61 Gos. Eine große Gefahr sind, wie schon erwähnt, die Seeräuber, Malavares genannt. Diese sind Mohammedaner und besonders grausam gegenüber Christen. Ich habe einen Mönch getroffen, der in die Hände der Seeräuber gefallen war. Er wurde derart gefoltert, daß sein rechter Arm und auch sein Bein nun um die Hälfte kürzer waren. Die Räuberhauptmänner geben ihren Leuten nur ungefähr zwei Kronen, und zwar für eine Zeit von sechs Monaten. Und von der Beute werden auch nur die Kleider und Nahrungsmittel der Gefangenen abgetreten. Nach dieser Zeit kann, wer will, die Räuberbande verlassen, falls der Anführer die Leute weiter behalten möchte, wird ein neuer Sold vereinbart. Die Piraten wagen sich nie weiter als 20 bis 25 Meilen hinaus auf See. Wenn die Portugiesen einen dieser Seeräuber einfangen, machen sie kurzen Prozeß und hängen ihn auf oder werfen ihn ins Meer. Die Malavares agieren in Geschwadern von 10 bis 15 Schiffen mit insgesamt 200 bis 250 Mann Besatzung. Sie greifen selbst große Schiffe an und versuchen, diese zu entern und dann die Tenne mit Handgranaten in die Luft zu sprengen, was gefährliche Folgen für das Schiff haben kann. Deshalb werden, sobald die Seeräuber gesichtet werden, die Löcher der Tenne verstopft und mit Wasser gefüllt, damit die Handgranaten nicht explodieren können.

Einmal begegnete ein englischer Kapitän auf dem Weg von Bantam nach Surat in der Höhe von Cochin einem Seeräubergeschwader, bestehend aus 25 bis 30 Schiffen. Als er merkte, daß sie dem Ansturm der Piraten nicht standhalten konnten, ließ er die Tenne in die Luft sprengen, wobei auch eine große Anzahl von Seeräubern mit in die Luft flog. Die übrigen jedoch ließen sich davon nicht abschrecken und bestürmten das Schiff weiter. Den letzten Ausweg sah der Kapitän jetzt nur noch darin, seine Leute in die Boote zu schicken, während er in einer Kammer Feuer legte, wodurch das Schiff, kurze Zeit nachdem er über Bord ging und in Sicherheit gebracht war, explodierte und damit alle Seeräuber getötet wurden, die sich auf dem englischen Schiff befunden hatten. Dennoch wurden sie von den übrigen Räubern gefangengenommen, und ich war gerade mit dem englischen Präsidenten Fremelin beim Frühstück, als er ein Schreiben von jenem Kapitän erhielt, der darin mitteilte, daß er bei Samorin, dem berühmtesten Piratenführer, als Sklave arbeite. Dieser Räuberhauptmann nahm den Engländer persönlich in Obhut, weil er fürchtete, daß seine Untergebenen wegen der großen Verluste, die sie bei dem Unternehmen erlitten hatten, sich an den Gefangenen rächen könnten. Er verlangte 2400 Kronen, um damit die Witwen der getöteten Männer entschädigen zu können, und außerdem 4000 Kronen Lösegeld für den Kapitän und seine Besatzung. Der Präsident zahlte das Lösegeld so bald wie möglich, und ich erlebte es noch, wie die Engländer zurückkehrten. Einige hatten Fieber.

Die Malavares dürfen mit ihrer rechten Hand nichts Unreines berühren, sondern nur mit der linken, an der sie ihre Nägel lang wachsen lassen, damit sie sie als Kamm verwenden können. Die Männer haben nämlich ebenso lange Haare wie Frauen und binden diese mit einem dreieckigen Tüchlein um den Kopf.

Oft wird behauptet, daß die Elefanten im Krieg große Taten vollbringen. Dies ist aber nicht immer der Fall, denn oft ist es vorgekommen, daß die Elefanten in der Schlacht eine Kehrtwendung machten und das eigene Heer vernichteten. So ist es auch Aureng-zeb bei der Belagerung der portugiesischen Stadt Daman ergangen. Nach 20 Tagen Belagerung entschloß sich Aureng-zeb, die Stadt zu stürmen. Dies sollte an einem Sonntag geschehen, denn er glaubte, die Christen würden wie die Juden an ihrem »Sabbat« nicht kämpfen. Der

Kommandant von Daman war ein erfahrener Soldat, und seine drei Söhne, wie auch 800 Adelige, befanden sich bei ihm. Obwohl der Mogul ein Heer von 400000 Mann besaß, konnte er die Versorgung der Stadt nicht unterbrechen. An dem Sonntag also, an dem geplant war, die Stadt zu stürmen, ließ der Gouverneur der Stadt um Mitternacht eine Messe abhalten. Und danach machten Kavallerie und Infanterie einen Angriff. Sie marschierten auf den Ort zu, wo sich die Elefanten aufhielten, und machten diese mit Granaten so scheu, daß sie nicht mehr wußten, wohin sie sollten. Sie drehten sich um und metzelten das halbe Kriegsherr Aurengzebs nieder. Seit damals führte Aureng-zeb nie wieder Krieg gegen Christen.

Ich reiste zweimal nach Goa, einmal Ende 1641 und ein anderes Mal Anfang 1648. Von Goa reiste ich nach Visapour, was acht Tage dauerte. Visapour ist eine normale Stadt, von der nicht viel zu berichten ist. Der Palast des Königs ist zwar groß, aber sehr schlecht gebaut. Rundherum führt ein Graben, in dessen Wasser sehr viele Krokodile leben. Im Reich gibt es drei Häfen: Rejapour, Daboul und Crapaten. Der letzte ist am günstigsten gelegen, denn das Meer kommt ganz an die Felsen heran und ist 14 bis 15 Klafter tief. Auf dem Berg befindet sich eine Schanze mit einer Wasserquelle. Früher waren der König von Visapour wie auch der von Golconda tributpflichtig. In Visapour kam es vor einiger Zeit wegen des Kapitäns der Leibwache zu einem Aufruhr. Dieser Nair Seva-gi beging eine Missetat und wurde deshalb auch eingesperrt. Nach längerer Zeit im Gefängnis starb er dort. Sein Sohn hegte deswegen einen solchen Haß gegen den König, daß er sich Rache schwor. Er war von Natur aus sehr freundlich und freigiebig und konnte bald ein großes Heer um sich sammeln. Bevor er jedoch gegen die Stadt Visapour marschieren konnte, starb der König, ohne einen leiblichen Erben zu hinterlassen. Für den jungen Seva-gi war es nun einfach, einen großen Teil des Reiches zu erobern. Aus der Beute entlohnte er sein Heer.

Die Königin von Visapour hatte, als ihr bewußt wurde, daß sie unfruchtbar war, einen Jüngling adoptiert und ihn als Thronfolger aufgezogen. Die Kriege mit Seva-gi beunruhigten sie dermaßen, daß sie mit ihm einen Friedensvertrag abschloß. Er bekam das von ihm besetzte Land als Vasall des Königs; auch die Hälfte der Einkünfte konnte er für sich behalten.

Auf meiner zweiten Reise von Surat nach Goa legten wir mit dem Schiff in Mingrela an. Diese Stadt befindet sich noch auf dem Gebiet des Königs von Visapour und ist einer der ältesten Häfen Indiens. Immer wenn die Holländer nach Goa segeln, verweilen sie dort ein paar Tage, um sich zu erholen. Es gibt dort gutes Trinkwasser und sehr bekömmlichen Reis. Dort wächst der beste Kardamon der Welt. Er ist deshalb sehr teuer und begehrt. Die Holländer haben in dieser Stadt eine Niederlassung ihrer Gesellschaft. Sie benützen diesen Hafen als Anlegeort für ihre Schiffe aus Batavia, Japan und anderen Orten. Als die Holländer Krieg mit den Portugiesen führten, befanden sich im Hafen acht bis zehn Kriegsschiffe. Diese benützten sie für eine Blockade der Stadt Goa.

Das 12. Kapitel

Ein Bericht über die Stadt Goa

Goa liegt am Fluß Mandova, der zwei Meilen flußabwärts ins Meer mündet. Das Land ist sehr fruchtbar, es wird hier viel Korn und Reis geerntet. Außerdem bekommt man viele Mangos, Ananas, Feigen und Kokosnüsse. Goa hat einen der schönsten Häfen der Welt. Auch die Stadt selbst ist schön gebaut, und die Häuser sind sehr prächtig. Am schönsten jedoch ist der Palast des königlichen Statthalters, der sehr viele Gemächer enthält. An den Wänden befinden sich Gemälde, die Schiffe, die von Lissabon nach Goa segeln, samt ihren Namen zeigen. Die Stadt ist von Bergen umgeben, die den Wind abhalten, was die Luft bei großer Hitze sehr ungesund macht. Die Goanesen essen sehr viel Schweine- und Rindfleisch, auch Hühner; Tauben haben sie aber kaum. Obwohl Goa am Meer liegt, ist Fisch teuer. Kein Mangel herrscht auch bei Süßigkeiten, die sehr gerne gegessen werden.

Bevor die Holländer nach Indien kamen, hatten die Portugiesen in Goa sehr großen Reichtum besessen. Dies änderte sich aber damit, daß die Holländer den Portugiesen die Verbindung zu anderen Orten abschnitten. Bei meiner ersten Reise traf ich Leute, die sehr reich waren und bis zu 2000 Kronen jährlich zur Verfügung hatten. Doch auf meiner zweiten Reise kamen viele von ihnen in der Nacht zu mir, um mich um ein Almosen zu bitten. Trotzdem hatten sie nicht ihren Hochmut verloren, besonders nicht die Frauen unter ihnen. Sie kamen im Pallanquins und warteten an der Pforte, während sie einen Jungen vorschickten, um in ihrem Namen vorzusprechen.

Portugiesen in Indien

Die in Indien ansässigen Portugiesen sind auf ihre Frauen ungeheuerlich eifersüchtig. Sobald sie diesbezüglich irgendwelchen Verdacht schöpfen, töten sie die Rivalen sofort mit Gift oder einem Stilett. Auch sind sie ihren Feinden gegenüber unversöhnlich und vergeben diesen nie. Wenn die Portugiesen einem stärkeren Feind gegenüberstehen, dem sie offensichtlich unterlegen sind, befehlen sie einem ihrer schwarzen Sklaven, den Feind mit einem Stilett zu töten.

Sie scheuen nicht einmal davor zurück, den Rivalen in der Kirche vor dem Altar, falls er anderswo nicht angetroffen werden kann, umbringen zu lassen. Solches erlebte ich zweimal. Als einige schwarze Sklaven die Person, die sie niedermetzeln sollten, bei einer Messe sahen, schossen sie auf ihn durch die Fenster der Kirche. Die Gefahr, auch Unbeteiligte dabei zu töten, ließ sie gleichgültig. Ein anderes Mal wurden bei einem ähnlichen Vorfall sieben Personen erschossen, wobei selbst der Priester verletzt wurde. Die Justiz ist dagegen machtlos, denn die Urheber solcher Massaker sind die Vornehmen des Landes. Gerichtsprozesse werden in Goa nicht öffentlich abgehalten, und so weiß man nie, unter welchen Umständen die Urteile gefällt werden.

Wären die Holländer nicht nach Goa gekommen, würde man in den Häusern der Portugiesen kein einziges Stück Eisen finden, statt dessen wäre dort alles aus Gold und Silber. Sie mußten lediglich zwei oder drei Fahrten nach Japan, Philippinen, Molukken oder China unternehmen, um großen Gewinn zu erwirtschaften. Bei ihrer Rückkehr wurden die Waren um das fünf- bis sechsfache, ja sogar um das zehnfache des Einkaufspreises gehandelt. So konnten sich die einfachen Soldaten, die Verwaltungsbeamten und Kapitäne ein großes Vermögen aneignen.

Der Statthalter Goas treibt selbst keinen Handel. Falls er dies doch tun möchte, geschieht dies unter dem Namen einer anderen Person. Auch ohne Handel ist sein Einkommen groß genug. Im allgemeinen wird sein Posten als der beste der Welt angesehen. Der Monarch von Portugal hängt zum größten Teil von den Einkünften seiner Auslandsniederlassungen ab. So ist es auch nicht verwunderlich, daß er seine Gouverneure großzügig bezahlt. Das Volk in Goa wird von den Portugiesen gering geschätzt. Sie dürfen kein Amt außer das des Anwalts ausüben. Wenn ein Einheimischer einen Europäer schlägt, wird ihm sofort die Hand abgehackt. Einige Eingeborene wurden auf portugiesischen Schiffen auf die Philippinen verschleppt. Dort brachten sie es zu großem Reichtum, und einige von ihnen boten dem Gouverneur 20 000 Genua-Taler an, um die Erlaubnis zu erhalten, Strümpfe und Schuhe zu tragen, was ihnen bisher verboten war. Diese Schwarzen sind kluge Leute. Ich konnte mich selbst davon überzeugen, daß sie in ihren Schulen in einem halben Jahr mehr lernen als die Portugiesen in einem Jahr.

Die Bewohner Goas sind Heiden und verehren Götzen. Sie beten Affen an und haben zu diesem Zweck etliche Pagoden errichtet. In einem Dorf auf der Insel Salsette befindet sich ein Tempel, in dem die Gebeine und Klauen eines Affen in einem silbernen Grab liegen. Dieser Affe hatte den Göttern der Heiden einen großen Dienst erwiesen. Er hatte sie nämlich vor einigen feindlich gesinnten Fürsten gewarnt, wozu er das Meer hatte überqueren müssen. Täglich kamen viele Pilger zu dieser Pagode, um dem Affen Opfer darzubringen. Die Kirche und insbesondere die Inquisition nahmen Anstoß daran. Man ließ das Grabmal entfernen und in die Stadt bringen. Dieses Vorgehen erzürnte das Volk dermaßen, daß es sogar bereit war, gegen die Portugiesen zu rebellieren. Nach langen Verhandlungen mit den Behörden wollte man der Kirche sogar eine große Summe Geld anbieten, um das Heiligtum zurückzuerhalten. Obwohl der Statthalter bereit war, das Heiligtum herauszugeben, ließ der Erzbischof das Grab eigenmächtig auf ein Schiff bringen und 20 Meilen vom Land entfernt ins Meer versenken. Es wäre sicherlich leichter gewesen, das Grab zu verbrennen, die Kirche befürchtete aber, die Heiden könnten die Asche einsammeln und diese von neuem anbeten.

In Goa befinden sich sehr viele Geistliche: der Erzbischof und seine Geistlichen, auch Dominikaner, Augustiner, Franziskaner und viele andere mehr. Sogar zwei Nonnenklöster sind dort vorhanden. Die Jesuiten sind in Goa unter dem Namen Paulisten bekannt – wegen ihrer großen Kirche, die dem Hl. Paulus gewidmet ist.

Das Hospital von Goa war früher in ganz Indien berühmt, denn die Kranken wurden darin hervorragend gepflegt. Doch seit Goa keine großen Einkünfte mehr hat, ist das Krankenhaus heruntergekommen. Die Kranken werden so schlecht versorgt, daß nicht selten ein Europäer, der eingeliefert wird, nicht lebend wieder herauskommt. Seither hat man aber mit Hilfe des Aderlasses viele Personen retten können. Dieser wird so oft wie nötig angewendet, wenn es sein muß bis zu 40 mal, damit alles schlechte Blut ausfließt. Dann hat der Kranke die Gefahr überstanden, doch muß er anschließend Diät halten, denn Schmalz und Fleisch gefährden seine Gesundheit. Früher hat man diesen Patienten ein schmackhaftes Gericht zubereitet, heute jedoch müssen sie sich mit einer Rindersuppe und einer Schale Reis begnügen. Die Patienten leiden deshalb oft unter großem Durstgefühl und bitten die Wärter um Wasser. Diese aber sind so geizig und unbarmherzig, daß kein Tropfen Wasser ohne Bezahlung ausgeschenkt wird.

Als Diät zum Aderlaß verschreiben die Ärzte drei Gläser Kuhharn, die zwölf Tage lang jeweils in der Frühe, zu Mittag und am Abend getrunken werden müssen. Dieses Getränk schmeckt aber so widerlich, daß selbst solche, die sehnlichst wünschen, wieder gesund zu werden, wenig Lust verspüren, mehr als ein paar Schlucke davon zu trinken. Dieses Mittel wurde von den Heiden übernommen.

Das 13. Kapitel

Die Erlebnisse auf meiner letzten Reise nach Goa im Jahr 1648

Vor meiner Abreise von Mingrela nach Goa schrieb ich Herrn St. Amant, dem Kriegsbaumeister, und bat ihn, mir wegen der Malavares ein bewaffnetes Schiff zur Begleitung zu geben. Nachdem er mir dies gewährte, reiste ich am 20. Januar 1648 von Mingrela ab und erreichte anderntags Goa. Am nächsten Morgen begrüßte ich den königlichen Statthalter Dom Philippe de Mafcaregnas, der früher Gouverneur von Ceylon gewesen war. Dieser hatte eine besondere Vorliebe für Waffen und bat mich oft, meine Gewehre begutachten zu dürfen. Ich machte ihm eine besonders große Freude, als ich ihm bei meiner Ankunft eine schöne und kostbare Pistole schenkte. Am folgenden Tag besuchte ich den Erzbischof, und am dritten Tag wollte ich den Inquisitor aufsuchen. Doch als ich dort eintraf, ließ er mir ausrichten, mich nicht empfangen zu können, weil er derzeit sehr beschäftigt sei. Er wollte mich aber benachrichtigen, wenn er mit seinen Geschäften fertig sei. Er bestellte mich schließlich zwischen zwei und drei Uhr zu sich. Um diese Zeit besuchte ich ihn also in seiner prächtigen Wohnung. Ein Page führte mich in einen großen Saal, in dem ich eine Viertelstunde herumlief, bevor mich ein Beamter zum Inquisitor brachte. Dieser erwartete mich in einem kleinen Raum und begrüßte mich sehr herzlich. Er fragte mich, zu welcher Religion ich mich bekenne, und ich erwiderte, daß ich wie schon meine Eltern Protestant sei. Danach rief er viele Leute, die nebenan warteten, zu sich. Darunter waren zwei Augustiner, zwei Dominikaner, zwei Barfüßer und andere Geistliche. Der Inquisitor erklärte ihnen, wer ich sei und daß ich kein verbotenes Buch bei mir hätte. Weil ich die Methoden der Inquisition kannte, hatte ich meine Bibel wohlweislich in Mingrela zurückgelassen. Zwei Stunden lang erzählte ich von meiner Reise, und alle hörten mir mit großem Interesse zu. Drei Tage später bat mich der Inquisitor, mit ihm im Haus der Barfüßermönche das Mittagsmahl einzunehmen. Dieses Haus ist eines der schönsten in Indien. Es wurde von einem reichen Edelmann erbaut; da er keine Kinder hatte, beschloß er, sein Vermögen den Augustinern zu vermachen – unter einer Bedingung: Er wollte nach seinem Tod auf der rechten Seite des Altars begraben werden. Dies stieß allerdings auf Widerstand, weil er aussätzig und dieser Platz ausschließlich für den Statthalter vorgesehen war. Deswegen wandte er sich an die Barfüßer, die ihn mit offenen Armen empfingen und seinem Wunsch entsprachen, worauf er ihnen sein ganzes Vermögen vererbte.

Ich blieb vom 21. Januar bis zum 11. März in Goa. An diesem Tag verabschiedete ich mich vom Statthalter und reiste weiter.

In Goa hörte ich eine Geschichte von einem runden Schiff, das in Lissabon eingelaufen war. Fünf oder sechs Tage wurde es von einem Unwetter umhergetrieben, so daß die Besatzung nicht mehr wußte, wo sie sich befand. Schließlich gelangte sie in eine Bucht, wo sie auf eine Bevölkerung traf, die erstaunt war, weiße Menschen und ein so sonderbares Schiff zu sehen. Die Portugiesen konnten sich nur durch Zeichen mit ihnen verständigen, aber nachdem sie ihnen Tabak, Brot und Branntwein gegeben hatten, brachten die Eingeborenen ihnen am nächsten Tag Strauße und andere Vögel, aus deren Federn schöne Decken gefertigt werden können. Die Portugiesen verbrachten 27 Tage an dieser Küste und versuchten, mit den Eingeborenen Handel zu treiben. Besonders waren sie daran interessiert, Gold zu erhalten. Viele der Einheimischen trugen nämlich goldene Ohrringe, und auch die Frauen hatten Goldschmuck in den Nasen und am Kinn. Nach acht bis neun Tagen brachten die Bewohner schließlich Amber, Gold, Elefantenzähne, Strauße und andere Vögel, Hirsche und Fische. Die Portugiesen waren begierig zu erfahren, wo man das Gold und auch Amber finden konnte, aber es gelang ihnen nicht, die Quellen ausfindig zu machen. Der Amber war übrigens von hervorragender Qualität. Der Statthalter gestand, daß er noch nie besseren gesehen hätte. Die Portugiesen entschlossen sich, mit dem ersten günstigen Wind zurückzusegeln. Weil sich auf ihrem Schiff des öfteren Eingeborene zum Tauschhandel aufhielten, fiel es den Portugiesen nicht schwer, zwei von ihnen zu entführen. Dies geschah in der Hoffnung, die Eingeborenen würden Portugiesisch lernen und könnten dann verraten, wo Gold und Amber zu finden war. Die Eingeborenen rauften sich die Haare und stimmten ein großes Wehklagen an, als sie bemerkten, daß zwei von ihnen verschleppt worden waren. Die beiden erlernten übrigens nie die portugiesische Sprache, und so erfuhren die Portugiesen nichts über besagtes Land. Außerdem starben die beiden nach kurzer Zeit aus Kummer.

Von Goa reiste ich wieder nach Mingrela und von dort später nach Batavia. Doch möchte ich zunächst noch eine Geschichte erzählen, von der ich vor meiner Abreise aus Goa gehört habe, die sich in Mingrela zugetragen hat. Ein Heide sollte, nachdem er gestorben war, verbrannt werden. Seine Frau, die kinderlos war, erhielt die Erlaubnis, mit ihrem Mann zusammen verbrannt zu werden. Sie umschritt nach alter Tradition dreimal das Grab. Da begann es heftig zu regnen. Die Priester stießen die Frau daraufhin ins Grab, um die Zeremonie abzukürzen, denn sie wollten nicht naß werden. Aber der Regen war so stark, daß das Feuer verlöschte und die Frau nicht verbrannte. Um Mitternacht erwachte sie und begab sich zum Haus ihrer Verwandten. Sie befand sich in einem unglücklichen Zustand, und obwohl sie dabei ungeheuerliche Schmerzen auszustehen hatte, ließ sie sich zwei Tage später von ihren Verwandten verbrennen.

Das 14. Kapitel

Die Geschichte von der Verhaftung des Kapuzinerpaters Ephraim durch den portugiesischen Inquisitor

Nachdem der Sheikh, der die ältere der Prinzessinnen von Golconda geheiratet hatte, den Pater Ephraim nach Masulipatam ziehen ließ, beabsichtigte dieser auf Befehl seines Vorgesetzten, nach Burma zu reisen. Die Engländer überredeten ihn aber, in der Stadt Madrespatan, in der die Festung St. Georg liegt, zu bleiben, weil er dort mehr Erfolg als sonst irgendwo haben würde. Sie ließen ihm ein schönes Haus und eine Kirche bauen. Damit waren die Engländer jedoch nur auf ihren eigenen Vorteil bedacht. In der Nähe von Madrespatan lag nämlich eine kleine portugiesische Küstenstadt, St. Thomé, in der viel Handel getrieben wurde. Hier hielten sich viele Kaufleute auf, die in der englischen Stadt gerne Handelsgeschäfte abgewickelt hätten, dies mit Blick auf ihre Konfession aber unterließen. Doch seit Pater Ephraim dort eine Kirche hatte und jeden Sonn- und Feiertag in Portugiesisch und in der Sprache der Eingeborenen predigte, kamen viele Portugiesen nach Madrespatan. Pater Ephraim stammte aus Auxerre und war ein Bruder des Herrn de Chafteau des Bois, des Parlamentsrats von Paris. Er hatte eine besondere Sprachbegabung und lernte ohne Schwierigkeiten Englisch und Portugiesisch. Durch sein großes Ansehen, das er genoß, waren die Geistlichen in St. Thomé auf ihn eifersüchtig und versuchten, ihn aus dem Weg zu räumen. Beim Handel zwischen Portugiesen und Engländern fungierte Pater Ephraim als Schiedsrichter. Dafür bot er sich an, weil er friedfertig und vernünftig war und außerdem beide Sprachen beherrschte. Eines Tages brachen die Portugiesen absichtlich einen Streit mit einigen englischen Seeleuten, die sich auf der Reede St. Thomé befanden, vom Zaun. Diese wurden verprügelt, worauf der englische Präsident von den Portugiesen Rechenschaft forderte. Im Gefolge kam es zu einer ernsthaften Auseinandersetzung zwischen den beiden Nationen. Auch die Vermittlungsversuche der Kaufleute, die nichts von dem Komplott gegen den Pater wußten, hatten keinen Erfolg. So wurde auf Drängen der Portugiesen Pater Ephraim als Vermittler eingesetzt. Als er jedoch in St. Thomé ankam, wurde er von Beamten der Inquisition ergriffen und auf einem Kriegsschiff nach Goa gebracht. Er war an Händen und Füßen gefesselt, dabei 22 Tage auf See, ohne daß ihm gestattet wurde, an Land zu gehen. In Goa angekommen, wurde er nachts heimlich in das Haus der Inquisition gebracht, damit das Volk davon nichts bemerkte. Denn bei dem hohen Ansehen, das der Pater beim Volk genoß, bestand die Gefahr, daß er befreit würde. Die Nachricht von der Verhaftung Pater Ephraims verbreitete sich dennoch sehr schnell. Alle Franzosen erfuhren davon, und Pater Zenon, Kapuziner, war besonders bestürzt darüber. Er war sehr erzürnt und beschloß, nach Goa zu reisen, obwohl er sich dann ebenfalls der Gefahr aussetzte, den Inquisitoren in die Hände zu fallen. Niemand darf sich nämlich für einen von der Inquisition Angeklagten einsetzen, sonst begeht man ein noch schlimmeres Verbrechen als der Beschuldigte. Nur der Erzbischof und der Statthalter unterliegen nicht der Gewalt der Inquisition. Tragen sie dennoch zur Verunglimpfung der Inquisition, des Inquisitors oder seines Rats bei, wird ihr Fall nach Portugal weitergeleitet und dort vom König und dem Oberinquisitor entschieden. Pater Zenon wußte aber nicht, wie er nach Goa gelangen sollte, weil er weder Wagen noch Geld hatte. Außerdem war der Seeweg wegen der Piraten sehr gefährlich. So beschloß er, diese schwierige Reise zu Fuß zu unternehmen, wofür er 30 Tage brauchte. Ohne die Hilfe von Engländern, Franzosen und anderen Europäern hätte er Goa freilich nie erreicht. Dort angekommen, begab er sich sofort zu seinen Freunden, die bereits über den Zweck seiner Reise unterrichtet waren. Sie warnten ihn vor dem Inquisitor und rieten ihm, sich ruhig zu verhalten. Jeder wußte, wie streng das Inquisitionsgericht war. Nachdem Pater Zenon einsehen mußte, daß er nichts erreichen konnte, fuhr er nach Madrespatan weiter. Dort erfuhr er von der Verschwörung in St. Thomé und berichtete dies dem englischen Befehlshaber der Festung St. Georg. Dieser und auch seine Soldaten waren über die Verhaftung von Pater Ephraim sehr erbost. Sie beschlossen darum, sich an den Verschwörern zu rächen und den Gouverneur von St. Thomé gefangenzunehmen. Durch Spione erfuhren sie vom morgendlichen Messegang des Gouverneurs zu einer Bergkapelle, die eine halbe Meile von der Stadt entfernt lag. Der Hauptmann und dreißig seiner Soldaten gingen mit Pater Zenon, um den Gouverneur gefangenzunehmen. Sie verließen die Festung um Mitternacht und versteckten sich in der Nähe der Kapelle. Kurz nach Sonnenaufgang erschien der Gouverneur bei der Kapelle. Er wurde sofort von den Soldaten umringt und ergriffen und in das Kapuzinerkloster nach Madrespatan geführt. Der Statthalter war über dieses Vorgehen im höchsten Maße empört und verwies darauf, daß der König von Portugal darüber zutiefst erzürnt sein werde. Pater Zenon antwortete ihm lediglich, er werde im Kapuzinerkloster besser behandelt als Pater

Ephraim von der Inquisition. Während der folgenden Woche baten viele Portugiesen den englischen Präsidenten um die Freilassung des Gouverneurs. Dieser ließ ihnen jedoch mitteilen, daß es nicht in seiner Macht stünde, gegen Pater Zenon etwas zu unternehmen, vielmehr sei dessen Verhalten in Anbetracht der Behandlung Pater Ephraims sehr verständlich. Er veranlaßte lediglich, daß der Gefangene auf die Festung verlegt werden sollte, damit er an seiner Tafel mitessen konnte. Allerdings sollte der Gefangene jederzeit, wenn der Pater dies wünschte, wieder an ihn ausgeliefert werden. In derselben Festung befanden sich zwei Franzosen, ein Trommler und ein Kaufmann namens Roboli. Diese versprachen dem Portugiesen, ihn zu befreien, wenn er sie dafür fürstlich belohnen würde. Er willigte ein und wollte ihnen außerdem einen Platz auf dem ersten Schiff, das nach Portugal auslief, besorgen. Am nächsten Morgen schlug der Trommler früher und stärker als gewöhnlich zur Morgenwache. Genau zur selben Zeit seilten sich der Gouverneur und der französische Kaufmann an zusammengebundenen Bettüchern von einem versteckten Winkel aus an den Mauern des Bollwerks hinunter. Der Trommler ließ seine Trommel liegen und folgte den beiden. Die Freude über die Rückkehr des Gouverneurs war sehr groß. Dieser hielt auch sein Versprechen und schickte die beiden Franzosen mit einem Empfehlungsbrief nach Goa. Dort angekommen wurden sie wie Helden gefeiert und mit Geschenken überschüttet, und selbst der königliche Statthalter bot ihnen einen Platz auf seinem Schiff an, mit dem er nach Portugal reisen wollte. Keiner von ihnen erreichte aber Portugal, denn sie starben auf See.

Der Statthalter von Goa besaß riesige Reichtümer, unter anderem sehr viele Diamanten. Besonders zwei davon waren außergewöhnlich kostbar. Der eine wog 57 und der andere 67,5 Karat. Das Gerücht geht um, daß der Gouverneur auf See vergiftet worden sei. Dies soll die gerechte Strafe dafür gewesen sein, daß er als Gouverneur von Ceylon viele Leute durch Gift getötet hatte.

Unterdessen entstand in Europa große Aufregung wegen der Verhaftung von Pater Ephraim. Sein Bruder beschwerte sich beim portugiesischen Botschafter und drohte ihm an, daß er solange nicht sicher sei, solange sich sein Bruder in Haft befinde. Auch der Papst forderte die Geistlichkeit in Goa auf, Pater Ephraim freizulassen, und drohte für den Fall der Verweigerung sogar mit dem Bann. Alles war jedoch vergeblich.

Der Pater verdankt sein Leben allein dem König von Golconda. Dieser hatte, wie auch sein Schwiegersohn, der Sheikh von Mecque, dem Pater viel zu verdanken. Zu dieser Zeit führte der König Krieg gegen den Raja von Carnatica. Sein Kriegsheer lag in der Nähe von St. Thomé. Als er von der Verhaftung des Paters erfuhr, befahl er seinem Feldherren Mirgimola, St. Thomé vollständig zu zerstören, wenn Pater Ephraim nicht innerhalb von zwei Monaten freigelassen werde. Der Statthalter von St. Thomé bekam daraufhin Angst und erwirkte nach langen und schwierigen Verhandlungen mit dem Statthalter von Goa die Freilassung des Paters. Obwohl die Tore des Gefängnisses offen standen, weigerte sich der Pater, hinauszugehen. Er bestand darauf, daß ihn die Geistlichen von Goa in einer Prozession aus dem Gefängnis abholen sollten. Wieder in Freiheit, begab er sich in das Kloster der Kapuziner, wo er 15 Tage verweilte. Am meisten verdroß es den Pater, daß der Inquisitor und sein Rat keine Ahnung von der Heiligen Schrift hatten und er zusammen mit einem Erzbösewicht in einer Zelle eingesperrt gewesen war.

Wenn jemand von der Inquisition ergriffen wird, wird er durchsucht und alles, was sich in seinem Haus befindet, registriert. Wenn seine Unschuld bewiesen ist, erhält er alles, soweit registriert, zurück. Die Inquisitoren übersehen bei ihren Aufzeichnungen aber absichtlich Gold und Silber, was sie später dann zur Deckung entstandener Unkosten einbehalten haben. Als Pater Ephraim durchsucht wurde, fanden die Gerichtspersonen lediglich eine Kamm, Schreibzeug und einige Tücher. Während der Gefangenschaft werden die Gefangenen in der Frühe gefragt, was sie zu essen wünschen. Der Zimmergenosse Pater Ephraims begehrte zum Frühstück und zum Mittag- und Abendessen Tabak. Dieser Tabak wird bereits geschnitten und in weißes Papier eingewickelt geliefert. Pater Ephraim sammelte eifrig das Papier und konnte so in der Gefangenschaft Tagebuch führen. Vor der Zeit seiner Gefangenschaft schielte er sehr. Um nun in seiner Zelle schreiben zu können, mußte er sich eng an das einzige Mauerloch drücken, von dem aus etwas Licht in die Zelle gelangte. Weil er deswegen mit größter Anstrengung immer auf einen Punkt blicken mußte, wurde er vom Schielen geheilt. Das war wohl der einzige Nutzen, den er aus seiner Gefangenschaft ziehen konnte.

Zum Ruhm von Pater Ephraim ist zu sagen, daß er, obwohl wie ein Verbrecher behandelt, sich später darüber nie beklagt hat. Allen von der Inquisition freigelassenen Priestern ist es untersagt, öffentlich darüber zu berichten, was sie während der Gefangenschaft erlebt haben und gefragt wurden. Bei Zuwiderhandlung droht ihnen der Ausschluß aus dem Orden.

Nach seiner 20monatigen Gefangenschaft in Goa reiste der Pater zum König von Golconda, um ihm zu danken. Obwohl ihn der König abermals in seine Dienste nehmen wollte, kehrte er zurück in das Kloster in Madrespatan.

Das 15. Kapitel

*Der Weg von Goa nach Masulipatam über Cochin.
Die Geschichte der Eroberung Cochins durch die Holländer
und von der abenteuerlichen Flucht eines
französischen Soldaten*

Nachdem die holländische Kompanie den Portugiesen auf Ceylon alles weggenommen hatte, versuchte sie dasselbe mit der Stadt Cochin. Dort wächst nämlich Zimt, der dem ceylonesischen Zimthandel starke Konkurrenz macht. Denn als die Kaufleute dessen gewahr wurden, daß der Zimt aus Cochin billiger zu bekommen war, kauften sie ihn dort ein und transportierten ihn nach Gomron. Dort verkauften sie ihn dann an Kaufleute aus Persien, dem Gebiet der Tartaren, Moskau, Georgien und aus der Gegend des Schwarzen Meeres. Auch die Kaufleute aus Balsara und Bagdad, die Arabien belieferten, und die aus Mesopotamien, Anatolien, Konstantinopel, Rumänien, Ungarn und Polen exportierten große Mengen dieses Gewürzes. Zimt wird in diesen Gegenden sehr häufig und ausgiebig verwendet, da fast alle Speisen damit gewürzt werden. Die Christen verwenden ihn besonders in der Fastenzeit für ihren Reis. Die Türken und andere asiatische Völker geben ihn stangenweise in ihren Pilau.

Das Kriegsheer, das von Batavia zur Belagerung nach Cochin geschickt wurde, landete an einem Ort namens Belli-Porto, wo sich eine Schanze der Holländer befindet. Belli-Porto ist eine kleine Stadt bei Cranganor, der Stadt, die die Holländer im vergangenen Jahr eingenommen haben. Cochin leistete den Eroberungsversuchen jedoch erfolgreichen Widerstand. Die Armee näherte sich auf dem Landweg der Stadt und schlug ihr Lager einen Kanonenschuß von ihr entfernt auf. Zwischen dem Lager und der Stadt fließt ein kleiner Fluß. Obwohl die Holländer die Stadt verschiedentlich beschossen, wurde in ihr wegen der großen Entfernung kein großer Schaden angerichtet. Trotzdem harrten sie aus und warteten auf Verstärkung. Diese traf schließlich auf drei Schiffen ein, und einige Tage später erreichte auch der Gouverneur von Amboine Belli-Porto. Unter den Soldaten befand sich eine Anzahl Singhalesen. Sie stammen aus Ceylon und sind äußerst tüchtige Soldaten. Ohne deren Unterstützung könnten die Holländer ihre Macht in Indien erst gar nicht behaupten. Die Singhalesen setzten ihren Marsch in Richtung Cochin fort, und auch die Schiffe brachen dorthin auf. Als diese in der Nähe Cochins landeten, wurden sie an Land von den Portugiesen und Malavares erwartet. Diese beschossen die landenden Boote, doch als sie sahen, daß sich die Holländer trotzdem unerschrocken dem Land näherten, ergriffen sie die Flucht. In der Nähe der Kirche St. Johann trafen die Singhalesen auf einige Portugiesen, die, als sie das heranrückende Heer bemerkten, die Kirche sofort in Brand steckten und flüchteten. Während die Armee sich der Stadt Cochin näherte, beobachtete ein französischer Soldat, der im Dienste der Holländer stand, wie ein Korb an einem Bollwerk heruntergelassen wurde. Er ging näher heran, ungeachtet des feindlichen Beschusses, und war bestürzt, in dem Korb ein halb verhungertes Kind zu sehen. Die Stadt Cochin wurde schon seit geraumer Zeit von den Holländern belagert; deshalb gelangten keine Lebensmittel mehr in die Stadt. Der Soldat hatte ein gutes Herz und gab dem Kind zu essen. Als sein General dies sah, war er sehr erzürnt. Er war nämlich der Meinung, man hätte das Kind verhungern lassen sollen. Er berief den Kriegsrat ein und wollte den Soldaten schwer bestrafen. Der Rat fällte jedoch ein milderes Urteil und bestimmte, ihn lediglich auszupeitschen.

An demselben Tag wurden zehn Soldaten zum Haus des

Der König von Cochin

Königs von Cochin geschickt, das außerhalb der Stadt liegt. Sie fanden aber alles verlassen vor, denn dieser Palast war schon im vorigen Jahr ausgeplündert worden. Damals hatten die Holländer vier Könige des Landes und 1600 Schwarze niedergemetzelt. Allein eine alte Königin, die ein einfacher Soldat namens Van Rez gefangengenommen hatte, konnte dem Blutbad entkommen. Sie wurde anschließend dem König Samarin, der der mächtigste König an der ganzen Küste und ein Verbündeter der Holländer war, übergeben.

Die Holländer verschanzten sich nun und stellten ihre Kanonen auf. Eine Schanze wurde in der Nähe der Kirche St. Johann errichtet, eine andere, mit vier Kanonen versehen, bei St. Thomas, da hier ein Hospital lag, in dem die Verwundeten versorgt werden konnten. In Calivete errichteten die Holländer Feuermörser. Mit diesen schleuderten sie brennende Kugeln und Steine in die Stadt hinein. Diese Schanze fügte der belagerten Stadt den größten Schaden zu. Aber auch die Holländer verloren bei dem Versuch, eine Brücke über den Fluß zu bauen, viele Soldaten.

Fünf Wochen vergingen, ohne daß etwas Besonderes geschah. Endlich unternahmen die Holländer nachts einen Sturmangriff, der aber wegen der Unbedachtsamkeit des Gouverneurs von Cranganor mißlang. Dabei fielen sehr viele Holländer, und selbst der Gouverneur geriet in Gefangenschaft. Der General beorderte daraufhin seine Soldaten zurück auf die Schiffe und wartete Verstärkung ab. Das Schiff mit dem Nachschub wurde jedoch ebenfalls vom Pech verfolgt. Es lief auf eine Sandbank auf und zerschellte dabei. Nur zehn Männer konnten sich schwimmend retten und wurden sofort von den Portugiesen eingefangen. Trotz dieses Unglücks beschloß der General, einen Angriff zu wagen. Er ließ die Soldaten und die Schiffsbesatzung mit Handgranaten und Degen bewaffnen, um in der folgenden Nacht anzugreifen. Ein französischer Leutnant namens S. Martin redete dem General aber diesen gewagten Plan aus. Denn die Portugiesen hatten inzwischen um ihre Schanze herum Gräben gegraben, die man bei Nacht nicht sah. In diese Gräben waren schon beim letzten Angriff viele Soldaten hineingefallen und dabei ums Leben gekommen. So wurde der Angriff auf sechs Uhr morgens verlegt. Zu diesem Zeitpunkt stürmten vier Kompanien, jede 150 Mann stark, die Stadt. Diese Schlacht forderte auf beiden Seiten hohe Verluste.

Cochin konnte der langen Belagerung nur deshalb widerstehen, weil sie von 200 holländischen Soldaten unterstützt wurde, die zu den Portugiesen übergelaufen waren. Sie hatten nämlich von den Holländern seit einem halben Jahr keinen Sold mehr bekommen, weil die Stadt Toüan gefallen war. Der tapferste unter ihnen war ein Kriegsbaumeister, der wegen der schlechten Behandlung durch die Holländer zum Feind übergelaufen war. Diese Holländer schifften sich vor dem Fall der Stadt in aller Stille bei Nacht ein und fuhren heimlich um die Schiffe der Belagerer herum. Sobald sie von einem solchen Schiff angehalten wurden, erklärten sie, daß sie auf Befehl der Holländer handelten. Dadurch konnten sie sich unbehelligt in Sicherheit bringen.

In der Frühe wurde die Kapitulationsurkunde den Holländern übergeben. Danach zogen die Portugiesen mit Gepäck und Waffen ab. Vor den Pforten der Stadt mußten sie jedoch ihre Waffen dem holländischen General zu Füßen legen. Nur die Hauptleute konnten ihre Degen behalten.

Der General hatte den Soldaten die Plünderung der Stadt versprochen. Aus verschiedenen Gründen, die er ihnen auch erklärte, konnte er jedoch sein Versprechen nicht halten. Als Entschädigung erhielten sie den Sold für sechs Monate.

Die Soldaten, die unverwundet waren, wurden zum König von Porca geschickt, um einen Vertrag mit ihm auszuhandeln. Dieser König regierte über ein kleines Küstengebiet. Auch während der Verhandlungen mit ihm zeigte der General seine Unbarmherzigkeit. Die Soldaten hatten sich seit vier Tagen nichts zum Essen kaufen können. Zwei von ihnen erschossen daraufhin aus Hunger eine Kuh. Als der General davon erfuhr, ließ er den einen öffentlich aufhängen, den anderen wollte er auf noch grausamere Art hinrichten lassen. Nur die Intervention des Königs von Porca rettete diesem das Leben. Nachdem der Vertrag mit dem König abgeschlossen war, musterte der General seine Mannschaft, mit der er sich dann auf den Weg machte, um die Stadt Cannanore zu belagern. Diese ergab sich aber ohne Widerstand. Nun ließ der General eine Krone anfertigen, um den neuen König von Cochin damit zu krönen. Der neue König war ein Malavare namens Montani.

Unterdessen kamen die Schiffe, die die Flüchtlinge aus

Cochin begleiten sollten, mit reicher Beute zurück. Denn entgegen dem Kapitulationsabkommen, wonach die Flüchtlinge mit Bewaffnung, Hab und Gut nach Goa abziehen dürften, waren sie auf See ausgeraubt worden.

Der holländische General kehrte wieder nach Batavia zurück, und in Cochin blieben nur so viele Soldaten, wie zur Verteidigung nötig waren. Aus Batavia wurde ein Gouverneur hergeschickt, der die Stadt von den Soldaten befestigen ließ. Nach der Belagerung waren die Lebensmittelpreise sehr niedrig. Aber das änderte sich bald. Der Gouverneur konnte nämlich den Preis der Waren allein bestimmen. Er war sehr streng zu seinen Soldaten und hielt sie wie Gefangene in der Stadt. Sie bekamen weder Wein noch Suri, einen Trank aus Dattelbäumen, noch Branntwein. Der Gouverneur war so hartnäckig, daß er Soldaten oft nur wegen kleiner Verfehlungen an einen Ort auf Ceylon strafversetzen ließ, wo sie oft fünf bis sechs Jahre, manchmal ihr ganzes Leben lang Ziegel machen mußten. Auch wenn man nicht lebenslänglich dorthin verschickt wurde, kam man unter Umständen nicht wieder zurück. Zur Besatzung der Stadt gehörte ein Soldat aus Aix, Rachepot genannt, der eines Tages um einige Minuten zu spät zum Appell erschien. Er wurde deswegen dazu verurteilt, drei Tage lang auf einem hölzernen Pferd zu sitzen, was die gewöhnliche Strafe für solche leichten Vergehen ist. Das Pferd hat einen so scharfen Rücken, daß der Gefangene, der darauf sitzt und dabei an seinen Füßen eine Beschwerung hängen hat, sich nach einigen Stunden bereits schwere Verletzungen zugezogen hat. Als der Soldat hörte, daß er drei Tage auf diesem Pferd sitzen sollte, versteckte er sich bei einem französischen Freund, der erst kurz verheiratet war. Die verheirateten Soldaten durften nämlich drei Tage in der Woche in ihrer Wohnung verbringen. Der Gouverneur ließ verkünden, daß jeder, der den Entflohenen verraten werde, 100 Piaster Belohnung bekomme, jeder, der ihn versteckt halte, aber mit dem Tod bestraft werde. Daraufhin verließ der Soldat seinen Gastgeber und floh mit einigen anderen Soldaten aus der Stadt. Dies gelang ihnen, weil es sehr stark regnete und die Nacht sehr finster war. Sie marschierten die ganze Nacht hindurch. Bei Porca schwammen sie sogar in Unterhosen durch einen Fluß. Als sie Hunger bekamen, wurde ihnen erst richtig bewußt, in welcher Gefahr sie sich befanden. Denn die ganze Südspitze Indiens war von Heiden bewohnt, deren Wohnungen sie nicht einmal berühren durften, und wenn sie diese berührten, mußten die Einheimischen sich dreimal waschen, um sich so zu reinigen. Der Soldat und seine Gefährten begegneten einem portugiesischen Jesuiten, der sie fragte, woher sie kämen; und sie erzählten ihm ihre Geschichte. Rachepot ging es sehr schlecht, weil er im Kampf um Cochin eine Verwundung erlitten hatte, die noch nicht ganz verheilt war. Der Jesuit konnte ihnen nicht anders helfen, als einen Brief in malavarischer Sprache an den König von Godorme zu schreiben. Dieser war von den Holländern vor der Eroberung Cochins aus seinem Land vertrieben worden. Die Soldaten gingen zu ihm und wurden freundlich empfangen. Der König bot Rachepot an, bei ihm zu dienen, und so blieb dieser mit seinen Gefährten hier. Seine Wunden wurden mit Öl und Schmalz behandelt, wodurch sie heilten. Er mußte zwei- bis dreimal täglich zum König gehen und diesem über die Kriegführung in Europa berichten. Außerdem sollte er manchmal singen, was ihm aber schwerfiel, weil er zu wenig zu essen bekam. Was die Weiterreise betraf, so mußte er sich gedulden, bis er die Sprache erlernt hatte und völlig geheilt war. Denn ohne Kenntnis der Sprache konnte man schwerlich durch dieses Land reisen. Schon auf dem Weg von Cochin zum König hatten sie große Schwierigkeiten gehabt, sich zu verständigen. An einem Feiertag ließ der König Rachepot und seinen Gefährten vier Feigen bringen, die sie in

Hindus der Kaste der Sudra, nur mit Baumwollschurz bekleidet

seiner Gegenwart essen mußten. Während die Malavares sagten, daß ihnen damit große Ehre zuteil werde, wäre den Holländern eine große Portion Reis lieber gewesen. Die Einwohner dieses Landes gehen nackt, nur um die Hüfte haben sie ein Tuch gebunden – auch der König, der aber außerdem einen goldenen Ohrschmuck trägt.

Nach 40 Tagen war Rachepot endgültig geheilt, und er entschloß sich, mit seinen Gefährten weiter nach Madrespatan zu ziehen. In der Nacht machten sie sich auf den Weg, ohne sich von jemandem zu verabschieden. Sie hatten kein Geld und beherrschten erst einige Worte der Landessprache. So hatten sie es auf ihrer Reise sehr schwer und mußten von Almosen leben. Oft geschah es auch, daß die Einwohner eines Dorfes vor ihnen aus Furcht flohen, denn sie hatten niemals zuvor Weiße gesehen. Andere jedoch waren wieder sehr freundlich und führten sie in der Nachbarschaft herum, um sie Verwandten und Freunden vorzustellen. Als sie von den Bergen in ebenes Land kamen, gingen sie zweieinhalb Tage lang durch einen Wald, ohne eine Menschenseele anzutreffen. Sie mußten den ganzen Weg sehr rasch laufen, denn der Wald war voll von Blutegeln, die sich an den Beinen ansaugten. Wenn sie an einen Bach kamen, entfernten sie die Blutegel, wobei sich immer richtige Blutströme in den Bach ergossen. Der Blutverlust und auch der Hunger schwächte sie sehr. Die Blutegel dieses Landes sind sehr klein und dünn und halten sich nicht im Wasser auf, sondern leben im Gras. Als sie nach dem ersten Tag der Reise an einen Fluß kamen, übernachteten sie auf einer kleinen Sandbank im Fluß, weil dorthin keine Blutegel gelangen konnten und sie so vor ihnen sicher waren. Am folgenden Tag gingen sie weiter, wieder verfolgt von Blutegeln. Die Nacht verbrachten sie bei einem Baum, bei dem sich eine Erhöhung befand, die wahrscheinlich von jemanden errichtet worden war, der ebenfalls vor den Egeln Schutz gesucht hatte. Am dritten Tag kamen sie zur Mittagszeit zu einer Pagode, wo sich viele Brahmanen oder Banianen-Priester aufhielten. Diese hatten mit ihnen Mitleid, als sie sie in ihrem Zustand erblickten und hörten, daß sie drei Tage lang nichts zum Essen gehabt hatten. Sie gaben ihnen

Reis, Obst und in Schmalz gekochtes Kraut, allerdings mit der Bitte, daß sie sich fernhalten sollten – ein Verhalten wie in Europa Pestkranken gegenüber. Da sie in den letzten drei Tagen nichts gegessen hatten, stopften sie sich jetzt richtiggehend voll, so daß sie am nächsten Tag von Fieber befallen wurden. Sie mußten daraufhin fasten, um das Fieber wieder loszuwerden, denn in Indien gilt Mäßigung als das beste Mittel gegen allerlei Krankheiten. Nachdem sie sich wieder einigermaßen erholt hatten, wollten sie ihre Reise fortsetzen. Doch die Brahmanen rieten ihnen, erst am nächsten Tag die Reise fortzusetzen, denn der Weg durch den Wald sei noch lang, und wenn sie keinen Schutz gegen die Blutegel fänden, könnte sie das ihr Leben kosten. Sie folgten diesem Rat und verbrachten die Nacht noch bei den Priestern. Als starker Regen fiel, winkte einer der Priester, sie sollten zu ihm in die Wohnung kommen. Er wies ihnen eine Höhle zu und bat sie, diese nicht zu berühren. Außerdem brachte er ihnen Essen, aber sie lehnten ab, weil sie ihren Magen schonen wollten. Als es ganz finster war, verließen die Soldaten die Höhle, um in einer Sommerlaube des Hauses zu schlafen. Bei der Morgendämmerung kehrten sie wieder in die Höhle zurück, um nicht ertappt zu werden. Der Brahmane führte sie am nächsten Tag zur Pagode, gab ihnen zu essen und ließ ihnen die Beine mit einem bestimmten Kraut einreiben, das die Blutegel vertreiben sollte. Außerdem gab er ihnen noch ein eigroßes Stück Kalk mit. Damit sollten sie die Egel betupfen, falls sich welche an ihren Beinen festsaugen sollten. Auch Salz oder Feuer sind ein gutes Mittel, die Blutegel zu vertreiben. Die Einheimischen haben deswegen, wenn sie durch die Wälder gehen, immer eine brennende Lunte in der Hand. Durch dieses Mittel geschützt, kamen die Soldaten viel schneller voran und erreichten gegen vier Uhr nachmittags ebenes Land. Sie begaben sich zu einer Festung, in der Banianen herrschten. Dort bekamen sie Gemüse und Milch, denn es gibt dort sehr wenig Wasser, das obendrein auch noch ungesund ist. Die Bewohner versuchten ihnen den Weg nach Madrespatan so gut wie möglich zu erklären. Sie waren nämlich inzwischen sehr weit in südlicher Richtung davon abgekommen. Sie kürzten den Weg ab und kamen in ein bergiges Land, welches von St. Johannes-Christen bewohnt wurde. Im Jahre 1643 schickten die Christen dieses Landes und die aus Balsara eine Gesandtschaft an den königlichen Statthalter in Goa, um von ihm die Erlaubnis zu erhalten, die Insel Ceylon zu bevölkern, wobei alle anderen Einwohner vertrieben werden sollten. Der Statthalter wollte ihnen dieses jedoch nur unter der Bedingung gewähren, daß sie zum römisch-katholischen Glauben übertreten. Die Christen fanden sich dazu jedoch nicht bereit, und so wurde dieses Vorhaben nicht in die Tat umgesetzt. Daraufhin wurde ein Jesuit zu den besagten Christen geschickt, um sie zu bekehren. Als er jedoch bemerkte, daß er keinen Erfolg bei ihnen hatte, wandte er sich wieder der Bekehrung der Heiden zu. Er erlernte ihre Sprache sehr rasch und so gut, daß man meinen konnte, er sei dort geboren worden. Von Zeit zu Zeit gelang ihm die Bekehrung einiger Heiden, die er dann nach Goa schickte. Bei den St. Johannes-Christen gelang ihm dies aber nie. Die vierzig Jahre, die er sich bei den Heiden aufhielt, mußten sehr schwer für ihn gewesen sein, denn er mußte sich den Gewohnheiten der Bewohner anpassen. Er durfte weder einen Heiden, noch dessen Haus berühren. Außerdem essen die Heiden kein Fleisch, und die Nahrung, die er so erhielt, konnte ihm kaum die nötige Kraft geben, um seine großen Mühen aushalten zu können. Rachepot und seine Gefährten trafen einmal abends mit diesem Jesuiten zusammen, der darüber sehr erfreut und begierig war, ihre Geschichten über die Belagerung von Cochin, die unbarmherzige Behandlung durch die Holländer und die Gefahren ihrer Reise zu hören. Der Pater riet ihnen, nach Goa zu gehen, wo sie auf einem portugiesischen Schiff in Dienst gehen sollten, um so wieder nach Europa zu gelangen. Sie wollten aber nach Madrespatan, und so gab er ihnen eine Karte mit, damit sie den Weg dorthin finden konnten. Am nächsten Tag sprach er ihnen Mut zu und schenkte ihnen noch 24 Maß Reis als Wegzehrung. Nach einer Reise von zwei bis drei Tagen kamen sie endlich in Guinchi an. Dort trafen sie vier Portugiesen, die einen Tag vor dem Angriff der Holländer aus Cochin geflohen waren. Diese vier, inzwischen zu Mamelucken geworden, wollten die Neuankömmlinge überreden, bei den Mohammedanern, die pro Person drei Pagodes monatlich zahlten, in Dienst zu gehen. Sie wären dazu bereit gewesen, wenn man von ihnen nicht die Beschneidung und ein Übertreten zum islamischen Glauben gefordert hätte. So verließen sie aus Furcht, sie würden dazu gezwungen werden, heimlich diesen Ort und setzten ihre Reise nach Madrespatan fort. Die Reise dauerte weitere zehn Tage, was für sie sehr beschwerlich war, denn sie konnten sich nicht verständigen und waren weiterhin auf Almosen angewiesen. In Madrespatan wurden sie von den Patres Ephraim und Zenon freundlich empfangen. Fünf bis sechs Tage nach ihrer Ankunft schälte sich, von der Sonne verbrannt, ihre ganze Haut ab. Die Engländer besorgten ihnen ein Schiff nach Europa, aber Rachepot wollte auf dem Landweg nach Europa zurückkehren. Er ruhte sich noch zwei Monate in Madrespatan aus. Er verdiente sich mit kleinen Ringen, die er aus Roßhaar herstellte und in die Sprüche geflochten waren, über 100 Kronen und kaufte sich davon drei Kleider und was er sonst für die Reise benötigte.

Er begab sich auf dem Landweg von Madrespatan nach Surat, von dort nach Agra und nach Delhi, wo ich kurze Zeit nach ihm eintraf. Als ich ihn in Not sah, nahm ich ihn in meine Dienste auf und streckte ihm das Geld für seine Reise vor. Dieses bekam ich jedoch nie zurück. Von ihm erfuhr ich auch diese Geschichte.

Der Weg von Goa und Cochin und von dort nach Madrespatan ist zwar sehr kurz, aber desto beschwerlicher, weshalb er auch selten benützt wird. Die größte Unannehmlichkeit bereiten die unvermeidlichen Blutegel. Der Glaube der Bananen gestattet auch nicht, sie oder ihre Häuser zu berühren. Selbst das Wasserschöpfen aus ihren Teichen ist verboten, weil sie diese sonst zerstören müßten. Deshalb müssen auch immer Priester anwesend sein, die solches verhindern.

Das 16. Kapitel

Die verlustreiche Seereise von Ormus nach Masulipatam

Am 2. Mai 1652 reiste ich von Gomron nach Masulipatam, und zwar auf dem Schiff des Königs von Golconda, das jährlich nach Persien fährt. Dieses Schiff befördert feine Leinwand und sogenannte Chites, d. h. bemalte Tücher, die schöner als bedruckte sind. Die Holländer pflegen die Schiffe der indischen Könige und Fürsten mit eigenen Leuten zu besetzen, denn weder Inder noch Perser hatten in der Schiffahrt die nötige Erfahrung. Auf dem Schiff, auf dem ich mich befand, befanden sich außerdem noch sechs holländische Bootsknechte. Bis zum persischen Meeresbusen segelten wir mit einer sanften Brise, anschließend kam aber derart starker Süd-Westwind auf, daß wir nur noch mit einem kleinen Segel fahren konnten. An den folgenden Tagen wurde der Sturm noch viel stärker, außerdem regnete es in der Höhe von Goa, zudem verschlimmerten Donner und Blitz das Unwetter. An den Malediven mußten wir vorbeisegeln, weil wir dort nicht an Land gehen konnten. Außerdem war unser Schiff voller Wasser. Hierzu kommt es, wenn man in der heißen Zeit die Schiffe nicht mit Wasser bespritzt und sie deshalb austrocknen. Bei der Beladung gelangt dann viel Wasser in den Rumpf. Die Holländer besprenkeln daher ihre Schiffe morgens und abends mit Wasser. Auf unserem Schiff waren 55 Pferde, die der König von Golconda vom König von Persien zum Geschenk erhalten sollte. An Bord waren auch ungefähr 100 persische und armenische Kaufleute, die zum Handeln nach Indien wollten. Eines Tages stürmte es so stark, daß an allen Ecken und Enden Wasser in das Schiff eindrang, wogegen auch die Pumpen nichts ausrichteten. Zum Glück hatte ein Kaufmann zwei Ballen preußisches Leder bei sich, die er nach Indien transportieren wollte, wo man sie als Betten verwendet. Vier oder fünf mitfahrende Schuster und Sattler fertigten daraus große Eimer, mit denen sich das Wasser ausschöpfen ließ.

Am gleichen Tag wurden wir bei starkem Sturm dreimal vom Blitz getroffen. Der erste schlug in den Mastbaum ein, der dadurch abbrach und drei Menschen tötete. Der zweite Blitz traf zwei Stunden später die Tenne, wodurch weitere zwei Menschen ums Leben kamen. Der dritte Einschlag folgte sogleich. Der Kapitän, ein Unteroffizier und ich standen gerade beim großen Mast, als der Koch herkam, um den Kapitän zu fragen, ob er das Nachtmahl auftragen sollte. Da traf ihn der Blitz. Außer einem kleinen Loch in der Bauchgegend und versengten Haaren trug er aber keine größeren Verletzungen davon. Als man ihm die Verwundung mit Kokosnußöl einreiben wollte, spürte er allerdings stechende Schmerzen.

Am 24. Juni frühmorgens sichteten wir Land. Unser Schiff

hatte Ponte de Galle, die erste Stadt Ceylons, die die Holländer den Portugiesen abgenommen hatten, erreicht. Das Wetter war bis nach Masulipatam sehr schön, wo wir am 2. Juli ankamen. Der Kapitän begrüßte den holländischen Befehlshaber, und als dieser erfuhr, daß ich mich mit Herrn Louis du Jardin an Bord befand, schickte er uns zwei Pferde. Der holländische Kommandant und die Kaufleute empfingen uns sehr herzlich und wollten uns dazu bewegen, bei ihnen zu bleiben; wir blieben aber nur über Nacht. Am nächsten Tag quartierten wir uns bei Herrn Hercules, einem verheirateten Schweden, ein. Aber der Holländer lud uns wiederholt zum Essen ein und hätte sich sehr gefreut, wenn wir bei ihm gewohnt hätten. Von Zeit zu Zeit gingen wir in einem Garten nahe der Stadt spazieren und unterhielten uns mit den Frauen der Holländer, die sehr amüsant waren. Auch die Engländer luden uns einige Male ein, um uns mit Gauklern zu unterhalten.

Am 18. und 19. Juni kauften wir für uns, unsere Diener und unser Gepäck eine Sänfte, drei Pferde und sechs Ochsen. Wir waren entschlossen, zum König von Golconda zu reisen, um ihm unsere Perlen, die alle zwischen 34 und 35 Karat wogen, sowie viele Smaragde, zu verkaufen. Die Holländer rieten davon aber ab, denn der König kaufte nur, nachdem sein erster Minister und Heerführer alles begutachtet hatte. Dieser nahm jedoch gerade an der Belagerung von Gandicot in Carnatica teil. So entschlossen wir uns, dorthin zu reisen.

Das 17. Kapitel

Über den Weg von Masulipatam nach Gandicot, den Handel mit dem Feldherrn Mirgimola und über die Elefantenjagd

Von Masulipatam brachen wir am 20. Juni um fünf Uhr abends auf. Wir übernachteten nahe der Stadt im Garten der Holländer und wurden anschließend von einigen begleitet, die uns die Nacht über Gesellschaft geleistet hatten. Am folgenden Tag, dem 21., reisten wir, nachdem wir von den Holländern Abschied genommen hatten, nach Nilmol, einem kleinen Dorf, wo wir wiederum übernachteten. Bis zum 31. hielten wir uns in verschiedenen kleinen Dörfern auf, weil starker Regen die Weiterreise verhinderte. Danach konnten wir von dem kleinen Ort Bezouart aus weiterziehen. Den Fluß, über den wir dort setzen mußten, überquerten zunächst die Pferde, die der König von Persien dem König von Golconda schickte. Erst danach waren wir an der Reihe. Diese Pferde, von denen nur noch 50 Stück vorhanden waren, wurden zunächst zum Minister Mirgimola geführt. Alles, was dem Minister mißfällt oder ihm nicht vorher gezeigt wird, darf nicht an den König weitergeleitet werden.

Als wir uns in Bezouart aufhielten, besuchten wir viele Tempel, von denen das Land hier voll ist. Mehr als sonstwo kommt in Indien das Volk hierher, nur die Ortsverwalter gehen nicht in die Tempel, weil sie zumeist Mohammedaner sind. Die Pagode des Ortes ist sehr groß. Sie hat 52 Säulen, die ungefähr 20 Schuh hoch sind. Sie tragen die Quadersteine, mit denen die Pagode bedeckt ist. Die Säulen sind mit Reliefs geschmückt, die abscheuliche Gestalten, Geister und Tiere zeigen. Diese haben vier Hörner, andere mehrere Schwänze und Füße, manche eine herausgestreckte Zunge, und sie machen sonderbare Gebärden. Zwischen den Säulen befinden sich auf Tribünen Götterstatuen. Die Pagode steht inmitten eines Hofs, der von Mauern umgeben ist. Diese sind innen und außen mit Bildern verziert. An der Innenseite der Mauer führt ein Gang herum, der von 66 Säulen gestützt wird wie bei einem Kloster. In diesen Hof gelangt man durch ein großes Portal. Über diesem befinden sich in senkrechter Anordnung zwei Öffnungen auf zwölf, beziehungsweise acht Säulen. Am Fuße dieser Säulen erkennt man indische Inschriften. Wir sahen einen Tempel, der über eine Treppe mit 193 Stufen, jede einen Schuh hoch, erreicht wird. Der Tempel ist viereckig; eine Mauer führt um ihn herum, die ebenso wie die des Tempels in Bezouart aussieht. In der Mitte steht eine ungefähr vier Schuh hohe Statue, nach Sitte des Landes mit gekreuzten Beinen sitzend. Auf ihrem Haupt hat sie drei Kronen, aus denen jeweils vier Hörner herausragen. Das Gesicht gleicht dem eines Menschen und ist nach Osten gegen Sonnenaufgang gerichtet. Die Pilger, die hierher kommen, um ihre Andacht zu verrichten, nähern sich ihr mit gefalteten Händen und rufen dabei Ram-Ram. Dann läuten sie dreimal eine an der Statue befestigte Glocke und bestreichen die Statue anschließend mit Farbe. Einige von ihnen bringen Öl mit, um die Gottheit damit zu salben. Außerdem opfern sie ihr Zucker und andere Nahrungsmittel. Die reichen Heiden spenden auch oft Geld und erhoffen sich davon Glück. Dieser Tempel wird von 60 Priestern und ihren Familien betrieben, die sich alle von den Opfern der Pilger ernähren müssen. Um den Pilgern den Glauben nicht zu nehmen, ihr Gott werde ihre Opfer annehmen, lassen die Priester die Opfergaben zwei Tage vor dem Bildnis stehen. Erst am Abend des dritten Tages nehmen sie diese an sich.

Wenn ein kranker Pilger zum Tempel kommt, um geheilt zu werden, muß er je nach seinem Vermögen den kranken Körperteil in Gold oder in Silber nachgießen lassen, um ihn dann der Gottheit zu opfern. Vor dem Eingang des Tempels befindet sich ein Flachdach, das von 16 Säulen getragen wird, ihm gegenüber ein anderes Dach, das von vier Säulen gestützt wird. Unter diesem wird für die Priester gekocht.

An einem Tag im Oktober findet in diesem Tempel ein großes Fest statt. Um diese Zeit besuchen besonders viele Pilger den Ort. Unter ihnen befand sich eines Tages auch eine Frau, die drei Tage lang beharrlich vor der Statue betete und sie um Rat bat, wie sie, da ihr Mann vor kurzer Zeit gestorben war, sich und ihre Kinder ernähren sollte. Als ich einen Priester befragte, warum die Frau nach so langem Warten noch immer keine Antwort bekommen habe, antwortete er mir, daß sie sich gedulden müsse, bis ihr Gott sie erhört habe. Ich hatte den Verdacht, daß mit dieser Gottheit Betrügereien begangen wurden. Ich wartete ab, bis sich alle Priester bis auf einen, der die Pforte bewachte, entfernt hatten, um mich dann mit einer List in den Tempel zu schleichen. Den Priester an der Pforte schickte ich um Wasser fort. So konnte ich heimlich in den Tempel gelangen. Die Frau erblickte mich im dämmrigen Licht und erschrak so, daß sie einen Schreikrampf bekam. Ich mußte mich also beeilen, um herauszufinden, was sich hinter der Statue wirklich abspielte. Ich sah dort ein großes Loch, in das ein erwachsener Mann leicht hineinschlüpfen konnte. Zweifellos verbarg sich dort ein Priester, der anstelle der Gottheit sprach. So schnell ich auch war, konnte ich nicht vermeiden, daß der Priester, den ich um Wasser fortgeschickt hatte, mich im Tempel überraschte. Er beschimpfte mich und beschuldigte mich der Entweihung des Tempels. Wir wurden aber bald wieder Freunde, nachdem ich ihm zwei Rupien in die Hand gedrückt hatte.

Am 31. reisten wir von Bezouart ab und setzten über einen Fluß, der wegen des Regenwetters eine halbe Meile breit war. Von hier fuhren wir drei Meilen am Ufer entlang, bis wir eine Anhöhe erreichten. Auf der befand sich ein Tempel mit einer aus schwarzem Marmor gehauenen Kuh. Um diese herum standen viele vier oder fünf Schuh hohe Götzenstatuen. Alle waren häßlich, einige hatten mehrere Köpfe, Arme und Beine, andere wiederum Hörner. Die scheußlichsten davon werden am meisten verehrt.

Wir übernachteten an diesem Tag in dem Dorf Kah-kali. Auch hier befindet sich ein Tempel, in dessen Mitte sechs wunderschöne Marmorstatuen stehen.

Am nächsten Tag erreichten wir nach siebenstündiger Reise die große Stadt Condevir. Diese ist von einem doppelten Graben umgeben. Innerhalb dieser Stadt erhebt sich ein kleiner Berg. Auf seiner Spitze liegt eine Festung, die aber zur Zeit nicht bewohnt ist.

Vom 2. bis zum 11. reisten wir jeden Tag durchschnittlich sieben Stunden. Wegen des beschwerlichen Wegs kamen wir aber nie weiter als neun Meilen. In den Dörfern, in denen wir übernachteten, sahen wir viele Tempel. Darunter waren einige mit wunderschönen Statuen.

Am 11. kamen wir in Palicat an. Dieser Ort liegt nur vier Meilen von Senepgond entfernt. Von dieser Strecke mußten wir aber mehr als eine Meile durch Wasser, das bis zu den Satteln reichte, reiten. In Palicat befindet sich eine Festung der Holländer, in der sie auch ihre Lagerräume haben. Auch residiert hier der oberste Vertreter der Holländer, die im Königreich von Golconda wohnen. Die Festung ist mit 200 Soldaten besetzt und beherbergt außerdem viele Kaufleute. In der Stadt selbst, die durch einen großen Platz von der Festung getrennt ist, haben sich viele Holländer niedergelassen, die nach Beendigung ihrer Dienstverträge mit der holländischen Kompanie vorgezogen haben, im Land zu bleiben. Wir verharrten hier bis zum folgenden Tag und hatten dabei die Ehre, an der Tafel des Gouverneurs speisen zu dürfen. Dieser hieß Herr Pite, stammte aus Bremen und war sehr höflich. Er gestattete uns auch, entlang der Festungsmauer spazieren zu gehen, von wo wir eine herrliche Aussicht auf das Meer hatten. Wir beobachteten von dort, wie die Bewohner Trinkwasser sammeln. Sobald die Ebbe einsetzt und das Meer sich zurückzieht, schaufeln sie am Strand kleine Löcher aus, in denen sich dann süßes Wasser von guter Qualität ansammelt.

Am nächsten Tag reisten wir bei Sonnenaufgang nach Madrespatan weiter. Erst am Vormittag anderntags ritten wir in die Stadt ein. Hier befand sich auch die englische Festung St. Georg, die wir am nächsten Tag besuchten, um mit dem englischen Präsidenten zu speisen.

Am Morgen des 15. begleitete ich Monsieur du Jardin in die Stadt St. Thomé, die eine halbe Meile von Madrespatan entfernt liegt. Wir statteten dem Gouverneur sogleich einen Besuch ab. Wir wurden von diesem sehr höflich empfangen und eingeladen. Am Nachmittag besichtigten wir die Kirchen der Augustiner und Jesuiten. In einer befand sich angeblich der Speer, mit dem St. Thomas gemartert worden war.

Am 16. schickte uns der Gouverneur von St. Thomé viele Geschenke: Schinken, Ochsenzunge, geräucherte Wurst, Fisch, Wassermelonen und andere Früchte des Landes. Die Geschenke waren so reichlich, daß die Kapuziner, bei denen wir wohnten, fest glaubten, Monsieur du Jardin sei ein Bischof, der inkognito durchs Land reise. Da auch der Gouverneur von Madrespatan uns oft zum Essen einlud, wurden die Kapuziner in dieser Meinung bestärkt. Die nächsten Tage erholten wir uns von der ermüdenden Reise und verbrachten die meiste Zeit mit Vergnügungen.

In der Frühe des 22. reisten wir von Madrespatan ab und erreichten am Abend des folgenden Tages Dudecot. Der ganze Weg führte durch eine Ebene mit sandigem Boden. Auf beiden Seiten der Wegstrecke befand sich ein dichter Bambuswald. Bambus ist ein Gehölz, das die gleiche Form wie unser Meerrohr hat und so groß wie die höchsten Bäume unserer

Wälder wird. Diese Bambuswälder sind sehr dicht und vollkommen undurchdringbar. Außerdem leben in ihnen sehr viele Affen. Die Affen schließen sich zu einzelnen Herden zusammen, die miteinander so sehr verfeindet sind, daß kein Affe es je wagen würde, in das Gebiet einer anderen Herde einzudringen, weil er sonst sofort erwürgt werden würde. In Palicat erklärte uns der dortige Gouverneur, wie wir, falls wir dazu Lust verspürten, es anstellen könnten, daß die Affen sich gegenseitig bekriegen. Der Weg ist nämlich nach jeder Meile mit einer Straßenschranke versehen, die von Soldaten bewacht wird. Diese müssen die Durchreisenden nach dem Ziel und dem Zweck ihrer Reise befragen. Dies wird alles genau notiert, und der Reisende kann somit, ohne die Gefahr, beraubt zu werden, Wertsachen bei sich tragen. Bei diesen Schranken befinden sich auch kleine Geschäfte, in denen Reis angeboten wird. Will man nun die Affen kämpfen sehen, so kauft man ein paar Körbchen mit Reis und stellt sie in einem Abstand von ca. 50 Schritt auf dem Weg auf. Neben diese Körbe werden fünf starke, ungefähr zwei Schuh lange Prügel gelegt. Nach einigen Minuten werden diese Körbe von den Affen entdeckt. Sie nähern sich sehr zaghaft und mit bleckenden Zähnen von allen Seiten dem Reis. Keiner von ihnen wagt anfangs einen Angriff. Die Weibchen, besonders die, die gerade Junge auf den Armen tragen, sind meistens die frechsten und stürzen sich auch als erste auf die Körbe. Die Männchen der Gegenseite lassen dies jedoch nicht ungestraft zu und springen herbei, um die Weibchen am Fressen zu hindern. Jetzt greifen auch die Männchen der vertriebenen Weibchen in das Geschehen ein. Nach kurzer Zeit entsteht ein grimmer Kampf, bei dem die Prügel, die neben den Körben liegen, von den Affen ergriffen werden. Mit diesen hauen sie so kräftig und wütend zu, daß die Schädel ihrer Feinde oft gespalten werden. Der schwächere Teil ist bald gezwungen, sich zurückzuziehen, und begibt sich wieder in das Gehölz. Oft sieht man die schwersten Verletzungen, wie gespaltene Schädel, lahmende Glieder und sonstiges. Die Sieger fressen sich nun an dem eroberten Reis satt. Nach einiger Zeit gestatten sie auch den Weibchen der Feinde, mitzunaschen.

Am 26. reisten wir weiter nach Courva, wo wir unser Nachtlager aufschlugen. Courva ist eine sehr berühmte Tempelstadt. Bei unserer Ankunft sahen wir etliche Armeekompanien, die mit Piken, mit Gewehren und Stöcken bewaffnet waren. Sie zogen zu einem Kommandanten des Heeres von Mirgimola, der auf einer Anhöhe bei Courva lagerte. Der Lagerort ist sehr angenehm, da sich dort viele schattige Bäume und Quellen befinden, die angenehme Kühle verbreiten. Als wir erfuhren, daß der Kommandant so nahe bei Courva sein Lager hatte, gingen wir sofort zu ihm, um ihn zu begrüßen. Wir trafen ihn mit vielen vornehmen Herren des Landes, allesamt Heiden, in seinem Zelt an. Nachdem wir ihm einige Geschenke, unter anderem Pistolen, die mit silbernem Einlegewerk geschmückt waren, und zwei Ellen rotes holländisches Tuch, überreicht hatten, erklärten wir ihm, daß wir zu Mirgimola, dem Obersten Feldherren des Königs von Golconda, reisen wollten. Diese Nachricht erfreute ihn sehr, und er bot uns daraufhin seine Gastfreundschaft an. Der Kommandant war der festen Überzeugung, wir wären Holländer. Sobald wir diesen Irrtum aufgeklärt hatten, war er begierig, von unserem König und dessen Armee zu hören. Während unseres anregenden Gespräches wurde das Abendessen aufgetragen. Alle Heiden entfernten sich vom Zelt, da es ihnen verboten war, Gerichte, die von Moslems zubereitet waren, zu kosten. Der Kommandant lud uns zum Abendessen ein, wir lehnten aber mit der Begründung ab, daß es für uns bereits zu spät sei, da wir nach Courva zurückkehren wollten. Der Kommandant ließ uns aber nicht ziehen. Zum Nachtmahl wurden drei große Schüsseln mit

Pilau aufgetragen. Er bat uns, den folgenden Tag bei ihm zu bleiben, um eine Elefantenjagd zu beobachten. Leider hatten wir keine Zeit, denn wir mußten aus geschäftlichen Gründen die Reise unbedingt fortsetzen.

Eine Woche zuvor waren fünf Elefanten gefangengenommen worden, drei davon hatten aber entkommen können. Sie wurden verfolgt, und während der Verfolgungsjagd töteten die entflohenen Tiere zwölf Bauern. Die Jagd läuft folgendermaßen ab: Im Wald werden Gräben ausgehoben, die mit Holz und Erde bedeckt werden. Die Jäger treiben die Elefanten durch lautes Geschrei, Trommelschläge und brennende Feuerspieße auf die Gräben zu. Die Abdeckung der Fallen bricht nun durch das Gewicht der Elefanten ein. Der hineingefallene Elefant kann sich nicht mehr aus der Grube befreien. Daraufhin wird er mit Stricken und Ketten am Rüssel und an den Füßen gefesselt und herausgezogen. Trotz dieser Vorsichtsmaßnahme konnten die besagten drei Elefanten entkommen. Einmal auf diese Art gefangene Elefanten, denen aber die Flucht gelang, sind künftig so mißtrauisch, daß sie mit ihrem Rüssel einen großen Ast von einem Baum abreißen, um damit ihren Weg nach Gruben abzutasten. Deswegen bezweifelten die Jäger, daß sie die drei entkommenen Elefanten überhaupt nochmals einfangen könnten.

Am 27. sahen wir zwei gefangene Elefanten in einem großen Dorf. Jeder von ihnen stand zwischen zwei zahmen Elefanten. Um sie herum waren sechs Männer mit Fackeln, die ihnen Fressen anboten. Das Futter bestand aus kleinen gekochten Büscheln Heu, schwarzem Zucker, Reis, Wasser und Pfefferkörnern. Wenn einer der wilden Elefanten ungehorsam wurde, befahlen die Männer den zahmen Elefanten, den Wilden zu schlagen. So lernte der Elefant sich unterzuordnen.

Obwohl die Elefanten in der Gefangenschaft keine Weibchen mehr berühren, geraten diese öfters in Brunst. Eines

Tages, als Shah Jehan mit seinem Sohn auf einem Elefanten zur Jagd ritt, wurde der Elefant brünstig. Der Elefantenführer wollte sich opfern und sich, um den Elefanten zu beruhigen, vor dessen Füße werfen. Der König sollte für seine Frau und seine drei Kinder sorgen. Er warf sich also vor den Elefanten, dieser packte ihn mit dem Rüssel, und nachdem er den Führer mit seinen Füßen zertreten hatte, beruhigte er sich wieder. Der König gab den Hinterbliebenen 200 000 Rupien und förderte die Söhne des Mannes.

Elefanten kommen aus vielen Gegenden Asiens: aus Ceylon, wo es die kleinsten, aber gleichzeitig streitbarsten gibt, aus Sumatra, dem Königreich Cochin, Siam und von den Grenzen des Königreichs Bhutan. Auch an der Küste Melinde in Afrika soll es eine große Anzahl geben. Dies erfuhr ich von einem portugiesischen Hauptmann, der aus Mozambique kam. Dort sollen sich längs der Küste einige Tiergärten befinden, nur von Elefantenzähnen umgeben und von mehr als einer Meile Umfang. Die Schwarzen gehen oft auf die Jagd, denn sie essen gerne Elefantenfleisch. Sie müssen aber ihrem Häuptling von jedem erlegten Elefanten einen Stoßzahn abtreten.

Bei der Elefantenjagd in Ceylon baut man einen langen Gang in den Wald, der an beiden Enden verschlossen ist. Sobald der Elefant in den langen Gang hineingetrieben wird, kann er weder zur linken noch zur rechten Seite ausweichen. Dieser Gang wird dem Ende zu immer enger. Dort ist nur soviel Platz, daß eine zahme Elefantenkuh, die brünstig ist, gerade noch liegen kann. Obwohl sie gezähmt ist, wird sie vorsichtshalber gefesselt. Die Brunstschreie locken den wilden Elefanten in den Gang hinein, und nachdem er ihn betreten hat, wird der Gang sofort von dort versteckten Männern versperrt. Wenn das Tier nur noch einige Schritte von der Elefantenkuh entfernt ist, wirft man um den Rüssel und die Beine des wilden Elefanten Stricke und fängt ihn ein.

In Siam betreibt man die Jagd auf ähnliche Weise. Anstatt die brünstige Elefantenkuh zu fesseln, reitet man mit ihr durch den Wald, um so einen wilden Elefanten anzulocken. Sobald ein Elefant in der Nähe gesichtet wird, binden die Reiter die Elefantenkuh an einem geeigneten Ort fest. Der Elefant wird durch ihr Geschrei angelockt, und sobald er in ihrer Nähe ist, wird er eingefangen.

Die Elefantenkühe haben die merkwürdige Angewohnheit, während ihrer Brunstzeit allerlei Kräuter und Laub zu sammeln und damit ein Bett zu errichten. Dieses ist fünf Schuh hoch und hat die Form eines Kissens. Im Gegensatz zu anderen Tieren legt sich die Kuh auf ihren Rücken und ruft durch Geschrei den Elefanten zu sich.

Die wenigsten Elefanten aus Ceylon haben Stoßzähne, denn nur die erstgeborenen Elefanten besitzen solche. Das verarbeitete Elfenbein, das aus Ceylon kommt, bleibt weiß und ist deshalb teurer als das aus Indien. Es ist eine rechte Freude, den Elefanten zuzusehen, wenn sie auf den Markt zum Verkauf geführt werden. Denn wenn die jungen und alten Elefanten vorbeigehen, geben die Kinder, die am Rand stehen und zuschauen, den jungen Futter. Wenn diese dann stehenbleiben, um das Futter zu nehmen, springen die Kinder auf den Rücken der kleinen Elefanten, werden dann aber von diesen, wenn sie wieder ihren Müttern nachfolgen möchten, heruntergeworfen. Dabei passiert den Kindern aber nichts, und sie laufen nach wie vor den Elefanten nach.

Ich habe nie in Erfahrung bringen können, wie alt ein Elefant wirklich werden kann. Die Elefantenführer konnten mir nur sagen, daß der eine oder andere schon bei ihrem Vater, Großvater und auch schon bei ihrem Urgroßvater gearbeitet habe; und wenn man die Lebenszeit dieser zusammenzählt, kommt man auf ein Alter von 120 bis 130 Jahren.

Manche Leute, die Beschreibungen über Indien veröffentlicht haben, behaupten, der Großmogul habe drei- bis viertausend Elefanten unterhalten. Als ich mich jedoch in Gehanabad aufhielt, erkundigte ich mich beim Verwalter der Elefanten, wieviele der König wirklich besaß. Dieser erklärte mir, daß sich im Haus der Elefanten 500 Tiere befänden, die aber nur für den Transport der Frauen, Zelte und des Gepäcks verwendet würden. Für den Krieg halte der König höchstens 80 bis 90 Elefanten. Die Elefanten bleiben nicht in der Stadt, sondern werden auf die Felder geführt, wo sie frühmorgens Äste von Bäumen, Zuckerrohr und Hirse abäsen. Dies verursacht den Bauern großen Schaden, aber den Elefantenführern kommt es zugute, denn sie sparen auf diese Art das Futter.

Am 27. August reisten wir weiter und kamen am 29. in Outmeda an. Dort befindet sich der größte Tempel von ganz Indien. Dieser ist aus großen Quadersteinen gebaut, besitzt viele Türme mit Reliefs. Um ihn herum sind viele kleine Kammern angelegt, die den Priestern als Wohnung dienen. Fünfhundert Schritte davon entfernt befinden sich am Ufer eines Sees viele kleine Pagoden, in denen ein Brahmane darüber wacht, daß kein Andersgläubiger sich darin wäscht oder Wasser daraus schöpft. Wenn ein Fremder Wasser möchte, bringen sie ihm welches in einem irdenen Topf, den sie nach Gebrauch zerschlagen. Sie erklärten mir auch, daß, falls sich ein Ungläubiger in ihrem Weiher wäscht, sie dann das ganze Wasser bis auf den letzten Tropfen abschöpfen müßten. Mit Almosen sind die Brahmanen sehr großzügig, und es gibt niemanden, der bei ihnen dürstet und hungert. Auf den Straßen halten sich oft viele Frauen mit Fackeln in der Hand auf, um den Durchreisenden den Tabak anzuzünden und denen, die keinen haben, eine Pfeife voll davon zu geben. Andere kochen Reis mit Quicheri; das ist ein Korn ähnlich unserem Hafersamen. Andere wiederum kochen Bohnen, denn das Kochwasser verhindert Seitenstechen. Diese Frauen haben oft ein Gelübde abgelegt und müssen nun sieben oder acht Jahre lang, je nach Vermögen, den Durchreisenden gegenüber Freizügigkeit beweisen, indem sie ihnen Reis und Bohnen kochen. Andere Frauen wiederum folgen auf den Landstraßen und Wiesen den Pferden, Ochsen und Kühen, womit sie ihr Gelübde erfüllen können, sich nur vom Unverdauten, das sie im Kot finden, zu ernähren. Weil es in diesem Land keine Gerste und Hafer gibt, bekommen die Tiere große eckige Bohnen, die gemahlen und danach eine halbe Stunde im Wasser gequollen werden, weil sie sonst sehr hart und schwer verdaulich wären. Diese Bohnen bekommen die Pferde jeden Abend. In der Frühe bekommen sie ein Gemisch aus ungefähr zwei Pfund schwarzem, wachsähnlichem Zukker, zwei Pfund Mehl und einem Pfund Butter. Dies alles wird durchgeknetet, und davon werden den Pferden kleine Ballen in das Maul gestopft. Andernfalls würden die Tiere dies nicht fressen. Danach wird ihnen das Maul gewaschen und die Zähne geputzt, da diese voller Teig sind. Den Tag über bekommen die Pferde Kräuter, die samt Wurzel ausgerissen und gewaschen werden, damit keine Erde an ihnen haftet.

Am 1. September erreichten wir Gandicot. Es war erst acht Tage her, seit der Nabab nach dreimonatiger Belagerung die Stadt eingenommen hatte. Ohne die Hilfe der Franzosen hätte er sie jedoch nicht erobern können. Außerdem standen in seinem Dienst auch noch englische, holländische und sogar drei italienische Büchsenmeister.

Gandicot ist eine der bestbefestigten Städte im Königreich Carnatica. Sie liegt auf der Spitze eines hohen Berges und ist nur über einen 20 bis 25 Schuh, manchmal aber auch nur sieben bis acht Schuh breiten Weg zu erreichen. Auf der rechten Seite des in den Berg gehauenen Weges ist ein tiefer Abgrund, in dem sich ein Fluß windet. Oben auf dem Berg erstreckt sich auf eine viertel Meile ein Plateau, auf dem Reis und Hirse angebaut und das von vielen kleinen Quellen bewässert wird. Man gelangt nur durch eine Pforte von der Ebene her in die Stadt, die auf dieser Seite von drei Mauern umgeben ist. Zwischen diesen liegen Gräben. So hatten die Belagerten nur ein Feld von vier- bis fünfhundert Schritt zu bewachen, wofür zwei Kanonen genügten. Die eine stand auf der Pforte, die andere war auf der Spitze eines Bollwerks befestigt. Die Ausfälle der Belagerten fügten dem Nabab große Verluste bei, bis es ihm gelang, Geschütze auf das Plateau zu transportieren. Er bot jedem Büchsenmeister viel Gold, wenn sie Wege fänden, ein Geschütz dort hinaufzubringen. Denn der Raja dieser Stadt war als einer der tapfersten Soldaten bekannt und anders war ihm nicht beizukommen. Sie brachten also vier Kanonen dorthin und es gelang ihnen auf diese Weise, das Geschütz auf der Pforte außer Gefecht zu setzen. Als die halbe Pforte zerstört war, waren die Belagerten zu Verhandlungen bereit. Als wir ankamen, trafen wir am Fuße des Berges auf die Armee des Nabab; er selbst befand sich bei seiner Reiterei. Als die Gesellen eines englischen und italienischen Büchsenmeisters uns erblickten, boten sie uns an, bei ihnen zu übernachten. Sie erzählten uns auch, daß sich in der Stadt ein französischer Büchsenmeister aus Bourges namens Claude Maille aufhalte, der Kanonen für die Befestigung der Stadt gieße.

Am folgenden Tag, dem 2. des Monats, gingen wir hinauf in die Stadt, um in die Wohnung des Büchsenmeisters einzukehren. Dieser war mir schon von Batavia her bekannt, wo er als Gärtner der holländischen Generäle arbeitete. Er empfing uns sehr herzlich und benachrichtigte den Nabab von unserer Ankunft, worauf uns dieser für die Dauer unseres Aufenthaltes Unterkunft und Lebensmittel für uns wie auch für unsere Pferde und Ochsen zur Verfügung stellte.

Am 3. besuchten wir den Nabab, der seine Zelte auf dem Berg, am Ende des in ihn gehauenen Weges errichtet hatte. Er empfing uns sehr freundlich und erkundigte sich, ob wir mit der Unterbringung und dem Essen zufrieden seien. Als er den Anlaß unseres Besuchs erfahren wollte, erklärten wir ihm, wir hätten wertvolle Waren dabei, die er begutachten solle. Erst dann würden wir sie dem König anbieten. Der Nabab war dadurch sehr geschmeichelt und bot uns zum Abschied Betel an. Als wir in die Stadt zurückkehrten, erwarteten uns bereits alle Büchsenmeister, die in der Wohnung von Maille versammelt waren, zum Nachtmahl. Für dieses hatte uns der Nabab zwei Flaschen Wein, einen spanischen und einen Schiras,' mitgegeben. An Branntwein herrscht in Indien kein Mangel, denn er wird aus Reis und Zucker hergestellt, die es im Überfluß gibt. Am 4. besuchten wir den Nabab, um ihm die für den König bestimmten Waren zu zeigen. Es handelte sich um birnenförmige Perlen von ungewöhnlichem Gewicht, Größe und Schönheit. Die kleinste wog 24 Karat. Er besichtigte die Perlen, erkundigte sich nach dem Preis und sagte, er werde darüber nachdenken.

Am 10. ließ er uns morgens in sein Zelt holen. Als wir bei ihm saßen, brachte man ihm fünf kleine Säcke voll Diamanten. Die meisten waren ein bis eineinhalb Karat groß und schwarz, aber sehr rein. Nur wenige hatten zwei Karat. Er fragte uns, ob man diese Steine in Europa verkaufen könne. Wir erklärten ihm aber, in Europa sei man nur an weißen Diamanten interessiert. Der Nabab hatte die Steine aus einem Bergwerk dieses Königreichs. Man hatte ihm vor der Eroberung mitgeteilt, daß hier Diamanten zu finden seien. Deshalb schickte er 12000 Arbeiter in die Mine. Als der Nabab bemerkte, daß nur schwarze und braune Steine gefunden wurden, schickte er die Leute wieder zurück auf ihre Felder. Nachdem er die Diamanten wieder hatte wegbringen lassen, lud er uns zum Mittagessen ein und danach zu einer Jagd, worauf wir aber nicht eingingen. Über die Perlen wurde kein Wort mehr gewechselt.

Am 11. versammelten sich alle Büchsenmeister im Zelt des

Nabab, um sich zu beschweren, das ihnen versprochene Gold noch nicht bekommen zu haben. Sie wollten sich deshalb in andere Dienste begeben. Der Nabab vertröstete sie auf den folgenden Tag.

Am 12. erschienen die Büchsenmeister abermals im Zelt des Nabab, der ihnen daraufhin einen Teil des Goldes ausbezahlen ließ. Den Rest sollten sie Ende des Monats erhalten. Das Gold, das ihnen ausgehändigt worden war, wurde in Säcken weggebracht.

Am 13. besuchte der Nabab die Stadt, um die Fortschritte beim Kanonengießen zu beobachten. Maille hatte die Aufsicht darüber. Er war in Amsterdam in Dienst gegangen mit der Absicht, nach Indien zu gelangen. In Batavia angekommen, behielt ihn der General bei sich, weil er so geschickt war. Er ließ sich von ihm in seinem Garten etliche Wasserspiele und Springbrunnen errichten. Da aber Maille mit der Behandlung durch den General nicht zufrieden war, begleitete er Monsieur Chetour, der von Batavia zum Nabab, der gerade Gandicot belagerte, reiste. Als er aber bemerkte, daß Monsieur Chetour tags darauf die Stadt wieder verlassen wollte, entwendete er diesem das Gewehr und versteckte sich solange, bis dieser abgereist war. Danach begab sich Maille als Arzt in die Dienste des Nabab. Man erkannte jedoch bald seine Begabung zum Gießer und ernannte ihn darauf zum Aufseher über die Kanonengießerei. Nachdem der Nabab Gandicot erobert hatte, gab er Maille den Auftrag, 20 Kanonen, davon zehn für 48- und zehn für 20pfündige Kugeln zu gießen. Dazu wurde viel Kupfer aus allen Orten und auch von den Götzenfiguren in den Tempeln herbeigeschafft. In Gandicot befand sich ein Tempel, der für einen der schönsten in ganz Indien gehalten wurde. Er enthielt viele Statuen aus Gold, Silber und auch sechs aus Kupfer. Maille wollte diese Statuen einschmelzen lassen und daraus Kanonen gießen. Es gelang ihm aber nicht, daraus eine einzige Kanone herzustellen. Der Nabab vermutete, daß die Priester des Tempels das Kupfer verzaubert hatten.

Am 14. befanden wir uns im Zelt des Nabab, um Abschied zu nehmen und gleichzeitig zu erfahren, wie dieser unsere Waren beurteilte. Aber man sagte uns, er sei damit beschäftigt, Übeltäter zu verurteilen und sofort zu bestrafen. In diesem Land ist es Brauch, Verbrecher sofort zu bestrafen und sie nicht in langer Gefangenschaft zu halten. Wir erfuhren auch, daß der Nabab voraussichtlich den ganzen Tag beschäftigt sei, weil er außerdem auch sein Heer mustern wollte. Trotzdem versuchten wir, ihn nochmals am Abend zu erreichen, aber er vertröstete uns auf den nächsten Tag.

Also begaben wir uns am 15. um sieben Uhr zum Nabab, der sich mit zwei seiner Sekretäre in einem Zelt aufhielt. Nach Gewohnheit des Landes saß der Nabab mit bloßen Füßen im Schneidersitz auf dem Teppich und diktierte seinen Sekretären Antwortschreiben auf Briefe, die er zwischen den Zehen und den Fingern hielt. Nachdem die Sekretäre die Briefe verfaßt hatten, lasen sie sie ihm vor. Danach drückte er sein Siegel darauf und ließ sie von Boten, teils zu Fuß und teils zu Pferd, überbringen. Die Boten zu Fuß sind in diesem Land schneller als die zu Pferd. Denn entlang den Straßen steht alle zwei Meilen eine Raststätte, in der sich mehrere Läufer aufhalten, um einander wie im Staffellauf abzulösen. Die ankommenden Boten werfen die Briefe auf den Boden, und der nächste muß diese aufheben. Würde man sie dem Läufer direkt übergeben, so glauben sie, würde dies ein Unglück bedeuten. Auf beiden Seiten der Straßen stehen Bäume; wo dies nicht so ist, befinden sich wenigstens kleine, weiß angestrichene Steinhaufen, um den Läufern auch in der Nacht den Weg zu weisen. Als wir uns beim Nabab aufhielten, wurde er darauf aufmerksam gemacht, daß sich vier Verbrecher vor seinem Zelt befanden. Eine halbe Stunde nahm er dies, mit Antwortschreiben beschäftigt, nicht zur Kenntnis.

Doch danach befahl er, die Beschuldigten hereinzuführen, um sie befragen zu können. Dann verbrachte er wieder eine halbe Stunde mit Beantwortung von Briefen. Inzwischen waren viele Hauptleute in sein Zelt gekommen, die ihn ehrerbietig begrüßten. Unter den Verbrechern befand sich auch einer, der in ein Haus eingebrochen war und dort eine Frau mit ihren drei Kindern getötet hatte. Dieser wurde auf der Stelle dazu verurteilt, Hände und Füße abgehackt zu bekommen und auf ein Feld geworfen zu werden, um schließlich zu sterben. Einem anderen, der auf der Landstraße einen Raub begangen hatte, wurde der Leib aufgeschnitten und daraufhin in eine Mistgrube geworfen. Ich konnte nicht erfahren, welche Verbrechen die anderen beiden begangen hatten; jedenfalls wurden sie enthauptet. Inzwischen war es so spät geworden, daß man das Mittagessen auftrug. Der Nabab nahm nämlich für gewöhnlich seine Mahlzeit um zehn Uhr ein. Nach dem Essen verabschiedeten sich die meisten der vornehmen Herren. Nur zwei oder drei Personen blieben bei ihm. Nun fragten wir ihn durch einen Dolmetscher, ob wir unsere Waren dem König zeigen sollten. Er antwortete darauf, er werde uns ein Schreiben an seinen Sohn mitgeben, der sich in Golconda aufhielt. Zu diesem sollten wir uns begeben. Als Begleitung gab uns der Nabab 16 Reiter mit.

Das 18. Kapitel

*Der Weg von Gandicot nach Golconda.
Beschreibung einer Pilgerfahrt nach Carnatica und über die
wunderbare Heilung des Königs durch Aderlaß*

Am Morgen des 16. reisten wir in Begleitung von vielen Büchsenmeistern von Gandicot ab. Nachdem wir mit ihnen in Cotepali gefrühstückt hatten, kehrten diese wieder nach Gandicot zurück. Wir setzten unseren Weg mit den 16 Reitern des Nabab fort, bis wir in ein Dorf namens Coteen jenseits eines Flusses gelangten. Nachdem wir den Fluß überquert hatten, verließen uns die Reiter. Als wir dem vornehmsten von ihnen Geld für Tabak oder Betel anboten, lehnte dieser ab.

Die Schiffe, in denen man den Fluß überquert, haben die Form großer Weidenkörbe, die mit Ochsenhäuten überzogen sind. Ihr Boden wird mit Holz ausgelegt, und darauf werden Teppiche ausgebreitet, damit die Waren und das Gepäck nicht naß werden. Die Kutschen und Karren bindet man an der Deichsel und den Rädern zwischen zwei dieser Boote fest. Die Pferde jedoch müssen durchschwimmen. Sie werden von einem Mann mit einer Geißel angetrieben und von einem anderen im Schiff an den Halftern gehalten. Auch die Ochsen, die zum Transport des Gepäcks dienen, müssen selbst durchschwimmen. In jedem Boot stehen an den Ecken vier Männer mit Rudern. Sobald einer beim Rudern aus dem Takt kommt, dreht sich das Schiff einige Male um die eigene Achse und treibt vom Ziel ab.

Am 21. erreichten wir Kaman. Diese Stadt war vor der Eroberung des Königreichs Carnatica durch Mirgimola eine Grenzstadt des Königreichs Golconda.

Am 22. übernachteten wir in Emelipata. Unterwegs begegneten wir 4000 Leuten, Männern und Frauen, und mehr als 20 Sänften. In jeder dieser Sänften stand eine mit Goldbrokat und Samt bekleidete und mit silbernen Fransen verzierte Statue. Jede Statue wurde von acht bis zwölf Männern getragen. Davor ritt ein Mann mit einem runden, bunten Fächer aus Straußen- und Pfauenfedern. Der Stiel des Fächers hatte eine Länge von sechs Schuh. Er war vollständig mit Gold überzogen, und jeder der Männer empfand es als große Ehre, den Fächer, der dazu diente, Mücken vom Gesicht der Gottheit fernzuhalten, zu bedienen. Neben dem Pallanquin wird eine Art Sonnenschirm getragen. Dieser ist ein wenig größer als der Fächer und besitzt keinen Stiel. Außerdem ist er an seinen Rändern mit Glöckchen behängt. Dieser Schirm spendet dem Bildnis Schatten. Würde man nämlich die Vorhänge der Sänfte zuziehen, wäre es der Gottheit zu heiß. Die Glocken sind dazu da, den Götzen bei guter Laune zu halten. All diese Leute stammten aus Brampour und den umliegenden Orten. Sie waren auf einer Pilgerfahrt zu ihrer größten Gottheit, die sich in einem Tempel im Land des Königs von Carnatica befindet. Sie hatten bereits eine Reise von 30 Tagen hinter sich und mußten noch weitere 15 Tage reisen.

Einer meiner Knechte kam aus Brampour und wollte die Pilger auf der Reise begleiten. Er bat mich um Urlaub und erklärte, daß er schon vor geraumer Zeit seiner Gottheit eine Pilgerfahrt versprochen hätte. Mir blieb nichts anderes übrig, als ihm seine Bitte zu gewähren, andernfalls wäre er auch ohne meine Erlaubnis gefahren. Zwei Monate später traf er uns wieder in Surat, und ich nahm ihn wieder in meine Dienste auf. Als ich ihn über seine Pilgerfahrt befragte, erzählte er mir folgende unglaubliche, doch wahre Geschichte. Sechs Tage, nachdem er uns verlassen hatte, wollten die Pilger in einem Dorf übernachten. Um zu diesem Ort zu kommen, mußte ein Fluß, der im Sommer nur wenig Wasser führte, überquert werden. In der Regenzeit jedoch wird dieser Fluß zu einem reißenden Strom. Bevor sie den Fluß erreichten, wurden sie von heftigem Regen überrascht. Es war für sie so unmöglich, noch am selben Tag über den Fluß zu setzen. In Indien ist es für Reisende nicht unbedingt notwendig, einen Lebensmittelvorrat mitzunehmen. Dies gilt besonders für die Heiden, die kein Fleisch essen dürfen. Es ist selbst in kleinsten Dörfern nicht schwierig, Nahrung wie Reis, Mehl, Butter, Milch, Zucker, Linsen und anderes Gemüse zu finden. Die Pilger waren nun zutiefst in Sorge, als sie bemerkten, daß sie keine Nahrung für die Nacht auftreiben konnten. Die Kinder fingen bald an, vor Hunger zu schreien, wie überhaupt unter den Pilgern sehr große Not herrschte. In dieser tristen Situation setzte sich der oberste Priester in ihre Mitte, bedeckte sich mit einem Leintuch und rief alle, die etwas essen wollten, zu sich. Nachdem sie ihm gesagt hatten, was sie zu essen wünschten, holte er eine Schüssel mit den gewünschten Speisen unter dem Leintuch hervor. So konnten über 4000 Pilger an diesem Abend gesättigt werden. Diese sonderbare Geschichte hat mir nicht nur mein Knecht erzählt. Während meiner Reise hörte ich sie von vielen Vornehmen des Landes, die mir schworen, mir die Wahrheit erzählt zu haben.

Am 24. kamen wir nicht weiter als bis nach Tripati. Dort befindet sich ein Tempel auf einer kleinen Anhöhe. Rundherum führt eine Stiege aus Quadersteinen, dessen kleinster Stein ein Ausmaß von zehn Schuh in der Länge und drei in der Breite hat. Hier befinden sich viele Statuen der heidnischen Götter, unter anderem gleicht eine der Venus. Diese Statue steht inmitten eines Raumes, und um sie herum befinden sich weitere Statuen, unzüchtige Positionen darstellend. Die Venus und die Bilder sind alle aus Marmor gehauen.

Nach drei Tagen Reise mußten wir einen großen Fluß in

den korbähnlichen Booten überqueren. Die Überquerung dauerte fast einen halben Tag. Als wir am Flußufer ankamen, konnten wir weder Boote noch irgend etwas anderes, was zum Übersetzen geeignet gewesen wäre, erblicken. Es erschien lediglich ein Mann, mit dem wir die Bedingungen für die Überfahrt aushandeln mußten. Das ihm gegebene Geld wirft er in ein von ihm angefachtes Feuer und prüft so die Echtheit der Münze. Färbt sich eine Münze im Feuer schwarz, so muß ihm dafür eine andere gegeben werden. Danach ruft er einen Helfer herbei, der das Korbboot, das sich am anderen Ufer befindet, herüberbringt. Diese Leute sind so listig, daß sie das Boot auf die andere Seite bringen, wenn sich die Reisenden dem Ufer nähern. Nun kann sie niemand zwingen, ohne Bezahlung hinüberzufahren.

Am Montag, den 1. Oktober, erreichten wir am Abend Atenara, ein Lusthaus der Königin. Zur Bequemlichkeit der Reisenden waren viele Zimmer im Haus eingerichtet. In allen Ländern, die wir durchreisten, im Königreich Carnatica sowie in den Königreichen Golconda und Visapour, gibt es nur wenige Ärzte für die königlichen Familien. Das gemeine Volk sammelt die Heilkräuter nach der Regenzeit außerhalb der Städte und Dörfer. Mit ihnen werden dann die verschiedenen Krankheiten behandelt. In größeren Städten gibt es gelegentlich auch ein oder zwei Männer, die täglich morgens auf einem Platz oder an der Ecke einer Gasse ihre ärztlichen Dienste anbieten. Sie fühlen den Puls und verkaufen den Patienten ihre Medizin. Auch behaupten sie, verschiedene Zauberformeln für eine rasche Heilung zu beherrschen.

Am 2. Oktober waren wir nur noch vier Meilen von Golconda entfernt. Wir wohnten an diesem Tag bei einem jungen Holländer namens Pietre de Lan, der Leibarzt des Königs war. Diesen hatte Monsieur Chateur, Abgesandter von Batavia, nach Golconda gebracht, und zwar auf Bitte des Königs von Golconda. Der König litt ständig unter einer besonderen Krankheit. Nach langer Behandlung rieten die Ärzte ihm, sich unter der Zunge an vier verschiedenen Stellen die Adern öffnen zu lassen. Niemand traute sich jedoch soviel Geschick zu, eine so schwierige Operation zu unternehmen, denn die Ärzte des Landes verstehen diese Kunst des Aderlasses nicht. Bevor de Lan in die Dienste des Königs aufgenommen wurde, befragte man ihn, ob er den Aderlaß durchführen könne. Darauf erwiderte dieser, dies sei für ihn eine Leichtigkeit. Der Abgesandte von Batavia entließ den Arzt schweren Herzens, aber er konnte den König nicht enttäuschen. Einige Tage nach dessen Weggang teilte der König von Golconda dem Arzt mit, daß er am folgenden Tag zur Ader gelassen werden wolle. Am nächsten Tag wurde der Arzt von drei Eunuchen in eine Kammer geführt; dort holten ihn vier alte Frauen ab und führten ihn in das königliche Bad. Sie wuschen ihn, salbten ihn ein, kleideten ihn nach Art des Landes und brachten ihn dann zum König. Dort standen vier goldene Schüsseln, die von Ärzten abgewogen wurden. Der Holländer öffnete dem König die Adern unter der Zunge, und es gelang ihm, nicht mehr als acht Unzen Blut herauszulassen. Darüber war der König so erfreut, daß er de Lan 300 Pagodes, im Gegenwert ungefähr 700 Kronen, schenkte. Als die junge Königin und die Mutter des Königs von seinen Fähigkeiten hörten, waren sie begierig darauf, ebenfalls zur Ader gelassen zu werden. Doch ich glaube, sie waren nur neugierig, den schönen jungen Mann aus der Nähe zu betrachten, denn sie hatten einen Aderlaß nicht nötig. De Lan wurde noch einmal in eine Kammer geführt und dort von den vier Frauen gewaschen und gesalbt. In einem Zimmer mußte er dann der jungen Königin, die hinter einem Vorhang verborgen war, die Adern öffnen. Gleiches geschah mit der Königsmutter. Von der jungen Königin bekam er dafür 50, von der Mutter des Königs 30 Pagodes und einige Stücke Goldbrokat.

Zwei Tage nach unserer Ankunft in Golconda wollten wir

den Sohn des Nabab besuchen. Es wurde uns aber mitgeteilt, er sei nicht zu sprechen. Am folgenden Tag trafen wir ihn wieder nicht an, doch man erklärte uns, der junge Herr verbringe die meiste Zeit beim König, sonst halte er sich in seinem Harem auf. Als de Lan von unseren Schwierigkeiten hörte, bot er an, uns behilflich zu sein. Er verschaffte uns ein Treffen mit dem Leibarzt des Königs, der gleichzeitig dessen Berater war. Wir erklärten ihm, daß wir dem König Perlen verkaufen wollten, worauf er diese sogleich sehen wollte. Er behielt sie bei sich, um sie bei passender Gelegenheit dem König zu zeigen.

Am folgenden Tag gingen wir in aller Frühe mit de Lan auf Jagd. Als wir zurückkehrten, konnten wir beobachten, wie die Elefanten der Herren gewaschen wurden. Diese gehen bis zum Bauch ins Wasser, legen sich auf die Seite und gießen sich mit dem Rüssel Wasser über den Körper. Der Elefantentreiber reibt ihn daraufhin mit einem Bimsstein ab. Obwohl immer behauptet wird, Elefanten können ohne Hilfe nicht wieder aufstehen, habe ich beobachtet, wie sich der Elefant, nachdem er auf der einen Seite gewaschen wurde, ohne Mühe auf die andere drehte, um dort ebenfalls geschrubbt zu werden. Danach geht der Elefant aus dem Wasser und läßt sich eine Weile trocknen. Daraufhin malt ihm sein Betreuer mit roter oder gelber Farbe ein Muster auf die Stirn. Danach wird das Tier mit Kokosöl eingerieben. Manchmal wird er auch noch mit unechtem Gold- und Silberschmuck verziert.

Am 15. ließ uns der Leibarzt des Königs um zwei Uhr nachmittags holen, um uns die Perlen, die nach Besichtigung durch den König ein Siegel trugen, wieder zurückzugeben. Er fragte uns nach dem Preis jedes einzelnen Stückes. Ein Eunuche, der diese genau aufzeichnete, beschimpfte uns und meinte, wir hielten die Hofleute des Königs wohl für sehr dumm, wenn wir einen so hohen Preis von ihm forderten. Ich aber antwortete, er könne wohl besser eine junge Sklavin einschätzen als diese Kostbarkeiten. Wir steckten unsere Perlen wieder ein, nahmen vom Arzt Abschied und begaben uns wieder zurück in unser Quartier. Wir bestellten zwei Kutschen und reisten am folgenden Tag von Golconda ab.

Der König erfuhr erst zwei Tage nach unserer Abreise von der Geschichte und schickte uns sofort fünf Reiter nach, die uns zurückholen sollten. Diese trafen uns fünf Tagesreisen von Golconda entfernt an. Mittlerweile hatten wir das Gebiet des Großmoguls erreicht. Einer der Reiter zeigte uns den Befehl des Königs, uns wieder nach Golconda zurückzubringen, um die Perlen dem König zu verkaufen. Der König sei darüber erstaunt, daß wir so stillschweigend verschwunden seien. Da der König in diesem Gebiet jedoch keine Gewalt mehr hatte, konnten uns die Reiter nur bitten, seiner Aufforderung zu folgen. Monsieur du Jardin fand sich dazu fast schon bereit. Ich lehnte dieses Angebot jedoch ab und wollte nicht mehr nach Golconda zurückreisen. Einige Tage nach unserer Ankunft in Surat starb Monsieur du Jardin an einer Gallenkrankheit. Ich beschloß nun, nach Agra zu gehen, um Shah Jehan zu besuchen. Doch noch bevor ich aufbrechen konnte, schickte mir der Nabab Shah Eft-Khan, der Schwager des Königs und Gouverneur der Provinz Gujerat, einen Beamten, um mir mitteilen zu lassen, er sei an den Perlen interessiert und würde mir ebensoviel dafür bieten wie der König selbst. Diese Botschaft erreichte mich gerade, als Monsieur du Jardin erkrankt war. Nachdem er am 9. Dezember gestorben war und wir ihm die letzte Ehre erwiesen hatten, reiste ich nach Ahmadabad, um mit dem Nabab zu verhandeln. Der Nabab verstand viel vom Wert solcher Kostbarkeiten, deshalb waren wir uns über den Preis bald einig. Er bot mir die Bezahlung in Silber oder Gold an; ich entschloß mich für Goldrupien. Der Nabab zeigte sich auch großzügig bei meiner Verpflegung. Jeden Tag ließ er mir vier Silberschüsseln mit Speisen von seiner Tafel bringen. Eines

Tages, als er vom König Äpfel aus Candahar bekam, sandte er mir davon zwei Schalen voll. Diese Früchte sind in Indien eine Seltenheit und sehr wertvoll. Außerdem beehrte mich der Nabab auch mit dem Calaat, mit einem Degen versehenen königlichen Kleid, das wohl 1000 Rupien wert war. Das Pferd, das er mir außerdem schenkte, konnte ich mir sogar aus seinem Stall aussuchen.

Dieses Pferd war allerdings so ungestüm, daß ich nur schwer mit ihm zurecht kam. Als ich einen jungen Holländer, der meinte, besser damit umgehen zu können, darauf reiten ließ, lag er, kurz nachdem er es bestiegen hatte, wieder auf dem Boden. Ich teilte dem Nabab mit, daß ein älteres Pferd mir doch lieber wäre. Daraufhin schickte er mir ein Pferd, das schon seinem Vater gehört hatte, aber dennoch sehr gut war. Da ich es aber nicht für die Reise verwenden wollte, verkaufte ich es an einen Franzosen für 400 Rupien. Von Ahmadabad reiste ich nach Surat, von dort nach Golconda und zu den Diamantengruben, wo ich einige Einkäufe tätigte. Danach begab ich mich zu See nach Persien.

Das 19. Kapitel

Von der Reise von Surat nach Ormus, während der ich im Kampf zwischen Holländern und Engländern in Lebensgefahr geriet

Als ich von den Diamantbergwerken nach Surat zurückkehrte, erfuhr ich, daß zwischen den Engländern und Holländern ein Krieg ausgebrochen war. Deshalb war der Seeweg nach Ormus gesperrt. Da die Reise zu Land auf dem Weg über Agra und Kandahar ebenfalls sehr gefährlich war, weil auch die Perser und Inder sich miteinander im Krieg befanden, wartete ich in Surat ab. Unterdessen kamen fünf holländische Schiffe aus Batavia nach Surat. Zum Glück war ich mit dem holländischen Befehlshaber befreundet, und so gelang es mir, mich auf einem dieser Schiffe einzuschiffen. Er riet mir dennoch, wegen des Krieges mit den Engländern nicht abzureisen. Ich wollte aber nicht länger meine Zeit in Surat unnütz vergeuden. Diese holländischen Schiffe waren mehr Kriegs- als Handelsschiffe, deshalb beschloß der Kommandant, drei Schiffe unbeladen vorzuschicken. Diese sollten vier englische Schiffe, die von Persien her mit Waren beladen kamen, abfangen. Die beiden anderen Schiffe sollten zwei bis drei Tage später nachfolgen und Proviant für alle fünf Schiffe mitnehmen.

Ich begab mich auf eines der beiden letzten Schiffe, und nachdem wir am 8. Januar abgesegelt waren, kamen wir am 12. in Diu an. Dort trafen wir auf die anderen Schiffe, und wir beratschlagten, wohin wir weitersegeln sollten. Wir beschlossen nach Scimdi zu segeln. Als wir an der Stadt Diu vorbeikamen, richteten wir alle unsere Geschütze auf die Stadt. Als die Bewohner dies sahen, flohen sie, nachdem nur zwei

Schüsse abgefeuert worden waren. Scimdi erreichten wir am 20. Als wir dort an Land gingen, erfuhren wir, daß die englischen Schiffe, die 200 Ballen Ware an Bord hatten, täglich erwartet würden. Wir entschlossen uns deshalb, bis zum 10. Februar auf sie zu warten. Wenn sie bis dahin noch nicht erschienen sein sollten, wollten wir in Persien nach ihnen suchen.

Am 2. Februar entdeckten wir mehrere Segel. Sie waren noch zu weit entfernt, so daß wir nicht erkennen konnten, ob es die englischen Schiffe waren. Als sie sich uns aber näherten, konnten wir sie als diese ausmachen. Sie fuhren auf uns zu, im Glauben, daß die Holländer nur schlechte Jagdschiffe hätten, die sie leicht bezwingen könnten. Dies war ihnen von einigen Fischern erzählt worden. Obwohl die holländischen Schiffe von außen schlecht gerüstet aussahen, waren sie sehr gut bewaffnet. Unser Admiral hatte 48 Geschütze an Bord, und im Notfall hätte er sogar 60 Stück zur Verfügung haben können. Außerdem waren 120 Mann Besatzung auf dem Schiff. Um neun Uhr fuhren die Engländer mit vollen Segeln auf uns zu. Da uns keine Zeit blieb, die Anker zu heben, schnitten wir einfach die Seile durch. Jeder rüstete sich zum Widerstand. Wir mußten auf der Stelle auf die Engländer warten, da uns ein ungünstiger Wind keine Möglichkeit zum Manövrieren gab. Als sich die englischen Schiffe an unserem lose hängenden Ankerseil anhingen, ließ es unser Kapitän durchschneiden, ohne diese Gelegenheit zu einem Angriff zu nutzen. Aber als die Engländer das erstemal losfeuerten, antwortete unser Kapitän mit noch viel heftigerem Feuer. Die Engländer, die die Anzahl unserer Geschütze und unsere Besatzung unterschätzt hatten, flüchteten daraufhin aufs offene Meer. Nachdem der Vizeadmiral des englischen Geschwaders die Geschütze erneut geladen hatte, kam das feindliche Schiff geradewegs auf das kleine Schiff zu, auf dem ich mich befand. Unser Kapitän befahl, erst zu schießen, wenn die Schiffe ganz nahe wären, obwohl wir bereits zehn Mann verloren hatten. Als das Schiff nur noch einen Pistolenschuß entfernt war, ließ er feuern, wobei wir den Mast des gegnerischen Schiffes zerstörten. Unser Kapitän und einige tapfere Männer enterten daraufhin mit Äxten bewaffnet das Schiff, um alle Stricke durchzuhauen. Dann sprengten sie es in die Luft. Nach einiger Zeit löschte man das Feuer und ließ zehn bis zwölf Matrosen auf dem Schiff zurück. Unser Kapitän, der sich durch seine Tapferkeit großen Ruhm erworben hatte, starb aber drei Tage danach an seinen Verletzungen, die er sich bei diesem Kampfe zugezogen hatte. Inzwischen hatte eines unserer Schiffe ein großes englisches Schiff, das sich auf offener See hielt, entdeckt und angegriffen. Wir beeilten uns, ihm zu Hilfe zu kommen, um das englische Schiff völlig besiegen zu können. Als der englische Kapitän erkannte, daß er unterlegen war, ließ er die weiße Fahne hissen und bat um Asyl. Die Zimmerleute sollten die Löcher, die die Kanonen aufgerissen hatten, verschließen. Doch sie begaben sich zu den Matrosen, die sich mit Wein aus Schiras, der sich im Rumpf des Schiffes befand, völlig betranken. Sie hörten auf zu arbeiten und betranken sich ebenfalls. Als die Holländer an dieses Schiff heranfuhren, um es abzuschleppen, fanden sie niemanden auf der Tenne vor. Unbekümmert gesellten sie sich zu den übrigen Matrosen, die sie unter Deck betrunken vorfanden. Sie bemerkten jedoch nicht, daß das Schiff zu sinken drohte, weil niemand die Löcher zugemacht hatte. So gingen die Engländer und auch die Holländer alle zugrunde. Nur der englische Hauptmann und zwei französische Kapuziner konnten in einem Boot das sinkende Schiff noch rechtzeitig verlassen. Sie wurden von unserem Schiff aufgenommen und zum Admiral geschickt. Dieser ließ mich am folgenden Tag rufen, um auf seinem Schiff einer Messe, die wegen des Sieges abgehalten wurde, beizuwohnen. Wir aßen zu Mittag, und er bot den beiden

Kapuzinern an, auf mein Schiff zu kommen. Im übrigen befahl er, diese gut zu behandeln.

Ich war während des Gefechtes einige Male in Lebensgefahr. Zwei Holländer, die neben mir gestanden hatten, wurden von Kugeln tödlich getroffen. Einem anderen, der sich ebenfalls in meiner Nähe befand, spaltete ein Stück Holz den Schädel. Das Blut spritzte so weit auseinander, daß sogar mein ganzer Rock über und über mit ihm beschmutzt wurde.

Nach dem Kampf kehrten wir in die Reede von Scimdi zurück und ankerten dort bis zum 20. des Monats. In dieser Zeit wurden die Verwundeten so gut wie möglich versorgt. Danach fuhren wir in Richtung Gomron weiter und erreichten diese Stadt am 7. März. Das erste, was ich tat, als ich an Land ging, und was ich heute noch zu tun pflege, war, Gott für seine Gnade zu danken.

DAS ZWEITE BUCH

HISTORISCHE UND POLITISCHE BESCHREIBUNG DES REICHS DES GROSSMOGULS

Das 1. Kapitel

Allgemeine Bemerkungen

Das große indische Reich erstreckt sich von den Bergen diesseits des Indus bis jenseits des Ganges. Es grenzt an die Königreiche Aracan, Tipra, Assam, Persien, Usbekistan, Golconda, Visapour, Kaukasus, Bhutan und an das Land der Chegathay.

Aureng-zeb, der jetzt an der Macht ist, ist direkter Nachfolger des großen Tamerlan, der von China ausgehend viele Länder eroberte, u. a. auch Indien zwischen den beiden Flüssen. Unter der Herrschaft Aureng-zebs stehen heute auch die Königreiche Gujerat, Deccan, Delhi, Multan, Lahore, Kashmir, Bengala und viele andere Landschaften. Viele kleine Rajas oder kleine Könige sind seine Vasallen.

Der Großmogul ist sicherlich der mächstigste und reichste Herrscher in ganz Asien. Diesen Reichtum verdankt er den zahlreichen Tributzahlungen seiner Vasallen.

Shah Jehan

Das 2. Kapitel

*Von der Krankheit Shah Jehans und dem Aufruhr
seiner Söhne*

Dieser große Monarch hatte über 40 Jahre lang regiert. Er war weniger ein König über seine Untertanen als ein großzügiger Vater. Unter seiner Herrschaft war die Polizei wohlorganisiert, und es gab deshalb so wenig Verbrechen, daß man nicht einen Menschen wegen Raubes zum Tode verurteilen mußte. In hohem Alter bekam der Monarch Gelüste auf ein besonders liebenswertes hübsches Mädchen, das erst 12 oder 13 Jahre alt war. Da aber seine Manneskraft bereits am Versiegen war, ließ er sich einen Trunk bereiten, der jedoch so stark war, daß er darauf erkrankte und dem Tode nahe war. Deshalb zog er sich zwei bis drei Monate in seinen Harem zurück, ohne sich in dieser Zeit der Öffentlichkeit zu zeigen.

Shah Jehan hatte sechs Kinder, vier Söhne und zwei Töchter. Er liebte seine Söhne alle gleich und hatte sie zu Gouverneuren über vier seiner vornehmsten Königreiche ernannt. Dara-cha, der älteste, erhielt das Königreich Delhi sowie die Verwaltung über das Königreich Sind. Sultan Sujah bekam das Königreich Bengala, Aureng-zeb das Königreich Deccan und Morat-Bakche Gujerat. Trotz der Bemühungen des Vaters, seine Söhne gerecht zu behandeln, waren sie nicht zufrieden. Als Shah Jehan eines Tages schwer erkrankte und sich deshalb ständig in seinem Harem aufhielt, ging das Gerücht um, er sei bereits gestorben. Dara-cha war daraufhin bemüht, die Thronfolge für sich zu sichern. Als der König sich nämlich so elend fühlte, daß er dachte, er sei dem Ende nahe, ließ er seinen ältesten Sohn sowie alle Großen des Landes zu sich rufen und setzte Dara-cha für den Fall seines

Todes als Nachfolger ein. Dara-cha liebte seinen Vater so innig und verehrte ihn so sehr, daß er ihn keinen Augenblick alleine ließ und sogar neben dem Bett des Königs auf einem ausgebreiteten Teppich schlief.

Auf das Gerücht hin, der König sei bereits gestorben, wurden die übrigen drei Söhne unruhig, und jeder versuchte, die Macht an sich zu reißen. Morat-Bakche, der jüngste, ließ Surat von einem seiner Heerführer, einem Eunuchen namens Chabas-Khan, belagern. Die Stadt leistete keinen Widerstand, die Festung indes wehrte sich tapfer. Dennoch gelang es schließlich, diese zu erobern. Nachdem Morat-Bakche die Botschaft von der Eroberung von Surat erhalten hatte, ließ er sich sofort einen Thron bauen und sich zum Nachfolger über das gesamte Reich seines Vaters ausrufen.

Fürst Dara-cha wäre der Festung Surat gerne zu Hilfe gekommen. Er war aber zu sehr mit seinem kranken Vater beschäftigt. Obendrein bereitete ihm auch sein Bruder, Sultan Sujah, Schwierigkeiten. Dieser war nämlich inzwischen schon ins Königreich Lahore eingerückt. Bengala hatte er bereits unterworfen. Dara-cha mußte sich darauf beschränken, seinen Sohn Soliman Checour mit einem großen Heer gegen den Fürsten Sujah zu schicken, wobei dieser besiegt und nach Bengala zurückgeschlagen wurde. Inzwischen ernannte sich Morat-Bakche zum König von Gujerat. Er hatte die feste Absicht, seinen Bruder aus der Hauptstadt zu vertreiben und sich zum Großmogul ausrufen zu lassen.

Im Verlauf dieser Streitereien hielt sich Aureng-zeb bewußt zurück und täuschte damit seinen Brüdern vor, daß er dem weltlichen Leben entsagt und sich der Meditation hingegeben hätte. Dies war aber nur eine List, denn er hatte den gleichen Ehrgeiz wie sein jüngerer Bruder Morat-Bakche, den Thron zu besteigen. Diesem erklärte er, er wolle mit ihm gemeinsame Sache machen und ihn mit seinem Heer unterstützen, damit er auf den Thron gelange. So zogen beide

Heere nach Agra, um es zu erobern. Die Armeen trafen auf diejenigen Dara-chas, und es entbrannte ein heftiger Kampf, bei dem Morat-Bakche verwundet wurde. Erst als er bemerkte, daß Dara-cha von seinem Heer in Stich gelassen wurde, begann auch Aureng-zeb sich in die Schlacht zu stürzen. Dara-cha erkannte die für ihn ausweglose Situation und zog sich daraufhin zu seinem Vater nach Agra zurück, um sich bei diesem Rat zu holen. Der Vater meinte, er solle sich mit dem Schatz von Agra nach Delhi begeben. Diesen Rat befolgte er auch. Nach seinem Sieg zweifelte Morat-Bakche an der Ehrlichkeit seines Bruders Aureng-zeb. Dieser Zweifel kam indes bereits zu spät: Aureng-zeb lud ihn zu sich zum Essen ein, und obwohl Morat-Bakche fürchten mußte, von ihm durch Gift aus dem Weg geräumt zu werden, konnte er keine Furcht zeigen und mußte die Einladung annehmen. Sein Bruder hatte jedoch nicht die Absicht, ihn zu töten; er ließ ihn lediglich verhaften und schickte ihn auf die Festung Gwalior, die als Gefängnis dient.

Das 3. Kapitel

Über die Gefangenschaft Shah Jehans

Jehangir regierte 23 Jahre lang. Er war sowohl bei seinen Untertanen als auch bei seinen Nachbarn beliebt. Doch seine beiden Söhne konnten kaum erwarten, daß ihr Vater starb. Der ältere Sohn zog mit einem Heer aus, um seinen Vater zu überfallen und die Macht an sich zu reißen. Er wurde jedoch von diesem besiegt, worauf er zwar nicht mit dem Tode bestraft, aber dafür geblendet wurde. Von dieser Zeit an lebte der Geblendete ständig bei seinem Vater. Auch dessen Kinder hielten sich bei ihm auf, denn Jehangir hatte vor, seinen ältesten Enkel, Sultan Boulaki, zum Nachfolger zu bestimmen. Aber Sultan Courom, der jüngere Sohn von Jehangir, fühlte sich dadurch übergangen und wollte dieses Vorhaben vereiteln. Er überredete seinen Vater, seinen blinden Bruder in das Königreich Deccan begleiten zu dürfen, wo er ihn schließlich tötete. Danach nannte er sich Shah Jehan, das bedeutet: König der Welt. Nun wollte er seinen Plan verwirklichen und seinen Vater vom Thron verdrängen, um selbst Herrscher zu werden. Er zog gegen seinen Vater ins Feld, dieser starb aber noch vor Beginn des Kampfs, denn er war schon sehr alt. Zuvor jedoch hatte er allen seinen Feldherren und auch seinem Minister den Auftrag erteilt, nach seinem Tode, was auch immer geschehen würde, den Sohn seines ältesten Sohnes zum König auszurufen. Doch der Minister Asouf-Khan hielt sich nicht an diese Anordnung und half Sultan Courom auf den Thron. Er verheiratete ihn mit seiner Tochter, die schließlich die Mutter der vier Söhne und zwei Töchter des Shah Jehan wurde.

Asouf-Khan wandte eine List an, um Shah Jehan zum Kö-

Porträt von Jehangir

nig zu krönen. Er ließ Sultan Boulaki mitteilen, sein Onkel, Sultan Courom, sei gestorben und wolle in Agra neben seinem Vater beigesetzt werden. Als nun Sultan Boulaki diesem Fürsten die letze Ehre erweisen wollte und zu diesem Zweck nach Agra aufbrach, ließ Asouf-Khan, noch bevor dieser dort eintraf, Shah Jehan zum König ausrufen. Als der Sultan das Jubelgeschrei hörte, flüchtete er und lebt seither in Persien bei Cha-Sefi, der ihn freundlich aufnahm. Dort traf ich ihn und speiste mit ihm.

Die Regierungszeit Shah Jehans endete mit seiner Gefangennahme durch seinen Sohn Aureng-zeb. Dieser ließ ihn auf der Festung Agra einsperren. Auch seine Schwester Begum Saheb ließ er dort in Gefangenschaft halten, damit sie seinem Vater Gesellschaft leisten konnte. Er kürzte auch seines Vaters Unterhaltskosten. Über dieses Benehmen seines Sohnes war Shah Jehan so erzürnt, daß er eines Tages versuchte auszubrechen und dabei einige Wächter tötete. Shah Jehan starb 1666. In diesem Jahr hatte ich meine letzte Reise nach Indien unternommen. Ich war auch zugegen, als nach dem Tod des Shah Jehan seine Tochter auf einem Elefanten nach Gehana-bad gebracht wurde. Aureng-zeb hatte vor, ihr die Juwelen abzunehmen. Kurze Zeit später hörte man, daß sie gestorben sei, und jeder vermutete, sie sei vergiftet worden.

Das 4. Kapitel

Über Dara-chas Flucht und dessen Enthauptung

Nachdem Dara-cha nach Lahore geflüchtet war, um dort wieder eine Armee aufzustellen, mit der er gegen seinen Bruder Aureng-zeb ins Feld ziehen konnte, mußte er erneut fliehen. Denn der Raja Roup, der ihn im Krieg unterstützen sollte, hatte ihn verraten. Dara-cha floh nach Scimdi und von dort weiter nach Ahamadabad, wo er sich mit Raja Jessomfeing verbünden wollte. Als die Armeen beider Brüder in Emir aufeinander trafen, stellte sich der Raja Jessomfeing plötzlich gegen Dara-cha und lief zu Aureng-zeb über. Durch dieses Vorgehen demoralisiert, wandte sich Dara-chas gesamtes Heer gegen ihn, und er mußte zurück nach Ahmadabad flüchten. Hier traf er auf Monsieur Bernier, einen französischen Arzt, der eine seiner Frauen behandelte. Der Fürst bot ihm an, in seinen Diensten zu bleiben. Dieses Angebot hätte Monsieur Bernier vermutlich auch angenommen, wenn Dara-cha durch den Verrat des Gouverneurs von Ahmadabad nicht gezwungen gewesen wäre, noch in derselben Nacht zu fliehen.

Dara-cha kam nach Scimdi und wollte von dort nach Persien reisen, wo er von Cha-Abas II. erwartet wurde. Dieser sollte ihm helfen. Da der Fürst aber die Reise übers Meer fürchtete, beschloß er, über Land zu reisen. So konnte er leicht vom Fürsten des Landes Patanon, Gion-Khan, zusammen mit seinen Frauen und seinen Kindern, gefangengenommen werden. Er wurde auf einem Elefanten nach Gehanabad geführt, um dem Volk zu zeigen, daß er sich in Gefangenschaft befand.

Einige seiner frühen Soldaten, die noch immer zu ihm

standen, versuchten ihn zu befreien. Es mißlang ihnen aber, und sie wandten sich nun voller Wut gegen Gion-Khan, den sie für Dara-chas Unglück verantwortlich machten. Gion-Khan wurde auf seiner Reise nach Patanon im Wald erschlagen, womit er seine gerechte Strafe erhielt.

Dara-cha wurde auf die Festung Asser gebracht. Auf dem Weg dorthin wurde eine Rast eingelegt und Zelte aufgeschlagen. Seif-Khan, der früher in Diensten Dara-chas gestanden hatte, teilte diesem mit, daß er den Befehl hätte, ihn zu köpfen. Sepper Che-cour, der Sohn Dara-chas, wollte seinem Vater zur Hilfe kommen, doch ohne Erfolg. Nachdem Aureng-zeb den Kopf seines Bruders erhalten hatte, ließ er Sepper Che-cour in die Festung Gwalior bringen, um dort Morat-Bakche Gesellschaft zu leisten. Die Frauen und Kinder Dara-chas wurden dem Harem Aureng-zebs einverleibt.

Nun konnte sich Aureng-zeb seinem anderen Bruder, Sultan Sujah, zuwenden, der ihm ebenfalls ein Dorn im Auge war. Dieser sammelte in Bengala ein Heer, um seinen Vater, der noch lebte, aus der Festung Agra zu befreien.

Das 5. Kapitel

Von der Flucht des Sultan Sujah

Als Aureng-zeb sich zum König krönen lassen wollte, weigerte sich der Großkadi, der die Krönungszeremonie vornehmen mußte. Er war der Meinung, es verstoße gegen das mohammedanische und auch gegen das Naturgesetz, Aureng-zeb zu Lebzeiten seines Vaters zum König zu krönen. Und auch die Ermordung seines ältesten Bruders, die er auf dem Gewissen habe, sei ein Hinderungsgrund. Um dagegen die Rechtmäßigkeit seiner Forderung bestätigen zu lassen, rief Aureng-zeb alle Rechtsgelehrten zusammen und gab ihnen zu verstehen, daß sein Vater bereits zu alt für die Regierung sei. Seinen Bruder habe er köpfen lassen, weil dieser gegen das Gesetz verstoßen habe. Die Gelehrten gaben ihm daraufhin recht, doch der Großkadi ließ sich nicht dazu bewegen, dieses Gutachten anzuerkennen. So wurde er von Aureng-zeb in den Ruhestand versetzt, und ein anderer Großkadi wurde an seiner Stelle ernannt, der die Krönung dann vornahm. Aureng-zeb wurde am 20. Oktober 1660 in der Moschee öffentlich zum Herrscher ausgerufen. Danach empfing er von allen Großen seines Landes die Huldigung. Im ganzen Land wurde ein Festtag angeordnet.

Mit seiner Krönung war aber Aureng-zeb immer noch nicht zufrieden. Er wollte außerdem noch seinen Bruder Sultan Sujah aus dem Weg geräumt haben, der noch immer mit einem Heer in Bengala auf eine Gelegenheit wartete, seinen Vater zu befreien. Aureng-zeb schickte seinen Sohn, Sultan Mahmoud, los, um gegen Sujah Krieg zu führen. Als Sultan Mahmoud jedoch bemerkte, daß der Kampf sehr lange dauern würde, griff sein Leutnant, ein Perser, zu einer List.

Er machte das Gefolge von Sultan Sujah abtrünnig, indem er es mit Geschenken überhäufte. Nachdem das ganze Heer Sujah verraten hatte, flüchtete er mit seinen Frauen und Kindern in das Königreich Arakan, das an der Grenze zu Bengala gelegen ist.

Das 6. Kapitel

Über die Gefangenschaft von Sultan Mahmoud und Sultan Soliman

Aureng-zeb, der durch all diese Übeltaten den Thron erlangt hatte, fürchtete, der Himmel könne ihn dafür bestrafen. In dem Glauben, sein Sohn Sultan Mahmoud habe vom Himmel den Auftrag erhalten, seine Untaten zu rächen, richtete er an den persischen Leutnant Mir-Jela eine Botschaft, in der stand, jener solle seinen Sohn in Gewahrsam nehmen und zu ihm bringen. Die Wache Sultan Mahmouds fing den Brief aber ab und leitete ihn an diesen weiter. Als dieser die Pläne seines Vaters erkannte, beschloß er, zu seinem Onkel, Sultan Sujah, zu fliehen, der ihn unter seinen Schutz stellte. Zusammen griffen sie nach einiger Zeit ein Heer von Aureng-zeb an, zogen sich aber sofort wieder über den Ganges zurück, weil sie fürchteten, sie könnten den Kampf nicht bestehen.

In der Zwischenzeit hatte Mir-Jela dem König die Flucht seines Sohnes mitgeteilt. Der König gab dem Leutnant daraufhin den Auftrag, seinen Sohn auf jede nur erdenkliche

Weise zurückzuholen. Das gelang diesem auch: Er teilte Sultan Mahmoud mit, sein Vater würde ihn ganz ungeduldig erwarten und sei ihm wegen seines Fehlers überhaupt nicht böse. Der Sohn begab sich daraufhin freiwillig zu seinem Vater zurück, der ihn sogleich festnahm und in die Festung Gwalior bringen ließ.

Nachdem Sultan Soliman Che-kour von Raja Roup verraten worden und nach Serena-guer geflohen war, hatte ihm der Raja des Landes immerwährenden Schutz geschworen. Aureng-zeb versuchte zwar mit seinem Heer in dieses Land einzufallen, aber da dieses Land sehr bergig ist, konnte der Raja ohne Mühe seine Grenzen versperren, und die Armee Aureng-zebs fand so keine Möglichkeit, in das Land hineinzugelangen. Nun beschloß der König, Sultan Soliman auf einem anderen Weg in seine Gewalt zu bekommen. Er verbot seinen Untertanen, mit den Bewohnern des Berglandes Handel zu treiben. Da die Bewohner dieses Landes aber von den Gütern aus dem Land Aureng-zebs abhängig waren, begannen sie bald zu murren, als sie die Waren nicht mehr erhielten. Diese Lage machte dem Raja große Sorgen, denn er wollte den Schwur nicht brechen, aber auch keinen Aufstand seiner Untertanen riskieren. So befragte er die Priester seines Landes, die ihm rieten, den Sultan auszuliefern. Um aber seine Ehre zu wahren, ließ der Raja den Sultan nicht selbst verhaften. Statt dessen erlaubte er es Jessomfeing, den Sultan auf seinem Territorium festzusetzen. Eines Tages also, als sich der Sultan auf der Jagd befand, wurde er aus dem Hinterhalt überfallen und überwältigt. Er wurde am 30. Januar in die Festung Gwalior überführt, wo er von nun an das Schicksal seines Onkels Morat-Bakche und Aureng-zebs Sohnes teilte.

Nun war nur noch Sultan Sujah ein Dorn im Auge von Aureng-zeb. Sujah hatte Zuflucht beim König von Arakan gefunden. Um die Freundschaft mit dem König zu bestärken, hatte er eine seiner Töchter geheiratet. Er hatte auch einen Sohn von ihr. Eines Tages beschloß der Sultan, eine Pilgerfahrt nach Mekka zu unternehmen, um anschließend dann nach Persien zu reisen, wo er bleiben wollte. Doch er konnte kein Schiff finden, denn in Arakan hatte man nur Boote für die Flüsse, aber keine seetüchtigen Schiffe. So mußte er im Land des Königs von Arakan bleiben. Dieser war ein Heide, und als ihm seine Berater mitteilten, der Sultan sei darauf aus, die Herrschaft über sein Reich zu übernehmen, mußte Sujah wiederum fliehen. Dieses Gerücht entsprach der Wahrheit, denn ins Land Arakan waren mit der Zeit immer mehr Mohammedaner eingewandert, von denen Sujah unterstützt wurde. Er hatte bereits den Tag bestimmt, an dem der Palast erobert und er zum König ausgerufen werden sollte. Doch einen Tag vorher wurde er, nach der Aufdeckung seines Planes, vertrieben. Er flüchtete über die Berge, aber seine Frauen und Kinder konnten ihm nicht so schnell folgen. Sie wurden gefangen und eingesperrt. Als der König eine Tochter des Sultans zur Frau nahm, besserte sich die Lage von Sujahs Familie. Doch der ungestüme Sohn des Sultans zettelte eine Verschwörung gegen den König an, und so wurde die gesamte Familie, auch die neue Frau des Königs, getötet.

Vom Ende des Sultans weiß man nichts Genaueres, sicher ist nur, daß er bereits tot ist. Von allen diesen Kämpfen, die sechs Jahre lang angedauert haben, bin ich Zeuge gewesen.

Das 7. Kapitel

Von dem Anfang der Regierung Aureng-zebs

Als Aureng-zeb sich zum König ausrufen ließ, verlangte er von seinem Vater, der sich in seiner Gefangenschaft befand, die königlichen Juwelen, damit er bei seiner Krönung ebenso prächtig aussehen würde wie zuvor alle anderen Großmogulen. Doch sein Vater bebte vor Zorn, als er vom Begehren seines Sohnes hörte. Er verlangte inständig nach einem Stößel und Mörser, damit er seine Perlen und Edelsteine zerstoßen könnte, um sie ja nicht seinem Sohn aushändigen zu müssen. Nur die Tochter Shah Jehans konnte ihn beruhigen. Sie lebte mit ihm zusammen, und zwar sowohl als Tochter als auch als Ehefrau. Trotzdem mußte der König auf die Juwelen bei seiner Krönung verzichten und hatte dabei nur eine Kappe auf.

Nachdem er den Thron bestiegen hatte, aß er zur Buße nur noch Gerstenbrot, Kräuter und Zuckerwerk, um dadurch seine begangenen Übeltaten zu sühnen.

Aureng-zeb hatte nach seiner Regierungsübernahme einen Abgesandten an den Hof des Königs von Persien geschickt. Dieser überreichte dem persischen König einen Diamanten, der 60 Karat wog, und viele andere Dinge. Der König von Persien jedoch verteilte, um Aureng-zeb zu verspotten, alles außer dem Diamanten an seine Beamten. Außerdem beschimpfte er den Botschafter, daß er einem König diene, der nur durch Verrat und Mord an die Macht gekommen sei. Um ihn besonders zu demütigen, ließ er dem Abgesandten Aureng-zebs den Bart abrasieren. Als dieser zurückkehrte, mit 150 Pferden und vielen anderen kostbaren Geschenken für den Großmogul, ließ Aureng-zeb im Zorn die Pferde töten und die übrigen Geschenke verbrennen.

Nachdem Shah Jehan Ende 1666 gestorben war, war Aureng-zeb endlich der unumschränkte Herrscher, der er immer hatte sein wollen. Er ließ seine Schwester, Begum Saheb, die sehr intelligent war, zu sich holen und setzte sie neben sich auf den Thron. Sie erhielt den Namen Cha-Begum, königliche Prinzessin. Auch seine andere Schwester bekam diesen Titel, weil sie ständig zu ihm gehalten und ihn auch mit allen Mitteln unterstützt hatte. Doch in letzter Zeit war ihr Verhältnis etwas abgekühlt, denn sie hatte eines Tages einen Liebhaber in den Harem gelassen, der dann eine Woche bei ihr blieb. Da dies aber nicht zu verheimlichen war, ging sie zu ihrem Bruder, um ihm zu sagen, es sei ein Einbrecher in den Harem eingedrungen. Dadurch wollte sie der Schande entgehen. Der König kam mit mehreren Eunuchen in den Harem, um sich umzusehen, so daß der Liebhaber nur noch einen Ausweg hatte, nämlich durch das Fenster in den Fluß zu springen. Seit dieser Zeit gab es keine derart unerhörten Vorkommnisse mehr im Harem.

Das 8. Kapitel

Über das Fest des Großmoguls, bei dem er jährlich abgewogen wird

Nachdem ich meine Geschäfte erledigt hatte, wollte ich mich am 1. November 1665 von Aureng-zeb verabschieden. Doch er bat mich, bei dem jährlich stattfindenden Fest zum Geburtstag des Königs anwesend zu sein. Dieses begann am 4. November und währte fünf Tage lang. Zu diesem Anlaß wird der König abgewogen; und es herrscht große Freude, wenn er seit dem letzten Jahr zugenommen hat. Danach setzt er sich auf seinen Thron und erwartet die Ehrerbietungen seiner Untertanen, die ihm zu diesem Zweck Diamanten, Rubine, Smaragde, Perlen, Gold und Silber, schöne Teppiche, Silberbrokat, Elefanten, Kamele und Pferde zum Geschenk machen. Diese Geschenke machten an diesem Tag über 30 Millionen Franken aus.

Am 7. September beginnen bereits die Vorbereitungen für das Fest. Zwei Höfe des Palastes werden mit schweren Teppichen abgedeckt, die von dicken Säulen gehalten werden. Die Teppiche sind mit Samt und Gold bestickt, und die Säulen sind vergoldet und versilbert.

Der König hat sieben verschiedene Throne, einer davon ist ganz mit Diamanten verziert, die anderen mit Rubinen, Smaragden und Perlen. Der große Thron, der im Saal des ersten Hofes errichtet wird, ist nach Form und Größe einem Feldbett ähnlich, ungefähr sechs Schuh lang und vier Schuh breit. Er steht auf vier Füßen aus Gold. Der Boden des Throns besteht aus vier goldenen Stangen. Auf diesen Stangen stehen zwölf Säulen, die den Himmel des Throns tragen. Die Vorderseite ist offen. Die Stangen sind mit vielen Diamanten, Rubinen und Smaragden geschmückt. Inmitten jeder Stange befindet sich ein großer bleicher Rubin, der von vier Smaragden, ein Kreuz formend, umgeben ist. An anderen Stellen ist ein Smaragd von vier Rubinen umgeben. Die Smaragde sind viereckig geschnitten, und zwischen Rubin und Smaragden befinden sich Diamanten, die nicht größer als zwölf Karat sind. An einigen Stellen sind auch Perlen eingelegt. Zum Thron hinauf führen drei Stufen, und auf dem Thron liegen drei Kissen, ein großes rundes hinter dem Rücken des Königs, zwei kleinere an den Seiten. An dem Thron hängen außerdem noch ein Säbel, ein Streithammer, ein Schild, ein Bogen und ein Köcher mit Pfeilen. Die übrigen sechs Throne sind ebenso ausgestattet.

Ich habe die Edelsteine, die sich an dem großen Thron befinden, gezählt: Es sind 108 Rubine, der kleinste davon wiegt 100 Karat, und 160 Smaragde, jeder zwischen 30 und 60 Karat.

Der Thronhimmel ist innen vollständig mit Diamanten und Perlen bedeckt, und auch die Fransen ringsherum bestehen aus Perlen. Unter dem Himmel sieht man Pfauen mit aufgestelltem Schwanz aus blauen Saphiren und anderen Steinen; ihr Körper ist aus Gold und Perlen. Vorne an der Brust hängt jeweils ein großer Rubin und eine große birnenfömige Perle, 50 Karat schwer. Auf beiden Seiten der Pfauen befinden sich Sträuße mit goldenen Blumen und Edelsteinen. An der Seite zum Hof hin steht ein Kleinod mit einem Diamanten, der 80 bis 90 Karat schwer ist, Rubinen und Smaragden. Das Köstlichste an diesem Thron jedoch sind die Perlen auf der zwölften Säule, die den Himmel trägt. Diese sind rund und weiß und zwischen sechs und acht Karat schwer. Beiderseits des Throns sind auch zwei Sonnenschirme, deren Stangen mit Diamanten, Rubinen und Perlen verziert sind. Der Schirm besteht aus rotem Samt mit einem Perlenkranz auf der Innenseite.

Hinter diesem Thron wird ein weiterer, aber kleinerer errichtet, der eiförmig, ungefähr sieben Schuh lang und fünf Schuh breit und aufwendig mit Diamanten und Perlen geschmückt ist, aber keinen Himmel hat.

Solange der König sich auf seinem Thron befindet, stehen zu beiden Seiten je 15 gezäumte Pferde, jedes von zwei Männern gehalten. Die Pferdezäume sind mit Diamanten, Rubinen, Smaragden, Perlen und Gold versehen. Auf dem Kopf trägt jedes Pferd einen Strauß aus Federn und auf dem Rücken ein Kissen. Der Gurt ist ganz mit Gold bestickt, und unter dem Hals hängt ein Kleinod aus Diamant, Rubin oder Smaragd. Das billigste dieser Pferde kostet 3000 bis 5000 Kronen. Es sind aber auch einige darunter, die 20 000 Rupien, das sind 10 000 Kronen, wert sind. Der junge Fürst, der damals sieben bis acht Jahre alt war, saß auf einem kleinen Pferd von der Größe eines Jagdhundes, das aber sehr gut gebaut und sehr zierlich war.

Eine halbe Stunde nachdem sich der König auf dem Thron niedergelassen hatte, wurden sieben Elefanten vor ihn hingeführt. Einer davon trägt einen sehr breiten Sitz, auf den sich der König setzen kann. Die anderen sind mit bestickten Teppichen bedeckt. Um den Hals tragen sie goldene oder silberne Ketten. Vier der Elefanten tragen die von einem Reiter getragene Standarte des Königs auf dem Rücken. Wenn die Elefanten vor dem Thron stehen, machen sie mit dem Rüssel eine Verbeugung. Dann drehen sie sich um, und der Mann, der darauf sitzt, hebt die Decke an, damit der König sehen kann, ob sie auch gut genährt sind. Jeder hat eine Seidenschnur um den Leib gebunden, damit man erkennen kann, um wieviel er seit dem vorigen Jahr zugenommen hat. Der Lieblingselefant des Königs ist ein sehr großes Tier, dessen Verpflegung monatlich 500 Rupien kostet. Er wird mit guten Speisen und viel Zucker ernährt und mit Branntwein getränkt.

Nachdem der König seine Elefanten begutachtet hat, begibt er sich durch eine kleine Tür hinter dem eiförmigen Thron in seinen Harem.

Die übrigen fünf Throne befinden sich in einem anderen Hof, sie sind so angeordnet, daß einer in der Mitte steht und die anderen vier um diesen herum. Wenn der König aus seinem Harem kommt, setzt er sich in den mittleren Thron. Solange das Fest dauert, werden ihm Elefanten, Kamele und andere Geschenke vorgeführt.

Das 9. Kapitel

Von den Merkwürdigkeiten am Hof des Großmoguls

Der König aß, wie schon berichtet, seit seinem Regierungsantritt nur Gemüse und Zuckerwerk und gar keine tierischen Speisen, denn er hatte sich eine Buße auferlegt. Infolge dieser Gewohnheit hatte er sehr viel abgenommen. Als 1664 ein Komet erschien, nahm er überhaupt nur noch Wasser und Hirsebrot zu sich, wovon er so geschwächt wurde, daß er sich davon nicht mehr erholte.

Ich war einmal zugegen, als der König seine Mahlzeit bekam. Man brachte ihm auf einem Goldteller, der mit Diamanten, Rubinen und Smaragden verziert war, eine große Kristallschale mit einem Deckel aus Gold und Edelsteinen, in der sich ein Getränk befand. Dies war ein seltener Anblick, denn normalerweise sehen ihm nur seine Frauen und seine Eunuchen bei der Mahlzeit zu. Er nimmt auch kaum Einladungen zum Essen an, selbst wenn ihn ein sehr vornehmer Fürst aus seiner Familie dazu bittet.

Als ich mich auf meiner letzten Reise dort befand, hatte sich der Großvezir gerade einen neuen Palast bauen lassen, den er dem König zeigte. Aus Dankbarkeit für die Ehre, die ihm der König dadurch erwies, ließ er ihm viele Geschenke überreichen. Und seine Frau, die für ihre Freigebigkeit bekannt war und deshalb auch immer in Schulden steckte, ließ besonders gute Sachen für ihn kochen. Der König aber wollte nichts zu sich nehmen, deshalb ließ sie die Speisen in den königlichen Palast bringen, wo er ihnen nicht mehr widerstehen konnte. Der König war vom Wohlgeschmack der Gerichte so begeistert, daß er dem Eunuchen, der sie gebracht hatte, 500 Rupien gab und auch den Köchen 1000 Rupien schicken ließ.

Wenn der König sich in seine Moschee begibt, folgen ihm seine Söhne zu Pferd. Alle anderen Beamten und Fürsten folgen zu Fuß. Vor ihm her gehen immer acht Elefanten, auf vier davon sitzen je zwei Männer, einer hält des Königs Standarte, ein zweiter treibt den Elefanten an. Die anderen vier Tiere haben einen Thron auf dem Rücken. Außerdem wird der König immer von 500 bis 600 Leibgardisten bewacht, gefolgt von 400 Musketieren zu Pferde. Diese Soldaten könnten mit Leichtigkeit von unseren Soldaten bezwungen werden, denn sie sind sehr schlecht ausgebildet. Keiner unserer Soldaten wäre mit ihren Lebensbedingungen einverstanden, denn sie müssen strenge Diät halten. Sie bekommen tagsüber nur schwarze Zuckerbällchen und abends etwas Reis mit Quicheri, den sie, bevor sie ihn essen, in Butter tauchen.

Die Fürstinnen des Hofes gehen sehr selten aus. Wenn sie jedoch einmal fortgehen, dann meist nur, um sich auf dem Land zu unterhalten. Dann machen sie sich um neun Uhr morgens auf den Weg, begleitet von vier Eunuchen und zehn bis zwölf Sklavinnen.

Die Fürstinnen werden in Pallanquins getragen, die mit Teppichen ausgelegt sind. Jedem Pallanquin folgt eine kleine Kutsche, in die sie umsteigen, wenn sie zum Eingang des Harems gelangen. Hier lassen sie ihre Eunuchen zurück und werden fortan nur noch von ihren Sklavinnen begleitet. Wenn diese Fürstinnen mit Vornehmen des Reiches verheiratet sind, gebrauchen sie ihren Einfluß, um über ihre Ehemänner zu bestimmen. Falls diese nicht nach ihrem Willen handeln, gehen sie zum König, um ihm dies zu berichten, worauf die Männer oft ihres Amtes enthoben werden.

Am Hof ist es Gewohnheit, daß der Erstgeborene zum Thronfolger bestimmt ist, auch wenn es der Sohn einer Sklavin ist. Um dies zu verhindern, gebrauchen die Fürstinnen alle möglichen Mittel, um die Leibesfrucht anderer Frauen zu töten. Als ich 1666 in Patna war, erzählte mir der Leibarzt des Shah Eft-Khan, ein portugiesischer Mestize, daß dessen Frau innerhalb eines Monats in ihrem Harem acht Frauen die Leibesfrucht abgetrieben habe, um zu verhindern, daß ein anderes als ihr Kind an die Macht komme.

Das 10. Kapitel

Über die Waren, die man im Reich des Großmoguls und in den Königreichen Golconda und Visapour erhält

Hier muß ich eine Maßeinheit erwähnen, die sehr wichtig ist. Der Corbit ist ein Maß ähnlich der Elle. Er wird in 24 Tafots geteilt.

Von der Seide:

Casembazar, ein Dorf im Königreich Bengala, liefert jährlich bis zu zweiundzwanzigtausend Ballen Seide zu je 100 Pfund. Die Holländer kaufen gewöhnlich sechs- bis siebentausend Ballen auf, um sie nach Japan und Holland zu liefern. Sie würden gerne noch mehr kaufen, aber die Kaufleute aus der Tatarei und aus dem Reich des Großmoguls widersetzen sich diesen Bemühungen. Letztere kaufen ebensoviel wie die Holländer; und der Rest bleibt den Einwohnern zur Weiterverarbeitung. Dazu wird die Seide nach Gujerat, nach Ahmadabad und Surat gebracht.

Es werden daraus Teppiche hergestellt, manche aus Seide und Gold oder aus Seide, Gold und Silber und andere nur aus Seide. In Vettapour, zwölf Coftes von Agra entfernt, werden Wollteppiche angefertigt.

Auch Atlas wird daraus gemacht, zum Teil mit Gold- und Silberfäden, zum Teil mit unterschiedlichen Farben. Außerdem werden in Ahmadabad Patoles angefertigt; dies sind Drucke, die Blumenmuster in allen möglichen Farben aufweisen. Es ist dies eine gute Handelsware für die Holländer, die niemand anderem sonst gestatten, damit Handel zu betreiben. Sie beliefern damit die Philippinen, Borneo, Java, Sumatra und andere umliegende Gegenden.

Die Rohseide aus Casembazar ist, wie diejenige aus Persien

und Sizilien, gelblich. Nur in Palästina wird natürliche weiße Seide hergestellt. Um die Seide aus Casembazar zu bleichen, haben die Einwohner dort eine besondere Methode entwickelt. Sie stellen eine Lauge aus Asche von einem Baum, den sie Adamsfeigenbaum nennen, her, die die Seide ebenso weiß macht wie die aus Palästina.

Von Leinen und Chites:

Chites oder gemaltes Leinen, auch Calmander genannt, wird im Königreich Golconda hergestellt, im besonderen in Masulipatam. Dieses Leinen wird mit dem Pinsel bemalt. Es wird allerdings so wenig produziert, daß man davon schwerlich drei Ballen zusammenbringen könnte.

Die im Reich des Großmoguls hergestellten Chites sind bedruckt und von unterschiedlicher Qualität. In Lahore werden die gröbsten Chites gemacht, die deswegen auch preislich am günstigsten sind.

Die Chites werden für Bettdecken, Sofa- oder Tischtücher nach Art des Landes, Kissen, Taschentücher und auch für Unterhemden, besonders in Persien, gebraucht.

Aus den Chites von Brampour macht man Schnupftücher und auch die Schleier der Frauen, die diese um Kopf und Hals legen.

Die Leinwand wird in Agra und Ahmadabad rot, blau oder schwarz gefärbt und variiert im Preis von zwei Rupien bis zu 40 Rupien das Stück. Das Leinen im Wert zwischen zwei und zwölf Rupien wird an die Küste Melinde geliefert. Darauf gründet sich die größte Einkommensquelle für den Gouverneur von Mozambique, der die Ware an die Kaffer weiterverkauft, die diese wieder weiter in das Königreich Saba liefern. Die wertvolleren Stoffe werden nach Borneo, Java, Sumatra und auf die Philippinen verschickt. Dort finden sie Verwendung als Bekleidung der Frauen.

Vom weißen Leinen:

Weißes Leinen kommt aus Lahore, Bengala, Baroda, Bharuch, Renonsari und anderen Orten. In Renonsari und Bharuch wird das Leinen gebleicht, indem man es durch Limonenwasser zieht.

In den Städten Renonsari, Bharuch und Baroda werden breite und schmale Leinen hergestellt. Die Kaufleute können aber jede gewünschte Breite anfertigen lassen. Als ich dort war, habe ich gesehen, wie besonders feines und breites Leinen bestellt wurde. Eines wurde von den Engländern und eines von den Holländern gekauft.

Als Ali-Beg von seiner Gesandtschaftsreise von Indien nach Persien zurückkam, verehrte er dem Cha-Sefi II. eine straußeneigroße Kokosnuß, die ganz mit Edelsteinen verziert war, und als man sie öffnete, zog man 60 Cobits von unglaublich schönem feinem Leinen heraus. Als ich von meiner Reise zurückkehrte, brachte ich einen Leinenfaden mit, der die Königinmutter und ihre Hofdamen sehr entzückte, weil er so rein und so leicht war, daß man ihn kaum sehen konnte.

Von gesponnener Baumwolle:

Gesponnene und ungesponnene Baumwolle kommt aus Brampour und Gujerat. Ungesponnene Baumwolle wird nicht nach Europa transportiert, weil sie nur von geringem Wert ist. Sie wird nur nach Ormus, Balsara und auf die Philippinen versandt. Gesponnene Baumwolle wird dagegen sehr viel nach Europa verschickt; jedoch nur minderwertige Qualität, die für Dochte und Strümpfe verwendet wird, denn feinere Baumwolle wird in Europa nicht gebraucht.

Vom Indigo:

Indigo kommt aus verschiedenen Teilen des Reichs des Großmoguls und variiert sowohl in der Qualität als auch im Preis.

Er kommt aus Biana, Indoua und Corsa in der Nähe von Agra; letzterer ist der beste von allen Arten. Auch um Surat und Ahmadabad, in einem Dorf namens Sarquesse, wird Indigo hergestellt, ebenso im Königreich Golconda. Die

Holländer beziehen ihren Indigo aus Bengala und lassen ihn nach Masulipatam bringen. Dort ist er viel billiger als in Agra.

Der Indigo wird aus einer Pflanze, die man jährlich nach der Regenzeit sät, gewonnen. Sie ist dem Hanf ähnlich und wird dreimal im Jahr geschnitten. Die erste Ernte ist jedoch in der Qualität besser. Sie ist in der Farbe bläulich bis violettbraun glänzend und lebhafter als die andere Ernte. Dieser Unterschied schlägt sich auch im Preis nieder.

Das geschnittene Kraut wird in Teiche geschüttet und solange umgerührt, bis die Blätter zu Leim geworden sind. Dann läßt man dieses Material sich setzen und das Wasser abfließen. Danach werden halb hühnereigroße Kugeln geformt. Der Indigo aus Ahmadabad wird dagegen flach geformt. Um nicht so viel Zoll zahlen zu müssen, lassen die Kaufleute den Indigo, bevor sie ihn nach Europa transportieren, sieben, um dadurch den daran hängenden Staub zu entfernen. Diesen verkaufen sie dann den Einwohnern des Landes, die ihn zum Färben verwenden. Das Sieben ist eine sehr gefährliche Arbeit, deshalb haben die Leute, die diese Arbeit verrichten, ein Stück Stoff vor dem Gesicht, in dem nur zwei Löcher für die Augen sind. Auch die Schreiber und Händler der Handelskompanie, die dabei zusehen, tragen ein Tuch vor dem Gesicht. Außerdem müssen sie alle halbe Stunde etwas Milch gegen den Staub trinken. Diese Maßnahmen verhindern aber nicht, daß alles, was man ausscheidet, blau ist, auch wenn man nur acht bis zehn Tage dort verbringt. Ich habe selbst öfters eine Probe gemacht: Wenn man ein Ei am Morgen zu den Arbeitern legt und es am Abend aufschneidet, ist das Innere ganz blau verfärbt; so durchdringend ist der Indigostaub.

Wenn die Bauern Kugeln aus dem Indigo formen, tauchen sie ihre Finger in Öl und manchmal auch in den Sand, um so den Indigo schwerer zu machen. Um auf diesen Betrug nicht hereinzufallen, verbrennen die Kaufleute vor dem Kauf einige Stücke Indigo, wobei der Sand unverbraucht zurückbleibt.

Vom Salpeter:

Der Salpeter kommt in großen Mengen aus Agra und Patna. Der gereinigte Salpeter kostet dreimal mehr als der ungereinigte. Deshalb haben die Holländer 14 Meilen von Patna entfernt ein Lager errichtet, um den gereinigten Salpeter von dort nach Ouguely mit dem Schiff transportieren zu können. Sie ließen sich aus Holland Kessel zum Salpeterreinigen bringen, um diese Arbeit selbst vornehmen zu können. Als dies die Bevölkerung jedoch bemerkte und fürchten mußte, dadurch ihren Verdienst zu verlieren, lieferten sie an die Holländer ganz einfach keine Molke mehr, ohne die der Salpeter nicht weiß gemacht werden kann.

Von den Spezereien:

Kardamon, Ingwer, Pfeffer, Muskatnuß, Muskatblüten oder Macis, Nelken und Zimt sind in Indien erhältlich. Kardamon wächst in Visapour, Ingwer in großen Mengen im Reich des Großmoguls. Kardamon gedeiht sehr wenig, weshalb er auch sehr teuer ist und nur an fürstlichen Tafeln Verwendung findet. Ingwer kommt in großen Mengen aus Ahmadabad, von wo aus er eingemacht in viele Länder transportiert wird.

Von Pfeffer gibt es zwei Arten. Einen groß- und einen kleinkörnigen. Der großkörnige kommt meist von der Küste Malabar, Tuticorin, Calicut und auch aus Visapour. Die Holländer tauschen den Pfeffer gegen Baumwolle, Opium, Zinnober und Quecksilber ein und verschicken ihn dann nach Europa. Der kleinkörnige Pfeffer wird dagegen nicht nach Europa geschickt, weil ihn die Mohammedaner selbst verwenden. Sie streuen nämlich Hände voll dieses Pfeffers in ihren Pilau, und je mehr Körner darin sind, desto besser ist dieses Gericht. Der großkörnige Pfeffer ist auch zu scharf für diese Speise.

Muskatnuß, Macis und Nelken kaufen die Holländer von der Insel der Molukken, Zimt indes von der Insel Ceylon. Der Baum, auf dem die Muskatnuß gedeiht, wird nicht gepflanzt. Er wächst nämlich nur, wenn eine besondere Art von Vögeln auf die Insel kommt, um die reife Nuß zu fressen. Die Nuß geben sie unverdaut wieder von sich, mit einer schleimigen Schicht bedeckt. Wenn die Nüsse dann so zur Erde fallen, schlagen sie Wurzeln. Eine andere Möglichkeit gibt es nicht; dieses Gewächs wie einen normalen Baum zu pflanzen, ist unmöglich. Besagte Vögel kommen in ihrer Gier auf diese Nüsse in großen Scharen auf die Insel. Wenn aber eine Nuß zu groß ist, kommt es sehr häufig vor, daß der Vogel daran stirbt. Dann fällt er zur Erde, wo ihm die Ameisen dann seine Beine wegfressen. Darauf gründet sich die Legende, daß dieser Vogel keine Beine hat. Dies ist aber nicht wahr, denn ich habe schon oft diese Vögel mit Beinen gesehen. Und ein französischer Kaufmann namens Contour schickte eines Tags ein sehr schönes Exemplar mit Füßen an den König Ludwig XIII., der davon sehr angetan war.

So sehr sich die Holländer auch bemühen, das Monopol über den Nelkenhandel von Macao zu behalten, es will ihnen nicht gelingen. Die Einwohner verkaufen nämlich selbst die Nelken an jedermann, um dafür Reis und andere notwendige Lebensmittel zu bekommen. Überdies versuchen die Engländer den Holländern zu schaden, wo sie nur können. Deshalb kaufen sie viele Nelken auf, um sie dann an all jene Orte zu schicken, in denen die Holländer diese bereits anbieten, und verkaufen sie dort zu einem günstigeren Preis. Um diesen Bemühungen der Engländer entgegenzuwirken, machen die Holländer dem König von Macassar viele Geschenke. Damit wollen sie ihn dazu bewegen, den Preis für die Nelken hochzuhalten.

Die Bewohner von Macao bezahlen ihre Waren mit Nelken, aber auch mit Schildpatt und mit Goldmünzen. In den

Ländern Ambone, Ellias, Seram und Bouro wachsen Nelken im Überfluß.

Zimt kommt fast ausschließlich von der Insel Ceylon. Der Zimtbaum gleicht unserem Weidenbaum und hat drei Rinden. Man verwendet nur die äußeren beiden Rinden. Die innerste Rinde wird nicht berührt, weil sonst der Baum zugrunde gehen würde. Der Zimt kostet die Holländer mehr als man vermuten würde, denn der König von Ceylon, nach der Hauptstadt der Insel genannt König von Candy, ist ein Feind der Holländer. Er läßt diese, wenn sie den Zimt einsammeln wollen, überfallen. Die Holländer müssen deshalb so viele Leute unterhalten, die die Arbeiter beim Einsammeln bewachen. Obendrein müssen sie die Arbeiter auch das ganze Jahr bezahlen. Dies verursacht den Holländern große Unkosten. Solche Unkosten hatten die Portugiesen zu ihrer Zeit nicht gehabt, denn diese verwerteten auch die Frucht des Zimtbaumes, die einer Olive gleicht. Sie kochten die Frucht. Beim Erkalten bildete sich obenauf eine wachsartige Masse, aus der die Portugiesen Kerzen formten. Beim Abbrennen dufteten diese nach Zimt. Sie schickten oft Kerzen nach Lissabon für die königliche Kapelle, um dort die Luft mit Zimtgeruch zu erfüllen. Die Portugiesen bekamen ihren Zimt nicht nur aus Ceylon, sondern auch aus Cochin. Doch seit die Holländer sich der Stadt bemächtigt und auch die Küste der Insel Ceylon erobert haben, haben sie alle Zimtgebiete außerhalb der Insel zerstört. Der Zimt aus den anderen Gebieten war nicht so viel wert und hätte sonst die Preise verdorben.

Von Materialien, die aus Surat stammen und die dorthin transportiert werden:

Gummilack kommt größtenteils aus Burma, aber auch aus dem Königreich Bengala. Der von hier stammende ist teurer, weil auch die Bewohner Bengalas den Lack gebrauchen, um daraus Farbstoff zu gewinnen. Trotzdem liefern die Holländer Lack nach Persien, wo die Perser ebenfalls daraus scharlachroten Farbstoff herstellen. Was nach diesem Vorgang übrigbleibt, ist nur noch für Siegelwachs und zur Verzierung von Drechslerarbeiten zu verwenden. Der Lack aus Burma ist günstiger zu erstehen, weil er von Ameisen auf der Erde gemacht wird und deshalb auch unsereiner ist. In Bengala jedoch gibt es viele Bäume, auf denen die Ameisen den Lack produzieren können.

In Surat verarbeiten die Frauen, nachdem die Farbe aus dem Lack entfernt worden ist, diesen zu kleinen Siegelwachsstangen, die nach Europa verschickt werden.

Ungereinigter Zucker oder Cassonade kommt in großen Mengen aus dem Königreich Bengala. Auf meiner letzten Reise habe ich in Bengala eine sonderbare Geschichte erfahren: Viele alte Leute haben mir erzählt, daß Zucker, der 30 Tage lang aufbewahrt wird, sich in ein sofort wirksames Gift verwandelt.

In Ahmadabad wird Zucker zu Stangen verarbeitet und auch vollkommen gereinigt, weswegen dieser Zucker auch königlicher Zucker genannt wird.

Opium wird von Brampour aus in eine Handelsstadt zwischen Surat und Agra gebracht. Dort wird es von den Holländern abgeholt und schließlich gegen Pfeffer getauscht.

Auch Tabak wächst in großen Mengen in Brampour; und ich habe oft erlebt, daß viel Tabak ungeerntet auf den Feldern stehengeblieben ist, weil kein so großer Bedarf danach vorhanden war.

Kaffee wächst weder in Persien noch in Indien. Deswegen machen die Holländer ein gutes Geschäft, indem sie diesen von Mocca kommend in Ormus und Belsara aufladen, um ihn dann in Persien zu verkaufen. Von dort aus wird er bis in die Tatarei geliefert. In Indien ist Kaffee aber weniger in Gebrauch. Kaffee wird aus einer Art Bohne zubereitet. Diese Zubereitungsart ist zum erstenmal von einem Einsiedler namens Se-hek-Siadeli vor ungefähr hundertzwanzig Jahren erfunden worden. Vorher gibt es in den Schriften keinen Bericht über Kaffee.

Das 11. Kapitel

Von den Diamantengruben

Der Diamant ist der schönste aller Edelsteine, und deshalb habe ich mich auch auf den Handel mit ihm spezialisiert. Um ihn genau zu studieren, habe ich mich zu allen Diamantengruben begeben, obwohl es heißt, daß die Reise dorthin sehr gefährlich sei und durch wildes Land führe. Ich war schließlich in vier Diamantgruben und an einem Fluß, wo Diamanten gefunden wurden. Ich habe aber weder Schwierigkeiten gehabt, dorthin zu gelangen, noch habe ich dort die besagte Wildnis vorgefunden. Ich kann deshalb mit Stolz sagen, daß ich der erste war, der den Europäern den Weg zu den einzigen Orten der Welt, an denen Diamanten gefunden werden, gewiesen hat.

Die erste dieser Gruben befindet sich im Königreich Visapour, und zwar in der Landschaft Carnatica, bei einem Ort namens Raolconda. Dieser ist fünf Tagesreisen von Golconda entfernt. Es ist ungefähr zweihundert Jahre her, seit die Grube entdeckt wurde.

Um die Fundstelle herum ist die Landschaft sandig, voller Felsen und Wälder. Man findet die Diamanten in Felsadern,

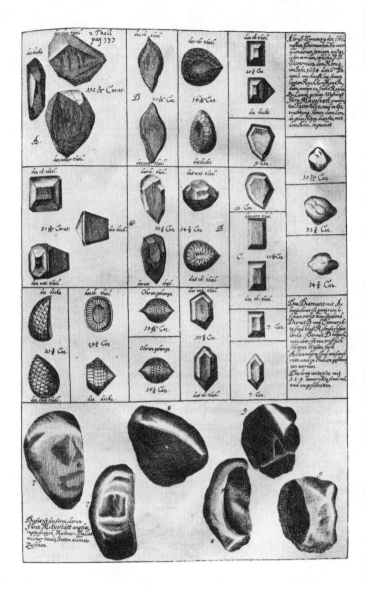

Die größten und schönsten Diamanten und Rubine

die zu diesem Zweck herausgebrochen und dann gewaschen werden. Oft werden die Diamanten beim Herausbrechen aus dem Fels zersplittert, was die Ursache dafür ist, daß diese Gruben eine große Menge an schlechten Steinen liefern. Dessen ungeachtet sind diese Steine noch von recht ansehnlicher Größe. Schlechte Steine werden eckig geschliffen, schöne Steine werden nur oben und unten poliert und weiter nicht bearbeitet, um ihnen nicht zuviel an Größe wegzunehmen.

Im Umkreis der Gruben hat sich eine große Zahl von Diamantenschleifern niedergelassen. Jeder von ihnen hat eine tellergroße Stahlscheibe, auf die der Stein gelegt wird. Dieser wird dann mit Wasser benetzt und später mit Diamantenstaub und Öl poliert. Die Steine werden aber nicht so schön geschliffen wie bei uns. Schuld daran ist meiner Meinung nach, daß die Schleifscheiben hier nicht so gleichmäßig laufen wie bei uns. Außerdem müßte man die Scheibe normalerweise alle zwölf Stunden mit Schmirgelsand einreiben, weil sie sonst ganz glatt wird und folglich nicht mehr ordentlich schleift. Hierzu sind die Meister aber oft zu faul.

Obwohl der Diamant äußerst hart ist, scheuen die Inder nicht davor zurück, den Stein zu zerteilen. In diesem Punkt ist man in Europa viel vorsichtiger. Der Diamantenhandel wird in Indien öffentlich abgewickelt. Der König erhält vom Erlös zwei Prozent, außerdem einen weiteren Anteil für die den Kaufleuten erteilte Schürferlaubnis. Die Kaufleute suchen sich eine geeignete Schürfstelle, die sie von 50, manchmal auch 100 Arbeitern ausgraben lassen. Die Grobarbeiten müssen möglichst schnell vor sich gehen, denn für jeden Tag bezahlen sie dem König zwei Pagodes, vier Pagodes sogar, wenn sie länger als 100 Tage brauchen.

Die Arbeiter verdienen im Jahr nur den jämmerlichen Lohn von drei Pagodes. Deshalb versuchen sie oft, einen Stein beiseitezuschaffen. Dies gelingt ihnen auch manchmal, indem sie den Stein verschlucken. Anders können sie ihn nicht verstecken, weil sie nur mit einem Schamtuch bekleidet sind. Einer der Kaufleute zeigte mir eines Tages einen Arbeiter, der schon jahrelang für ihn gearbeitet und ihm einmal einen Stein von ungefähr zwei Karat gestohlen hatte. Den Stein hatte er in seinem Augenwinkel versteckt. Der Stein wurde aber entdeckt und ihm weggenommen. Um zu verhindern, daß weiterhin Diebstähle verübt würden, wurden für je 50 Arbeiter 12 bis 15 Wächter zur Überwachung der Arbeiter angestellt.

Die Kaufleute, die nur hierher kommen, um Handel zu treiben, bleiben in ihren Häusern. Jeden Morgen zwischen zehn und elf Uhr bringen ihnen die Kaufleute, die Schürfarbeiten vornehmen lassen, die Steine zur Begutachtung. Sie werden ihnen dann einige Tage zur besseren Überprüfung überlassen. Wenn letztere aber wiederkommen, um ihre Steine abzuholen, muß man schnell handeln und die Diamanten sofort kaufen. Falls man zu lange zögert, bekommt man diese Steine nie wieder zu Gesicht. Die Bezahlung erfolgt dann über den Cheraf, der Wechsel ausstellt und einlöst. Wenn der Käufer mehr als vier Tage mit der Bezahlung wartet, werden ihm Überzugszinsen berechnet, und zwar eineinhalb Prozent pro Monat.

Jeden Morgen sieht man inmitten des Dorfplatzes eine Schar von Kindern zwischen 10 und 16 Jahren unter einem Baum sitzen. Jedes Kind hat an der einen Seite einen kleinen Sack mit Diamanten hängen und an der anderen Seite einen Beutel mit 500 bis 600 goldenen Pagodes. Die Kaufleute mit Schürfkonzession kommen zu ihnen, um ihnen ihre Steine zu verkaufen. Alle diese Kinder wissen über den Wert eines jeden Diamanten sehr wohl Bescheid und irren sich nur selten. Am Ende des Tages sortieren sie die gekauften Steine nach Farbe, Gewicht und Reinheit und legen den Preis fest, den sie dafür von den Händlern verlangen sollen. Der

Gewinn wird dann unter allen Kindern geteilt, nur der Anführer erhält etwas mehr als die anderen.

Die Inder sind Ausländern gegenüber sehr freundlich, und als ich zu den Gruben kam, wurde ich vom Aufseher dort sehr herzlich begrüßt. Er versicherte mir, daß ich hier vollkommen sicher sei. Er stellte mir zur Bewachung meines Goldes noch zusätzlich vier Wachen zur Verfügung. Dann ließ er mich ein zweites Mal rufen, um mir noch einmal zu versichern, daß ich mich hier ungestört aufhalten könne und ich es mir gut gehen lassen solle. Ich solle mich aber davor in acht nehmen, den König zu betrügen und ihm die zwei Prozent, die er von allen Käufen erhält, vorzuenthalten. Manche Kaufleute würden es versuchen, indem sie sich hierüber mit anderen Kaufleuten absprächen und nur für 10 000 Pagodes Steuer bezahlen, obwohl sie für 50 000 Pagodes eingekauft hätten.

Eines abends kam ein schlechtgekleideter heidnischer Händler zu mir und setzte sich neben mich. Da ich wußte, daß man in diesem Land keinen Wert auf Kleidung legte und auch ein schäbig gekleideter Mann viele Diamanten unter seinem Schamtuch verborgen halten kann, war ich sehr höflich zu ihm. Nach einiger Zeit ließ er mich durch meinen Dolmetscher fragen, ob ich an Rubinen interessiert sei. Ich ließ mir die Rubine zeigen und meinte, daß diese Steine zu klein seien. Trotzdem kaufte ich ihm einen Ring ab. Ich gab ihm dafür 100 Pagodes mehr, als dieser wirklich wert war, denn ich bemerkte, daß er mir etwas viel Wertvolleres zeigen wollte. Nachdem die Mohammedaner sich schlafen gelegt hatten, entfernten sich drei der Diener, die mir der Aufseher gegeben hatte, und ich konnte auch den vierten loswerden, indem ich ihn Brot holen schickte. Nachdem wir nun mit dem Dolmetscher allein waren, nahm der Händler seine Kappe ab und wickelte seine Haare auf, in denen ein Tüchlein verborgen war. Darin befand sich ein Diamant, der 48,5 Karat

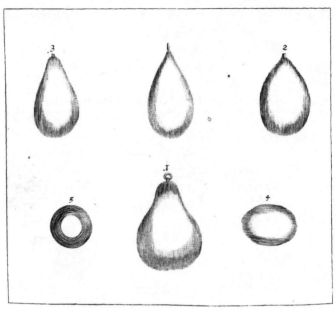

Die größten Rubine und Perlen

schwer und wasserklar war. Er bot mir an, mir den Stein über Nacht zu überlassen, damit ich ihn genau betrachten könnte. Am nächsten Tag würde er außerhalb des Ortes auf mich warten, und dann könnte ich ihm das Geld für den Stein überreichen. Wir vereinbarten den Preis, und ich kaufte ihm auf diese Weise den Stein ab, den ich dann in Surat an einen Holländer mit großem Gewinn weiterveräußerte.

Drei Tage nach diesem Kauf erhielt ich einen Brief von einem Apotheker aus Golconda, genannt Boete. Ich hatte ihm den Stein überlassen, damit er das Geld dafür einziehen konnte. Am Tag nach der Geldübergabe war er allerdings schwer erkrankt. Er schrieb mir daraufhin, er werde kaum länger als zwei Tage noch leben. Das Geld befinde sich in versiegelten Säcken in meinem Zimmer, aber er mißtraue den

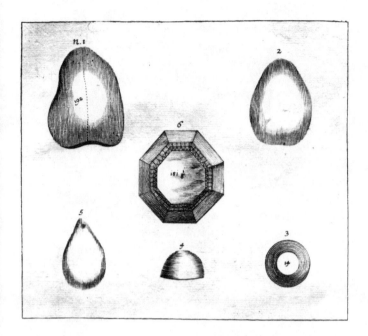

Dienern, und deshalb solle ich mich beeilen, zurückzukommen. Nachdem ich diesen Brief empfangen hatte, ging ich zum Aufseher und bezahlte ihm die für den König bestimmten Steuern.

Der Aufseher war über meine plötzliche Abreise sehr überrascht, denn er glaubte, ich hätte schon mein ganzes Geld ausgegeben, er bot mir sogar an, mit meinem restlichen Geld für mich Steine einzukaufen, aber ich lehnte ab. Ich zeigte ihm aber die Steine, die ich gekauft hatte, und auch den Diamant, den ich von dem heidnischen Händler hatte. Über diese Offenheit war der Aufseher sehr erstaunt, und er meinte, daß kein anderer Kaufmann im Land so gehandelt hätte, besonders, wenn er glaubte, niemand hätte ihn beim Kauf beobachtet. Er rief darauf alle Kaufleute zusammen und befahl ihnen, mir die schönsten Steine zu bringen. Auf diese Weise wurde ich mein restliches Geld innerhalb von zwei Stunden los. Er forderte daraufhin die Kaufleute auf, mir ein besonderes Abschiedsgeschenk zu machen. Sie gaben mir hierauf einen Diamanten, der mindestens hundert Taler wert war, und der Aufseher selbst schenkte mir eine Kappe und eine Schlinge.

Die Inder haben eine seltsame Art, Waren zu kaufen. Der Verkäufer und der Käufer sitzen einander stillschweigend im Schneidersitz gegenüber. Der Verkäufer nimmt die rechte Hand des Käufers, mit dieser zeigt er dem Käufer den Preis an, ohne dabei ein Wort zu wechseln. Wenn der Verkäufer die ganze Hand des Käufers nimmt, bedeutet das tausend, und jeder weitere Händedruck weitere tausend Rupien oder Pagodes mehr. Jeder Finger bedeutet hundert, ein halber Finger fünfzig. Auf diese Art kann vor anderen verborgen werden, welcher Preis ausgehandelt wird.

Hinsichtlich des Gewichts der Steine kann man nicht betrogen werden, denn wenn man sie öffentlich kauft, werden sie von einem Angestellten des Königs abgewogen. Nachdem ich meine Geschäfte in den Gruben abgeschlossen hatte, gab mir der Aufseher noch sechs berittene Männer zum Schutz bis an die Grenze des Königreiches mit. Die beiden Reiche Visapour und Golconda sind durch einen Fluß getrennt, über den weder eine Brücke noch eine Fähre führt. Nur ein runder Kahn dient zum Übersetzen. Die beiden Könige dieser Länder wollen auch keine Brücke bauen lassen, um die Grenze besser zu kennzeichnen.

Als ich in Golconda ankam, war Boete schon seit drei Tagen tot. Die Kammer, in der ich ihn zurückgelassen hatte, war mit zwei Siegeln verschlossen. Eines stammte vom Kadi und das zweite vom Cha-Bander, dem Vorsteher der Kaufleute. Ein Diener bewachte das Zimmer Tag und Nacht, und als er erfuhr, daß ich zurückgekehrt war, verständigte er sofort den Kadi und den Cha-Bander, die mich dann zu sich riefen. Sie wollten von mir wissen, ob das Geld, das in der Kammer gefunden worden war, mir gehöre und wie ich dies beweisen könne. Ich erklärte, die Wechselscheine des Cheraf würden die Wahrheit meiner Worte beweisen. Nachdem ich den Nachweis geführt hatte, konnte ich in das Zimmer gehen und mir mein Geld herausholen. Ich wurde dabei aber vom Statthalter begleitet, der besorgt war, daß auch alles, was mir gehörte, vorhanden war. Als ich ihm dies bestätigte, brachte er mich zum Kadi, bei dem ich noch ein Schreiben in persischer Sprache unterzeichnen mußte. Ich mußte außerdem noch den Sarg meines Freundes bezahlen und auch den Diener, der mein Zimmer bewacht hatte. Alles zusammen machte neun Rupien.

Das 12. Kapitel

Meine Reise zu den anderen Gruben

Sieben Tagesreisen von Golconda entfernt liegt eine andere Diamantengrube, in der Landessprache Gani genannt. Sie liegt nahe bei einem Fluß, und in ihrer Nähe befinden sich auch hohe Berge. In der Ebene findet man die Diamanten. Je näher man den Bergen kommt, desto größer werden die Steine. Die Grube wurde vor etwa 100 Jahren entdeckt. Dies ist einem Bauern zu verdanken, der beim Umpflügen seiner Äcker auf einen großen harten Stein gestoßen war. Nachdem er bemerkt hatte, daß dieser Stein glänzte, beschloß er, ihn nach Golconda zu bringen. Dort traf er zufällig einen Diamanthändler, der sehr erstaunt über die Größe des Steines war. Bisher waren die größten, die man gefunden hatte, höchstens zwölf Karat schwer. Er fragte den Bauern, von wo er diesen her hätte, und sofort verbreitete sich diese Neuigkeit. Nun gingen viele Leute an diesen Ort, um nach Steinen zu graben. Im allgemeinen werden dort Steine zwischen 10 und 40 Karat gefunden, doch manchmal findet man auch einen noch größeren. Unter anderem wurde dort ein Diamant ausgegraben, der 900 Karat schwer war. Dieser wurde von Mirgimola Aureng-zeb geschenkt.

Obwohl die Steine von hier sehr groß sind, sind sie nicht sehr wertvoll, weil sie, je nach der Erde, in der sie lagern, farbig sind. In Indien versucht man, die Reinheit eines Steines zu erkennen, indem man ihn bei Nacht vor einer Fackel betrachtet. In Europa hingegen begutachtet man den Stein bei Tag. Das erste Mal, als ich bei den Gruben war, sah ich dort bis 60 000 Personen arbeiten, Männer, Frauen wie auch Kinder. Die Männer gruben die Erde um, die dann von den Frauen und Kindern weggetragen wurde.

Zu Arbeitsbeginn versammeln die Meister ihre Gehilfen um sich und lassen einen Platz, so groß wie das Feld, das ausgegraben werden soll, ebnen und eine kleine Mauer darum ziehen. Danach wird ein Mahl bereitet, von dem jeder zu essen bekommt. Auch ein Priester ist anwesend. Sobald die Mahlzeit beendet ist, beginnt die Arbeit. Die Männer graben, und die Kinder und Frauen tragen die Erde auf den geebneten Platz. Sie graben etwa 14 Schuh tief, bis sie auf Wasser stoßen. Sie schütten dann das Wasser auf den Erdhaufen und lassen dies dann einwirken, bis die Erde weich wird. Dann lassen sie die Erde trocknen, um daraus dann die Diamanten auszusieben. Die Bezahlung der Arbeiter und die Abgaben an den König entsprechen denen der Gruben von Raolconda.

Vor ungefähr dreißig bis vierzig Jahren hatte man zwischen Gani und Raolconda eine weitere Fundstätte entdeckt, die vom König aber wegen der vielen Betrügereien, die sich dort zutrugen, wieder geschlossen wurde. Es wurden dort nämlich Steine mit einer grünen Oberfläche gefunden, die schöner aussahen als andere. Jedoch zerfielen sie sehr leicht in einzelne Stücke. So mußte man sehr auf der Hut sein, einen solchen Stein zu kaufen, da er wertlos war. Da aber, wie schon erwähnt, viele Leute damit betrogen wurden, ließ der König die Grube schließen.

Kurze Zeit, nachdem die Grube entdeckt worden war, kaufte ein freier Kaufmann, der keiner Gesellschaft angehörte, zwei Engländern einen sehr schönen Stein ab, der 42 Karat wog. Er wollte ihn in Deutschland verkaufen, konnte sich aber mit seinen Freunden nicht über den Preis einigen. So ging er nach Venedig, um ihn dort schleifen zu lassen. Allerdings zerbrach er auf der Schleifscheibe in neun Stücke. Auch mir passierte ähnliches. Ich hatte aus dieser Grube einen zweikarätigen Stein gekauft, der auf der Schleifscheibe in viele kleine Stücke zerfiel.

Die älteste indische Diamantengrube liegt im Königreich Bengala, dessen Raja seit alters her dem Großmogul tributpflichtig war. Von Agra aus reist man, um zu dieser Grube zu kommen, in östlicher Richtung nach Saferon, dann weiter Richtung Süden, bis man an einen Ort gelangt, der dem Raja von Bengalen gehört und 21 Meilen von Saferon entfernt ist. Von hier aus gelangt man weiter zu einer Festung, genannt Kadas. Diese liegt auf einem Berg und hat sechs große Basteien, bestückt mit 27 Geschützen, und drei Gräben, in denen gute Fische gefangen werden können. Auf die Festung gelangt man ausschließlich von einer Ebene aus, die mit Korn und Reis bepflanzt ist und von zwanzig Quellen bewässert wird. Rund um den Berg findet man viele Wasserfälle und dazwischen herrliche Wälder. Der Raja hielt sich früher –

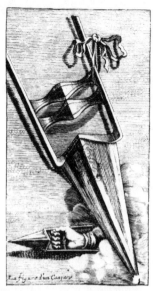

Ein indischer Dolch

bewacht von 800 Mann – in der Festung auf, bis sie der Großmogul durch seinen Feldherrn Mirgimola eroberte.

Von der Festung bis nach Somelpour sind es 30 Coftes, wobei die Wegstrecke nur durch Wälder führt. Hier zu reisen ist sehr gefährlich, weil viele Räuber im Wald auf der Lauer liegen, genau wissend, daß Kaufleute immer Geld bei sich haben. Der Raja wohnt eine halbe Meile von jenem Ort entfernt auf einer Anhöhe, an deren Fuß der Fluß Gouel vorbeifließt, in dem man die Diamanten findet. Dieser Fluß kommt aus den Bergen und mündet in den Ganges.

Wenn die Regenzeit vorüber ist, wird der Fluß gestaut und der Flußsand ans Ufer gebracht, wo man ihn auswäscht. In diesem Fluß findet man sehr spitzige Diamanten, die aber eher klein sind. Lange Zeit hat man in Europa keine Steine aus diesem Fluß erhalten, weil durch den langen Krieg die Diamantsuche vernachlässigt worden war.

Das 13. Kapitel

*Wie ich auf meiner Reise von Surat nach Gomron
betrogen wurde*

Im April 1665, als ich mich nach Surat einschiffen wollte, gab mir der englische Verwalter in Gomron ein Paket mit Briefen an den Vorsteher in Surat mit. Dieses Paket war sehr groß, denn es enthielt außer diesen auch noch einige Privatkorrespondenz. Ich erhielt dieses Paket in Anwesenheit des Herrn Casembrot, eines Holländers, der ein Verwandter des Herrn Heinrich van Wück, Befehlshaber der Kompanie in Gomron, war. Schon vorher wollten die beiden von mir unbedingt wissen, ob ich ein Paket mit Briefen vom Sachwalter bekommen hatte. Ich antwortete ihnen ehrlich. Die beiden hatten aber anscheinend die Absicht, sich dieser Briefe zu bemächtigen. Als nun Casembrot sah, wie ich das Paket in Empfang nahm, eilte er zu van Wück, um ihm dies mitzuteilen. Ich begab mich gleichfalls zu van Wück, weil ich mich von ihm verabschieden wollte. Dieser drängte mich, mit ihm zu Abend zu essen, und als ich dann schließlich ging, ließ er mich von fünf Leuten begleiten und mich in seinem Boot zum Schiff bringen.

Dort hatte der Kapitän auf Befehl des Herrn van Wück bereits sein eigenes Zimmer für mich herrichten lassen. Ich bestand aber darauf, das Zimmer mit dem Kapitän zu teilen. Ich nahm das Paket aus meinem Rock und legte es unter mein Kopfkissen. Mit meinem Boot waren auch zwei Beischiffe hier angekommen, die Goldsäcke geladen hatten. Um unsere Abfahrt zu verzögern, lud man diese ganz langsam um. Damit verging die ganze Nacht, als man jedoch bemerkte, daß ich mich nicht zum Schlafen niederlegte, ließ man einen

Wappen der holländischen Handelskompanie

der Säcke ins Wasser fallen. Um ihn wieder zu bergen, mußte man einen Taucher holen lassen, der aber erst bei Tagesanbruch an Bord kam. Inzwischen legte ich mich doch hin, um etwas zu schlafen. Während ich nun schlief, stahl man mir mein Paket und vertauschte es gegen ein anderes, das ebenso aussah. Nachdem der versunkene Sack endlich aus dem Meer gezogen war, setzten wir die Segel und kamen am 5. Mai in Surat an. Als ich dem englischen Präsidenten die Briefe überreichte, bemerkte dieser sofort den Betrug, denn es befand sich nur weißes Papier in den Briefen. Er war so wütend auf mich, daß ich nicht einmal Gelegenheit fand, mich zu rechtfertigen. Auch viele andere Engländer waren aus diesem Grund so schlecht auf mich zu sprechen, daß sie mir sogar mehrmals nach dem Leben trachteten. Ich konnte deshalb nur mit Leuten zusammen ausgehen, die mich beschützten. Ich konnte mich nicht einmal nach Golconda zu den Diamantgruben begeben, denn von einigen Freunden erfuhr ich, daß dort einige Engländer auf mich warteten, um mich zu mißhandeln. Diese Geschichte verursachte mir großen geschäftlichen Verlust, denn ich konnte in Indien nichts einkaufen und mußte das Geld wieder nach Persien mitnehmen.

Wegen dieses Vorfalls schrieb ich am 16. Mai 1665 einen Brief an den General der holländischen Kompanie auf Batavia sowie an die Herren des Rats von Surat. Darin beschwerte ich mich über das schändliche Verhalten des Herrn van Wück und forderte Gerechtigkeit.

Wie allen Schelmen erging es auch diesen; es ereilte sie die gerechte Strafe: Herr van Wück bekam starkes Fieber, und als der ehrwürdige Pater Balthasar vom Karmeliter-Orden zu ihm kam, um ihm die Beichte abzunehmen, und ihn dabei auch fragte, ob er etwas mit der besagten Sache zu tun habe, antwortete ihm van Wück, er wolle, wenn er daran beteiligt wäre, in drei Tagen sterben, ohne noch ein Wort zu sagen. Und so geschah es denn auch. Nach drei Tagen verstarb er, ohne daß er noch ein Wort gesagt hätte.

Sein Leutnant, namens Bozan, der mich auf das Schiff begleitet und den Diebstahl durchgeführt hatte, legte sich eines Nachts auf einen Damm nieder, um in der Kühle zu schlafen. Da sich dort aber kein Geländer befand, an dem man sich hätte festhalten können, fiel er ins Meer, als er im Schlaf eine kleine Bewegung machte. Am anderen Tag wurde er tot am Ufer aufgefunden.

Auch den Kapitän ereilte das Schicksal. Als er eines Tages auf der Straße seines Weges ging, wurde er von einem vor Wut rasenden Mohammedaner erstochen, der ihn irrtümlicherweise für den Schänder seiner Frauen hielt.

DAS DRITTE BUCH

VOM GLAUBENSBEKENNTNIS DER MOHAMMEDANER UND DER UNGLÄUBIGEN IN INDIEN UND VON MEINER REISE VON INDIEN NACH CEYLON

Das 1. Kapitel

Vom absonderlichen Glaubensbekenntnis der Mohammedaner im orientalischen Indien

Die Glaubensunterschiede unter den Mohammedanern gründen sich nicht so sehr auf verschiedene Auslegungen des Korans, sondern vielmehr auf unterschiedliche Einschätzungen der ersten Nachkommen von Mohammed. So haben sich zwei gegensätzliche Glaubensrichtungen unter ihnen entwikkelt. Die Anhänger der einen nennen sich Sunniten. Sie sind vor allem unter den Türken zu finden. Die anderen heißen Schiiten; und vor allem die Perser bekennen sich zu dieser Richtung. Ich will hier aber berichten, welche Konfessionen im Reich des großen Moguls, in Golconda und in Visapour, anzutreffen sind.

Bei den ersten Einfällen der Mohammedaner in Indien war es für sie sehr leicht, das Volk mit Waffengewalt zu unterdrücken. Die indischen Christen waren zu unterwürfig, die Götzenanbeter äußerst zaghaft. So leistete das gesamte indische Volk den Eroberern keinen großen Widerstand. Die Unterwerfung wurde überdies dadurch noch erleichtert, daß viele Christen und Heiden sogleich zum mohammedanischen Glauben übertraten.

Der Großmogul gehört samt seinem ganzen Hof der sunnitischen Richtung an, während der König von Golconda ein Schiit ist. Im Königreich Visapour sind dagegen beide Richtungen vorhanden. Auch am Hof des Großmoguls sind einige Schiiten zu finden, denn die vielen Perser, die in seiner Armee dienen, bekennen sich heimlich zum schiitischen Glauben. Äußerlich machen sie dem Großmogul jedoch vor, Sunniten zu sein, wovon sie sich eine bessere Karriere erhoffen. Sie müssen deshalb ihren wahren Glauben tief im Herzen verbergen.

Der König von Golconda hängt dagegen dem Schiismus an. An seinem Hof dürfen die zahlreichen Perser ihre Religion frei ausüben, worin auch der Grund zu finden ist, warum so viele von ihnen an seinem Hof zu dienen wünschen.

Indische Mohammedaner sind sehr selten Beamte. Die meisten Perser kommen deshalb auch nach Indien, um an den verschiedenen Höfen zu dienen. Wenn sie außerdem noch die verschiedenen Waffenarten beherrschen, finden sie leicht Eintritt in die Armee und werden dort schnell befördert.

Aureng-zeb ist der eifrigste Verfechter des sunnitischen Glaubens. Er übertrifft in seiner tiefen Religiosität selbst seine Vorfahren. Als er auf den Thron kam, versprach er, die mohammedanischen Gesetze voll und ganz einzuhalten. Genau dies war in der Regierungszeit seines Vaters und Großvaters vernachlässigt worden. Er lebte sogar eine Zeitlang als Derwisch, als freiwillig Armer also, und unter diesem trügerischen Mantel bahnte er sich, wie bereits berichtet, seinen Weg zum Thron des Reiches.

Aureng-zeb erlaubt nicht einmal seinen persischen Hofbeamten, das große schiitische Fest der Kinder Alis zu feiern. Dieses Fest ist bei den Sunniten völlig verpönt. Den Persern scheint dies freilich wenig auszumachen, da sie selbst verschiedene sunnitische Sitten angenommen haben.

Das 2. Kapitel

Von den mohammedanischen Fakiren

Man erzählte mir, daß in Indien rund achthunderttausend mohammedanische und zwölf mal hunderttausend heidnische Fakire leben. Sie alle sind Landstreicher und Faulenzer, die das arme und unwissende Volk mit ihrem religiösen Eifer ausbeuten. Sie reden ihm ein, durch ihren Mund antworte Gott auf ihre Fragen.

Es gibt unterschiedliche mohammedanische Fakire. Die meisten gehen wie die heidnischen Fakire fast nackt herum und haben keinen festen Wohnsitz. Außerdem begehen sie ohne Scham allerlei Schweinereien. Die Gläubigen machen sie glauben, sie könnten alles Böse tun, ohne dabei zu sündigen.

Andere Fakire binden sich farbige Tücher um ihre Hüften. Sie ziehen in Gruppen umher und haben ein Oberhaupt. Dieses ist an einer schweren eisernen Kette, die an seinen Füßen angebunden ist, zu erkennen. Während seines Gebets wird mit dieser Kette ein furchtbarer Lärm veranstaltet. Der dadurch angelockte Pöbel lauscht dann aufmerksam seiner wohlklingenden Stimme. Meistens bereiten sie ihm und seinen Gesellen eine Speise zu und servieren sie ihm auf einem offenen Platz. Dort darf dann auch jeder den Meister um Rat fragen.

Seine Jünger versuchen die ganze Zeit, ihren Meister als einen heiligen Mann anzupreisen. Das leichtgläubige Volk glaubt dann auch bald, er sei ein Prophet. Wenn die Leute sich ihm nähern, ziehen sie ihre Schuhe aus und küssen dann seine Füße. Nach dieser demütigen Begrüßung fragen sie ihn nach seinen weisen Ratschlägen. Auch unfruchtbare Frauen besuchen den Meister oft, die ihn um eine Wundermedizin bitten, damit sie Kinder gebären können.

Manche dieser Fakire besitzen eine Gefolgschaft von bis zu 200 Jüngern. Sie ziehen meist mit Speeren und anderen Waffen durch das Land. Wenn sie dann an einem Ort lagern, stecken die Jünger ihre Speere um ihren Meister herum in die Erde.

Die dritte Art von Fakiren sind Kinder armer Eltern. Damit sie das mohammedanische Gesetz lernen, um später einmal Schriftgelehrte werden zu können, leben sie in den Moscheen von den Almosen der Gläubigen. Ihre Zeit verbringen sie mit dem Studium des Korans, den sie auswendig lernen müssen. Beherrschen sie außer diesem noch eine andere Wissenschaft, können sie sogar Oberhaupt einer Moschee werden und so zu großem Ansehen kommen.

Fakire besitzen oft bis zu vier Weiber. Sie glauben, ihrem Gott einen großen Gefallen zu tun, wenn sie Vater vieler Kinder werden. So steht es in einem der Gesetze ihres Propheten.

Das 3. Kapitel

Von den Brahmanen und den Kasten

In Indien leben so viele Heiden, daß sechs von ihnen auf einen Mohammedaner kommen. Es ist wirklich verwunderlich, daß sie sich von der kleinen mohammedanischen Minderheit unterdrücken lassen und vollständig unter dem Joch mohammedanischer Fürsten stehen. Wer aber die Uneinigkeit dieser Heiden untereinander kennt, versteht dies sehr bald. Ihr Aberglaube hat eine solche Vielfalt von unterschiedlichen Meinungen und Gebräuchen hervorgebracht, daß es unmöglich ist, sie zu einen. Ein Heide würde nie im Haus eines Heiden einer anderen Kaste ein Stück Brot oder einen Schluck Wasser zu sich nehmen, es sei denn, der Betreffende wäre von einer vornehmeren Kaste. In den Häusern der Brahmanen dürfen indessen alle Kasten essen.

Eine Kaste der Heiden entspricht ungefähr dem Stamm im älteren jüdischen Glauben. Entgegen der allgemeinen Meinung, daß in Indien 72 Kasten vorhanden sind, erklärte mir ein Priester, die Heiden seien in vier Hauptkasten unterteilt, von denen alle übrigen Kasten abstammten.

Die oberste Kaste sind die Brahmanen, die als Nachfolger des alten Brahma oder Weltweisen gelten. Sie befassen sich schon seit Jahrhunderten mit der Astronomie, und sie beherrschen diese Kunst so sehr, daß sie Sonnen- und Mondfinsternisse auf die Minute genau vorhersagen können. In Varanasi wird von ihnen eine Schule unterhalten, in der Astronomie und andere Wissenschaften unterrichtet werden. Die Brahmanen sind die edelste Kaste und dürfen als einzige das Priesteramt ausüben. Nur wenige von ihnen haben studiert; so folgen sie weiter mit großem Eifer ihrem Aberglauben.

Die zweite Kaste nennt sich Rajputs oder Ketris, was Krieger oder streitbare Männer bedeutet. Diese sind die einzigen indischen Heiden, die den Mut haben, zu den Waffen zu greifen. Sie haben deshalb auch durch ihre Feldzüge großen Ruhm errungen. Alle Rajas stammen aus dieser Kaste der Rajputs. Obwohl sie zum größten Teil dem Großmogul eine kleine Steuer entrichten müssen, werden sie doch durch ihre Treue zu ihm noch viel reichlicher belohnt. Diese Rajas und seine Rajputen sind die festesten Stützen des Reichs des Großmoguls. Die Ketris haben zum größten Teil ihr früheres Soldatenleben mit dem eines Händlers vertauscht.

Die dritte Kaste ist die der Banianen und der Cherafs. Die Banianen sind in erster Linie Händler, während die Cherafs den Beruf des Geldverleihers ausüben. Diese Händler übertrefen in ihrem Geschick sogar die Juden. Ihre Kinder werden schon im zarten Alter in das Geschäftsleben eingeführt, wobei es ihnen nicht erlaubt ist, mit den anderen Kindern in den Gassen zu spielen. Sie lernen die Rechenkunst so gut, daß sie ohne Schreibhilfe die schwierigsten Aufgaben in Sekundenschnelle lösen können. Die Söhne befinden sich jederzeit in der Nähe ihrer Väter, um sich von ihnen im Handel unterrichten zu lassen.

Die Banianen essen nichts, was lebt. Sie würden sogar lieber selber sterben, als nur das geringste Tierchen zu töten. In diesem Punkt folgen sie genauestens ihren heidnischen Gesetzen. Sie schlagen auch niemanden und würden auch nie Krieg führen. In den Häusern der Rajputen lehnen sie jede Speise ab, da die Kriegerkaste Tiere, ausgenommen Kühe, tötet und deren Fleisch ißt.

Die vierte Kaste bilden die Charados oder Sudras. Diese sind wie die Rajputen Krieger. Die Sudras dienen aber vorwiegend als Fußwolk, die Rajputen hingegen als Reiter. Beide Kasten streben nach der Ehre, im Kampf zu sterben, und ein Soldat wird für ehrlos gehalten, wenn er jemals, anstatt zu

Hindufrauen, der Kaste der Sudra angehörend

kämpfen, flüchtet. Ein solcher ist dann ein ewiger Schandfleck seiner Familie. Ich möchte hierzu eine kleine Geschichte einfügen, die mir ein Soldat in Indien erzählt hat. Ein Krieger liebte seine Frau voller Inbrunst. Seine Frau erwiderte seine Liebe. Während eines Kampfes entfloh dieser Soldat einer gefährlichen Situation nicht aus Furcht vor dem Tod, sondern weil er seine Frau nicht als Witwe hinterlassen wollte. Seine Frau wurde nun von dieser ehrlosen Tat unterrichtet, und als sie nun ihren Mann sich dem Hause nähern sah, verschloß sie vor ihm die Tür. Sie ließ ihm sagen, sie dulde keinen Mann in ihrem Haus, der seine Frau dem ehrenhaften Kriegertod vorziehe. Er sei ein Schandfleck für sein ganzes Geschlecht, und sie werde deshalb versuchen, die Kinder zu tapfereren Männern zu erziehen, als dies ihr Vater sei. Die Frau ließ sich von ihrem Entschluß nicht abbringen, und so kehrte der Soldat wieder in die Armee zurück. Dort vollbrachte er einige tapfere Taten, was ihm beträchtlichen Ruhm einbrachte. Erst danach war die Tür seines Hauses für ihn wieder geöffnet, und sein Weib nahm ihn mit Freuden wieder bei sich auf.

Das übrige Volk, welches keiner dieser vier Kasten angehört, wird Pauzecour genannt. Es sind zumeist Handwerker, wobei das Handwerk dem Sohn vom Vater vererbt wird. So kann z. B. ein Schneider, selbst wenn er sehr reich ist, seinen Sohn niemals eine bessere Tätigkeit erlernen lassen als die eigene. Die Kinder werden auch mit Angehörigen des gleichen Handwerks verheiratet.

Die niedrigste aller Tätigkeiten wird von einer Kaste namens Alacors verrichtet. Diese tut nichts anderes, als die Häuser der anderen zu säubern. Wenn ein vornehmer Inder auch über 50 Diener besitzt, so würde kein einziger von ihnen einen Besen in die Hand nehmen und das Haus kehren. Auch gilt es in Indien als übelste Beschimpfung, jemanden einen Alacor zu nennen. Merkwürdig ist auch, daß jeder Diener eine ganz besondere Aufgabe ausführt: So holt z. B. einer das

Wasser für den Herren, während ein anderer die Tabakspfeife
bedient. Wenn nun der Herr von einem Diener etwas verlangt, für das dieser nicht zuständig ist, so wird er wahrscheinlich gar nicht bedient werden. Lediglich die Leibeigenen müssen alles tun, was ihr Herr wünscht. Wie die Alacoren, die den Unrat wegkehren, leben auch die Leibeigenen von nichts anderem als von dem, was ihnen übrig gelassen
wird. Ihnen ist es auch gleichgültig, was sie zu essen bekommen. Die Alacoren sind auch die einzigen Heiden, die den
Esel berühren, den sie benützen, um den Abfall auf die Felder
zu führen. Sie sind auch die einzigen, die Schweine halten und
diese auch essen.

Das 4. Kapitel

*Vom Glauben der Heiden in Indien und über die Sage
vom sprechenden Affen Hanuman*

Obwohl die Inder solche unvernünftige Kreaturen wie Kuh,
Affe und andere Tiere wie Götter verehren, glauben sie
dennoch auch an einen wahrhaftigen, einzigen, unendlichen,
allmächtigen und allwissenden Gott, Schöpfer des Himmels
und der Erde, der alles durch seine Gegenwart erfüllt. Sie
nennen ihn vielerorts Permesser, in anderen Gegenden, wie
z. B. am Strand der Malavares, Peremael, und Vishnu in der
Brahmanensprache[1], die die Länder von Koromandel be-

1 Sanskrit

wohnen. Weil sie meinen, daß der Kreis die vollkommenste Figur sei, verehren sie ihren Gott in dieser Form, und in ihren Pagoden haben sie deshalb immer einen runden Stein stehen, der ihren Gott darstellt. Selbst mit dem Vernünftigsten kann man über den Unsinn einer solchen Verehrung nicht sprechen, und so braucht man sich nicht zu wundern, daß dieses Volk solch einem widernatürlichen Aberglauben verfallen ist. Selbst um ihren Hals haben sie einen solchen Stein hängen, den sie sich während des Gebets auf den Bauch schlagen.

In ihrer erbärmlichen Unwissenheit meinen sie, daß die Götter die gleichen Gefühle wie die Menschen haben. Sie geben ihnen deshalb auch Frauen, so wie dies die alten Heiden taten. Außerdem glauben sie, auch ein Mensch könne zur Gottheit werden. So halten sie Ram für eine große Gottheit wegen der Wunderwerke, die er in seinem Leben vollbracht hat. Dies wird deutlich anhand von Fabeln, die mir die erfahrensten Brahmanen erzählt haben.

Ram war der Sohn eines mächtigen Rajas namens Deseret. Ram war das tugendhafteste unter allen Kindern, die jener von zwei Frauen hatte. Von seinem Vater wurde er besonders geliebt und deshalb auch zum Nachfolger auserkoren. Als die Mutter von Ram gestorben war, gelang es der zweiten Frau des Raja, der er völlig hörig war, Ram und seinen Bruder Lakshman aus dem Haus zu jagen und ihren eigenen Sohn zum Erben zu machen. Nachdem die beiden den Befehl erhalten hatten, sich aus dem Haus zu entfernen, ging Ram zu seiner Frau Sita, die die Heiden für eine Göttin halten, um sich zu verabschieden. Sie ließ ihn aber nicht allein fortziehen und folgte ihm nach. So gingen alle drei zusammen fort, um ihr Glück zu suchen. Dieses war ihnen allerdings nicht hold. Denn als Ram eines Tages im Wald auf Vogeljagd ging, war Sita so besorgt um ihn, daß sie seinen Bruder losschickte, ihn zu suchen. Lakshman wehrte sich lange dagegen, denn Ram hatte ihm befohlen, Sita nicht allein zu lassen, weil er nach einer Vision Schlimmes ahnte. Trotzdem ließ sich Lakshman von den inständigen Bitten seiner Schwägerin überreden. Inzwischen kam Rhavan, ein anderer heidnischer Gott herbei, um Sita um ein Almosen zu bitten. Ram hatte Sita aufgetragen, sich nicht von der Stelle zu rühren. Doch Rhavan wußte dies und wollte deshalb das Almosen solange nicht annehmen, bis sich Sita von ihrem Ort entfernte. Bei dieser Gelegenheit bemächtigte er sich ihrer und entführte sie ins Dickicht des Waldes, wo sein Gefolge bereits auf ihn wartete, um sich anschließend dann in das Land[1] des Gottes zu begeben. Als Ram wieder an die Stelle zurückkam, wo er Sita zurückgelassen hatte, und bemerkte, daß sie nicht mehr da war, fiel er ohnmächtig zur Erde. Lakshman bemühte sich, ihn wieder zu sich zu bringen, und dann machten sie sich auf den Weg, Sita zu suchen, denn Ram liebte seine Frau inniglich.

Bei der Erzählung dieser Geschichte[2] haben die Brahmanen Tränen in den Augen, um so ihren großen Schmerz darüber zum Ausdruck zu bringen. Überdies erzählen sie eine Unmenge lächerlicher Geschichten, um die großen Bemühungen des Ram aufzuzeigen, seine Frau wiederzufinden. Ram veranlaßte alle Tiere, ihm bei der Suche zu helfen. Der Affe Hanuman hatte bei der Suche aber als einziger Erfolg. Er überquerte das Meer und begab sich in den Garten des Rhavan, wo er Sita in großer Verzweiflung antraf. Sie war sehr darüber verwundert, einen Affen anzutreffen, der sich mit ihr über Ram unterhielt. Zum Beweis, daß er wirklich von ihrem Mann geschickt war, überreichte er ihr einen Ring. Sie war zutiefst überrascht, daß Ram es fertiggebracht hatte, einen Affen zum Reden zu bringen, damit er ihr eine Nachricht zukommen lassen konnte. Als Hanuman von den

1 Sri Lanka
2 Ramayana

Wächtern des Rhavan entdeckt wurde und verbrannt werden sollte, steckte er mit dem für ihn bestimmten Feuer den ganzen Palast des Rhavan an. Er befreite sich dann von den Lumpen, die er am Leib hatte, um darin verbrannt zu werden, indem er ins Meer sprang. Danach machte er sich auf, Ram Bericht zu erstatten. Er erzählte ihm, in welch elendem Zustand sich Sita aus Kummer über die Trennung befand. Ram entschloß sich daraufhin, koste es was es wolle, Sita aus den Händen des Rhavan zu befreien. Der Affe diente ihm dabei als Wegweiser. Viele andere halfen ihm ebenfalls. Als sie beim Palast des Rhavan ankamen, qualmte dieser noch; so groß war das Feuer gewesen. Rhavan war aus Angst vor Ram in die Berge geflüchtet. Sita und Ram waren nun glücklich wieder miteinander vereint. Sie dankten dem Affen Hanuman sehr, der ihnen so große Dienste geleistet hatte.

Rhavan aber wurde nun Fakir in den Bergen, denn sein Land wurde von Rams Gefolgschaft völlig zerstört. Von diesem Rhavan stammen alle Fakire ab, die man so zahlreich in Indien antrifft. Diese führen ein so enthaltsames Leben, daß ich begierig war, mehr darüber zu erfahren. In meinen nächsten Kapiteln folgen einige Geschichten darüber.

Das 5. Kapitel

Von den heidnischen Fakiren oder den freiwillig Armen in Indien

Der Ursprung aller Fakire liegt bei Rhavan, der sich entschloß, nachdem er von Ram besiegt worden war, der Welt zu entsagen und arm durch die Lande zu ziehen. Er fand bald eine große Anhängerschaft, die mit ihm herumzog. Sie genossen große Freiheiten, denn durch ihre Verehrung als Heilige hatten sie jede Gelegenheit, alles Böse, das sie nur wollten, zu begehen. Die Fakire ziehen für gewöhnlich in Gruppen herum, und jeder Haufen hat ein Oberhaupt. Sie gehen im Winter wie im Sommer nackt und schlafen auf harter Erde. Wenn ihnen kalt ist, gehen die jungen Fakire am Nachmittag Kuhmist und andere Fäkalien sammeln, die sie an der Sonne trocknen, um dann damit Feuer zu machen. Selten verwenden sie Holz dazu, weil sie Angst haben, sie könnten ein Lebewesen, das sich darin befindet, töten. Auch die Holzbauten, auf denen man die Toten verbrennt, bestehen nur aus Treibholz, in dem keine Tiere leben. Nachdem sie also den Mist getrocknet haben, vermischen sie ihn mit trockener Erde und machen kleine Haufen daraus, die sie dann anzünden. Um diese Haufen herum setzen sich dann die Fakire, um sich so zu wärmen. Wenn sie einschlafen, lassen sie sich auf die Asche fallen, die sie ausgestreut haben. Diese dient ihnen als Matratze und der Himmel als Decke. Auch die Büßer gehen nackt herum. Ihnen macht man indes zu beiden Körperseiten Feuer, denn sonst würden sie die kalten Nächte nicht überstehen. Die reichen Heiden schätzen sich überglücklich, wenn sie einen Fakir beherbergen dürfen. Sie bewerten die Fakire je nachdem, wie hart diese ihr Leben führen. Besonders rühmen können sich jene, die einen Fakir in ihrer Mitte haben, der sich einer ganz besonders harten Buße verschrieben hat.

Einige Gruppen von Fakiren tun sich öfters zusammen, um zu berühmten Pagoden und an den Ganges, den sie für etwas ganz Besonderes halten, zu pilgern. Diese Fakire hausen dann in erbärmlichen Hütten nahe den Tempeln, wohin man ihnen täglich einmal zu essen bringt.

In Indien wird ein Baum ganz besonders verehrt, den die Heiden Banianen-Baum nennen. An den Orten, wo solche Bäume stehen, setzen sich die Heiden nieder, um darunter zu kochen. Oft bauen sie auch hier oder in der Nähe dieser Bäume ihre Pagoden auf. Ich habe einen solchen Baum in Surat gesehen, dessen Stamm hohl ist. Darin befindet sich ein mißgestalteter Kopf einer Frau, der die Frau darstellen soll, die die Heiden Mamaniba nennen. Jeden Tag begeben sich viele Heiden dorthin, um diese Figur anzubeten. Auch ein Brahmane hält sich dort auf, um die Opfergaben einzusammeln, die aus Reis, Hirse und anderem Getreide bestehen. Jedem Mann und jeder Frau macht der Brahmane, wenn sie in der Pagode ihr Gebet verrichtet haben, ein Zeichen aus Zinnober auf die Stirn, mit dem sie Götzenstatuen markieren. Dieses Zeichen beschützt sie angeblich vor dem Teufel, da sie mit ihm der Obhut Gottes unterstehen.

Bei diesem Baum befindet sich eine Grube, zu der sich einige Male im Jahr ein Fakir begibt. Nur durch ein kleines Loch gelangt Licht in die Grube. Man kann kaum glauben, daß dieser Fakir neun bis zehn Tage ohne Nahrung und Getränke dort ausharrt. Ich konnte dies aber mit eigenen Augen sehen. Der holländische Kommandeur von Surat ließ den Fakir einmal beobachten, weil er nicht glauben wollte, daß dieser ohne Nahrung auskommt. Doch er wurde eines Besseren belehrt: Der Fakir nahm tatsächlich weder irgendeine Nahrung zu sich, noch rührte er sich von der Stelle,

Der Banianen-Baum, unter ihm befinden sich Asketen in verschiedenen Bußhaltungen

sondern saß Tag und Nacht regungslos im Schneidersitz auf seinem Hintern.

Ein anderer Büßer verbringt viele Jahre, ohne sich jemals hinzulegen. Wenn er schlafen will, lehnt er sich lediglich an ein ausgespanntes Seil, wodurch die Beine mit der Zeit stark anschwellen.

Eine weitere Art der Buße ist es, die Arme dauernd ausgestreckt zu halten. Dies machen die Fakire bis zu ihrem Tod. Mit der Zeit können sie dann die Arme nicht mehr herunternehmen, weil die Gelenke steif werden. Ihre Haare wachsen bis über ihren Gürtel hinunter, und ihre Nägel werden so lang wie ihre Finger. Tags wie nachts, Sommer wie Winter verharren sie nackt in dieser Stellung, dem Regen und der Hitze sowie stechenden Fliegen ausgesetzt, ohne ihre Hände jemals

zum Vertreiben der Fliegen verwenden zu können. Sie werden von anderen Fakiren, die sich immer in ihrer Nähe aufhalten, mit Essen und Getränken versorgt.

Eine weitere Bußform besteht aus folgendem: Einige Stunden am Tag verbringt der Fakir auf einem Bein stehend, dabei eine Schale mit brennenden Kohlen haltend, auf die er als Opfergabe für seinen Gott Weihrauch wirft. Die Augen richtet er ständig auf die Sonne.

Es befinden sich noch zahlreiche andere Fakire in der Nähe des Baumes. Einer von ihnen schläft, ohne dabei die Arme niederzulegen, was eine der größten Qualen für den menschlichen Körper ist. Ein anderer steht ununterbrochen aufrecht, dabei mit den Augen dauernd in die Sonne blickend, andere schauen auf die Erde, ohne ein einziges Wort zu sprechen.

Es gibt noch viel mehr zu diesem Thema zu berichten. Die Fakire gehen völlig nackt, so wie sie aus dem Leib ihrer Mütter kommen. Selbst wenn sich Frauen ihnen aus Andacht nähern und mit den Fingern jenen Körperteil, den zu benennen man sich schämt, berühren und demütig küssen, sieht man kein Zeichen der Erregung bei ihnen.

Das 6. Kapitel

*Vom Glauben der Heiden über den Zustand der
Seelen nach dem Tod*

Die Heiden glauben, daß die Seelen nach dem Tod aus dem Körper scheiden, wobei, je nachdem, wie sie ihr vorheriges Leben geführt haben, Gott bestimmt, welchen Körper sie in ihrem zukünftigen Leben erhalten sollen. Die Menschen kommen immer wieder auf die Welt, und wer ein böses Leben geführt hat, sittenlos und allen Lastern verfallen, bekommt den Leib eines Tieres, z. B. den eines Hundes, einer Katze und anderer Tiere. In diesen Körpern müssen die Seelen dann Buße tun. Die Heiden glauben aber auch, daß die Seelen, die in Kühe fahren, glückselig seien, weil sie diese Tiere für eine Gottheit halten. Es heißt, daß, wenn ein Mensch stirbt und einen Kuhschweif dabei in der Hand hält, dies genügen würde, um im anderen Leben glücklich zu werden. Wegen dieses Glaubens haben die Heiden eine Abscheu davor, ein Tier, welches auch immer, zu töten – aus Furcht, sie würden damit einen Verwandten oder Freund, der in dieser Verkörperung Buße tut, umbringen.

Tugendhafte Taten wie Almosen und Wallfahrten sollen die Wiedergeburt im Körper eines mächtigen Raja oder eines anderen reichen Mannes zur Folge haben. Man kann dann als Belohnung für die guten Werke fortan ein wollüstiges Leben genießen. Dieser Glaube ist der Grund für die abscheulichen Bußen des Fakirs. Die Mehrheit der Menschen, die diese Leiden nicht auf sich zu nehmen vermag, versucht indes, statt dessen gute Werke zu tun. Außerdem verpflichten sich ihre Erben dazu, für sie viele Gebete durch den Brahmanen verrichten zu lassen. Solches soll ebenfalls bewirken, daß

Gott ihnen den Leib eines großen Herrn gibt. Im Januar des Jahres 1661 starb in Surat der Wechselmeister oder Cheraf der holländischen Kompanie namens Mondas-Parek. Er war ein reicher Mann gewesen und hatte viele Almosen an Heiden wie Christen ausgeteilt. Die ehrwürdigen Kapuzinerpater von Surat konnten sogar einen Teil des Jahres von Reis, Butter und den Hülsenfrüchten, die dieser ihnen immer zukommen ließ, leben. Dieser Baniane war nur vier bis fünf Tage krank gewesen. Während dieser Zeit, wie auch acht oder zehn Tage nach seinem Tod, verteilten seine Brüder neun- oder zehntausend Rupien unters Volk. Sie ließen seinen Leib verbrennen, und zwar nicht nur mit gewöhnlichem Holz, sie mischten auch Sandel- und Aloeholz darunter, damit er auf diese Weise als großer Herr in einem anderen Land wiedergeboren werde. Es gibt genügend verrückte Menschen in diesem Land, die, wenn sie reich sind, ihre Schätze im Boden vergraben, um, falls sie als arme Bettler wieder zur Welt kommen, notfalls darauf zurückgreifen können. Darauf ist zurückzuführen, daß so viel Gold, Silber und Edelsteine in der Erde vergraben sind und jeder armselige Bettler etwas Geld dort finden kann. Eines Tages, als ich in Indien eine große Achatschale um 600 Rupien gekauft hatte, versicherte mir der Verkäufer, daß diese bereits 40 Jahre unter der Erde gelegen habe – als Notbehelf für das Leben nach seinem Tod. Es sei ihm jedoch gleichgültig, ob er nun die Schale oder Geld vergrabe. Auf meiner letzten Reise kaufte ich 62 schöne große Diamanten. Als ich mich über die Schönheit der Steine wunderte, meinte der Verkäufer, ich solle nicht darüber erstaunt sein, denn er habe diese Steine schon vor 50 Jahren gesammelt und sie für sein zweites Leben vergraben. Weil er jetzt aber Geld nötig habe, müsse er sie nun veräußern. Solche vergrabenen Schätze waren eines Tages auch dem Raja Seva-gi eine große Hilfe. Dieser hatte einen Krieg gegen den Großmogul und gegen den König von Visapour begonnen. Auf den Rat der Brahmanen, die ihm versichert hatten, daß dort große Schätze vergraben seien, eroberte er eine kleine Stadt im Königreich Visapour. Nachdem er die Stadt hatte schleifen lassen, fand er tatsächlich große Schätze, mit denen er sein Kriegsheer unterhalten konnte. Es ist vollkommen unmöglich, die Heiden von diesem Irrglauben abzubringen. Ihre vornehmste Sorge ist es auch, die Körper der Verstorbenen zu verbrennen.

Das 7. Kapitel

Von der Gewohnheit der Heiden, die Leichen zu verbrennen, und dem Brauch der Frauen in Indien, mit den Körpern ihrer toten Männer verbrannt zu werden

Es ist bei den Heiden allgemeiner Brauch, die Körper der Verstorbenen zu verbrennen. Dies geschieht vornehmlich am Ufer eines Flusses, in dem sie die Toten waschen, um sie so von den Sünden zu befreien, von denen sie sich während ihres Lebens nicht reinigen konnten. Dieser Glaube geht sogar so weit, daß sie die Sterbenden ans Ufer tragen und sie in den Fluß tauchen, damit beim Tod Seele und Körper sofort gereinigt werden. Danach wird der Körper am gleichen Ort, an dem sich auch eine Pagode befindet, verbrannt. Dort halten sich auch die Leute auf, die gegen Bezahlung das Holz für den Scheiterhaufen sammeln. Wenn ein Heide gestorben ist, versammeln sich die Mitglieder seiner Kaste in seinem

Haus. Danach wird der Leichnam auf einem Karren, der, je nach dem hinterlassenen Reichtum, mit einem schönen Tuch bedeckt ist, zum Verbrennungsort gebracht. Ihm folgen die anderen Leute, die dabei viele Gebete sprechen und oft den Namen Ram-Ram aussprechen. Auch ein kleines Glöckchen ertönt, um die Lebenden zu ermahnen, für die Toten zu beten. Wenn der Leichnam am Ufer angekommen ist, taucht man ihn ins Wasser und verbrennt ihn dann anschließend. Falls der Verstorbene reich war, mischt man unter das normale Holz auch noch Sandel- und anderes wohlriechendes Holz.

Die Heiden verbrennen aber nicht nur die Toten, sondern auch Lebende. Sie machen sich zwar Gewissensbisse, eine Schlange, ja selbst eine Wanze zu töten, doch halten sie es für eine rühmliche Tat, eine lebende Frau mit dem Leib ihres toten Mannes zu verbrennen.

Es ist ein alter Brauch in Indien, daß Witwen nicht wieder heiraten dürfen. Sobald der Mann gestorben ist, beweint seine Frau ihn. Einige Tage danach schert man ihr das Haar und sie nimmt all ihren Schmuck herunter und löst die Bänder, die ihr ihr Mann bei der Hochzeit zum Zeichen ihrer Untertänigkeit angebunden hat. Sie bleibt die übrige Zeit ihres Lebens als Ungeachtete im Haus und wird wie eine Leibeigene behandelt. Dieser armselige Zustand macht den Witwen das Leben sehr verhaßt, und sie lassen sich deshalb lieber mit ihrem Mann zusammen auf dem Scheiterhaufen verbrennen, als die übrige Zeit ihres Lebens in Schmach und Schande zu leben. Außerdem versichern ihnen die Brahmanen, sie könnten auf diese Weise mit ihren Männern vereint an einem anderen Ort der Erde mit mehr Ruhm und Reichtum als jeher weiterleben. Außer diesen beiden Gründen machen ihnen die Brahmanen die Sache noch schmackhafter, indem sie ihnen weismachen, in dem Augenblick, wo sie im Feuer seien, und noch bevor sie den Geist aufgäben, würde ihnen

Ram vortreffliche Sachen offenbaren. Nachdem ihre Seele durch verschiedene Leiber gewandert sei, gingen sie nun in die Ewigkeit ein mit ganz besonderer Glorie.

Die Frauen müssen hierzu aber die Genehmigung des Befehlshabers der Stadt einholen. Da dieser oft ein Mohammedaner ist und diese Sitte verabscheut, gibt er die Erlaubnis nur ungern. Außerdem dürfen nur Frauen verbrannt werden, die keine Kinder haben, und solche, denen man vorwerfen könnte, sie hätten ihren Mann, wenn sie ihm nicht in den Tod folgen, nicht genug geliebt. Den Witwen, die Kinder haben, ist es verboten, sich mit ihren Männern verbrennen zu lassen, denn sie sind vom Gesetz her verpflichtet, sich um die Aufzucht ihrer Kinder zu kümmern. Diejenigen, denen der Befehlshaber die Erlaubnis, sich zu verbrennen, verweigert, verbringen ihre Tage mit großen Werken der Buße und Freigebigkeit gegenüber den Armen. Diese Buße besteht, wie in einem vorherigen Kapitel schon erwähnt wurde, darin, für Reisende Nahrung zu kochen, ihnen Pfeifen anzuzünden oder sich vom Mist der Kühe zu ernähren.

Oft wird ein Befehlshaber derart stark von den Verwandten, den Brahmanen und auch von der Witwe bedrängt, daß er, wenn auch widerwillig, seine Zustimmung für eine Verbrennung erteilt. Doch in seinem Zorn darüber wünscht er den Heiden, daß sie in die Hölle fahren.

Wenn es dann soweit ist, kommen alle Verwandten und Freundinnen der Witwe, die sich verbrennen läßt, zusammen, um ihr Glück für ihr nächstes Leben zu wünschen und ihr für die Ehre, die sie ihrer Kaste dadurch erweist, zu danken. Die Witwe schmückt sich wie am Tag ihrer Hochzeit, und man führt sie so in einem Triumphzug zur Verbrennungsstätte. Sie wird von Musik und Gesang begleitet. Die mitgehenden Brahmanen ermahnen sie, furchtlos und mutig zu sein. Einige der Europäer glauben auch, daß man ihr die natürlichen Schrecken vor dem Tod durch einen besonderen

Witwenverbrennung

Trunk, der die Sinne verwirrt, nimmt. Die Brahmanen sind darauf aus, daß die Frauen bei ihrem Entschluß bleiben, denn ihnen gehört dann der Schmuck der Frauen, den sie in der Asche finden. Die Frauen tragen je nach Stand Gold-, Silber-, Kupfer- oder Zinnringe an den Armen und in den Ohren.

Ich habe selbst drei Arten, Frauen zu verbrennen, beobachten können. Im Königreich Gujerat bis nach Agra und Delhi geht das Verbrennen auf folgende Art vor sich: Am Ufer eines Flusses oder Teiches errichtet man eine kleine Hütte aus Rohr oder anderem kleinen Holz, das mit Öl vermischt wurde, damit es besser brennt. Die Witwe wird darin in halbliegender Stellung an eine Säule gebunden. Sie hält den toten Leib ihres Mannes auf den Knien und kaut ständig Betel. Der Brahmane verläßt sie nach einer halben

Stunde, und sie fordert danach die Anwesenden auf, das Feuer anzumachen. Diese schütten noch einige Töpfe Öl ins Feuer, damit es besser brennt und die Frau so weniger leiden muß. Sobald die Körper zu Asche verbrannt sind, suchen die Brahmanen nach dem Metallschmuck, der dann ihnen gehört.

Im Königreich Bengala verbrennt man die Frauen auf eine andere Weise. Die Frauen, mit Ausnahme der sehr armen, bringen ihren toten Mann an den Ganges, um den Leichnam und auch sich selbst darin zu waschen. Ich habe gesehen, wie Leichen von 20 Meilen weit hierher gebracht wurden, die schon halb verfault waren. Ein Leichnam z. B. wurde von einer Frau sogar aus den Nordgebirgen, aus dem Königreich Bhutan, hierher transportiert. Den Leib ihres Mannes führte sie dabei in einem Karren mit sich, sie selbst ging die ganze Zeit zu Fuß und hatte in den 15 bis 16 Tagen nichts zu essen bekommen. Als sie den Ganges schließlich erreichte, wusch sie den Leichnam ihres Mannes und dann sich selbst. Dann verbrannte sie ihren toten Mann und starb mit ihm in den Flammen. Alle Leute wunderten sich über die Ausdauer dieser Frau, war sie doch von sehr weit hierher gekommen. Auch ich befand mich damals gerade dort. Weil am Ganges und auch im ganzen Land Bengala wenig Holz vorhanden ist, versuchen die armen Witwen, das nötige Holz als Almosen zu bekommen. Man macht ihnen aus kleinen Holzstücken und Binsen einen Holzhaufen, der wie ein Bett mit Polstern aussieht. Darüber gießt man Öl, um den Leib schnell zu verbrennen. Die Witwe kommt geschmückt und von Musik begleitet zum Holzhaufen und legt sich darauf. Der Leib ihres Mannes wird auf sie gelegt, und Freunde und Verwandte geben ihr Geschenke mit, die sie früher verstorbenen Verwandten übergeben soll. Wenn dies erledigt ist, wickelt sie alles zu einem Bündel zusammen, legt dieses zwischen sich und ihren toten Mann und ruft den Umstehenden zu, sie sollten den Haufen anzünden, was diese auch sofort tun. Weil in Bengala großer Holzmangel herrscht, wartet man nur solange, bis die Frau tot ist. Dann wirft man die beiden Leichname in den Ganges, wo die Überreste von den Krokodilen gefressen werden.

Hier muß ich noch von einem scheußlichen Brauch in Bengala berichten. Wenn eine Frau von ihrer Niederkunft genesen ist und das Kind die Brust der Mutter nicht annehmen will, wird es außerhalb des Dorfes in einem Tuch an den Baum gehängt und den ganzen Tag dort hängen gelassen. Die Raben setzen dann dem Kind so arg zu, daß man oft Kinder gefunden hat, denen beide Augen herausgepickt waren. Deshalb gibt es in Bengala auch viele Leute, denen ein Auge fehlt, oder auch beide. Am Abend wird das Kind wieder herausgenommen, um zu sehen, ob es jetzt an der Mutterbrust zu trinken beginnt. Wenn es dies abermals nicht tut, wird es ein zweitesmal an den Baum gehängt und die Nacht über dort gelassen. Dies geschieht bis zu dreimal, wenn das Kind dann immer noch nicht trinkt, werfen sie es in den Ganges oder in irgendeinen anderen Fluß oder Teich, im Glauben, das Kind sei ein Teufel. In Gegenden, in denen sich viele Affen aufhalten, geht es den Kindern, die solcherart auf Bäume gehängt werden, nicht so schlecht, denn die Affen werfen die Krähennester vom Baum herunter. Außerdem finden sich oft Engländer, Holländer und Portugiesen, die Erbarmen mit den armen Kindern haben und sie befreien. Sie nehmen sie mit sich mit, um sie aufziehen zu lassen. Dies habe ich selbst einmal in Ouguely beobachtet.

Zu der dritten Verbrennungsart: An der Koromandelküste wird eine große Grube ausgehoben, die mit Holz gefüllt wird. Sobald die Grube dann gut angeheizt ist, legt man den Körper des Mannes an den Grubenrand und die Frau kommt tanzend und betelkauend, von allen ihren Verwandten und Freunden mit Trommeln und Pauken begleitet, hinzu. Sie geht dreimal um die Grube herum und küßt jedesmal alle Verwandten und Freunde. Nach der dritten Umrundung werfen die Brahmanen den Körper des Toten in das Feuer, und anschließend die Frau, wenn sie mit dem Rücken zur Grube steht, ebenfalls. Danach schütten die Umstehenden Öl und andere brennbare Stoffe hinzu, damit alles besser brennt.

Im größten Teil der Koromandelküste verbrennt sich die Frau nicht mit dem Körper ihres Mannes, sondern läßt sich mit ihm zusammen in einer Grube lebendig vergraben. Dazu wird ein sandiger Ort ausgesucht. Nachdem man beide in das Loch hineingestoßen hat, schüttet jeder der Verwandten und Freunde Sand in die Grube, bis sie voll ist. Sobald der aufgeschüttete Sand einen halben Schuh über den ebenen Boden ragt, springen alle darauf und tanzen solange, bis sie glauben, die Frau sei nun erstickt.

An dieser Küste trägt man im Unterschied zu anderen Gegenden die Sterbenden auch nicht an das Ufer eines Flusses, sondern bringt sie zu einer Kuh und legt sie unter deren Hinterteil. Man läßt dann die Kuh auf das Gesicht des Kranken Wasser lassen, wodurch der Sterbende, meint man, besonders glückselig sein soll. Wenn aber die Kuh kein Wasser läßt und der Kranke stirbt, ohne daß sein Gesicht mit Urin bespritzt worden ist, begeht man das Begräbnis voller Betrübnis. Falls eine Kuh erkrankt, muß der Eigentümer sie an das Ufer eines Flusses oder Sees bringen, um sie dort sterben zu lassen. Stirbt sie nämlich in seinem Haus, dann verurteilen ihn die Brahmanen zu einer Buße.

Das 8. Kapitel

Merkwürdige Geschichten von einigen Weibern, die sich nach dem Tod ihrer Männer verbrannt haben

Ich möchte nun von drei Beispielen der grausamen Gewohnheit der indischen Frauen, sich zusammen mit ihrem toten Mann verbrennen zu lassen, erzählen. Von zweien war ich sogar selbst Zeuge.

Der Raja von Velou büßte im Kampf gegen den König von Visapour sein Leben ein. Auch seine Stadt ging dabei verloren. Am Hof herrschte daraufhin große Trauer, und elf seiner Frauen entschlossen sich, sich mit seiner Leiche verbrennen zu lassen. Der General der Armee von Visapour wurde davon unterrichtet. Er schickte nach diesen unglückseligen Frauen und versuchte, sie mit Schmeicheleien und Geschenken von ihrem Vorhaben abzubringen. Doch alles war umsonst, denn die Frauen blieben stur bei ihrem Entschluß. Daraufhin ließ der General alle elf Frauen in eine kleine Kammer einsperren, wo er glaubte, daß sie sicher aufbewahrt seien. Die Frauen tobten und drohten dem General, daß sie innerhalb von drei Stunden sterben würden, wenn sie nicht mit ihrem Mann in den Flammen vereint sein dürften. Der General spottete nur über diese Drohung und ließ die Frauen weiter toben. Nach drei Stunden wurde die Tür aus Neugierde geöffnet, und zum Entsetzen aller Anwesenden lagen alle Frauen tot ausgestreckt auf dem Boden. Niemand konnte die Ursache ihres Todes herausfinden, da weder Gift- noch Würgespuren erkennbar waren. Ich vermute, daß ein böser Geist hierbei wohl seine Hand mit im Spiel gehabt hat.

Laßt uns aber zu einer anderen Geschichte kommen: Zwei der mächtigsten indischen Rajas besuchten eines Tages den

Großmogul Shah Jehan an dessen Hof in Gehanabad. Der Großmeister des Hofes verstand sich aber nicht mit ihnen. Bei einer Audienz des Großmoguls ergriff er die Gelegenheit, um die Rajas zu beschimpfen. Er bezeichnete sie dem Großmogul gegenüber als minderwertig und nicht würdig, seiner Anwesenheit teilhaftig zu sein. Jeder dieser Rajas führte stets eine Reiterschar von 15 000 Mann mit sich. Sie hielten sich selbst für große Fürsten. Einer von ihnen war über diese Rede so beleidigt, daß er seinen Dolch ergriff, und bevor der Großmeister die Gefahr erkannte, lag er tot am Boden. Der Bruder des Großmeisters, der diesem Geschehen beiwohnte, stürzte sich daraufhin auf den Raja, in der Absicht, den Mord zu rächen. Doch der andere Raja war schneller als er und erdolchte ihn, bevor er sein Vorhaben in die Tat umsetzen konnte. Der König war Zeuge beider Morde. Anstatt aber zu handeln, fürchtete er sich und zog sich in seinen Harem zurück. Daraufhin stürzte sich das Volk auf die zwei Rajas und zerstückelte ihre Körper. Shah Jehan war natürlich über die zwei Morde in seinem Haus sehr erbost und befahl deshalb, die Leichen der Rajas zu schänden und einfach in den Fluß zu werfen.

Die Armee der Rajas lagerte derweil in Agra. Als die Nachricht von dem Tod ihrer Herrscher und der schandhaften Behandlung ihrer Leichen zu ihnen drang, marschierten sie gegen Gehanabad, um den Tod ihrer Fürsten zu rächen. Die Armee bestand aus Rajputen, die in ganz Indien wegen ihres Mutes und ihrer Grausamkeit berühmt sind. Deshalb entschloß sich wohl auch Shah Jehan, die Leichen der indischen Fürsten herauszugeben, um so die Stadt vor den Greueltaten der Rajputen zu verschonen.

Nach heidnischem Brauch wurden nun zwei Scheiterhaufen errichtet, auf denen die Leichen aufgebahrt wurden. Alsbald erschienen 13 singende und tanzende Frauen, die die Scheiterhaufen bestiegen und ihre toten Männer umarmten.

Ein Brahmane zündete nun mit einer Fackel das Holz an. Die Flamme ergriff rasch die armen Frauen, die wenig später über den Körpern ihrer Männer zusammenbrachen. Die Brahmanen warfen nun Holzstücke und Öl in das Feuer, damit die Leiber der Frauen schneller von den Flammen verzehrt wurden.

Eine andere Begebenheit erlebte ich in der Stadt Patna. Ich besuchte mit holländischen Kaufleuten den damaligen Befehlshaber der Stadt. Dieser war ein stattlicher Herr und hatte bereits das reife Alter von 80 Jahren erreicht. Während unseres Besuches kam eine kaum 22jährige wunderhübsche Frau zu ihm und begehrte von ihm die Erlaubnis, sich mit dem Körper ihres toten Mannes verbrennen zu lassen. Der Befehlshaber war von der Schönheit und Jugend der Frau sehr eingenommen und tat sein Bestes, um sie von ihrem grausamen Entschluß abzubringen. Doch alles gute Zureden half nichts, und die Frau fragte den alten Mann sogar kühn und trotzig, ob er gar glaube, daß sie das Feuer fürchte. Falls dies der Fall sei, so solle er doch eine Fackel bringen lassen. Der Statthalter hatte von den Reden der Frau genug und wünschte sie zum Teufel. Doch wir und einige junge Inder drängten den Statthalter, doch die Fackel herbringen zu lassen, damit die Frau die Schmerzen des Feuers fürchten lernte. Nach langem Bitten willigte er endlich ein. Sobald die Frau nun die Fackel erblickte, stürzte sie sich ihr entgegen und streckte ihren Unterarm solange in das lodernde Feuer, bis er gänzlich verkohlt war. Voller Abscheu vor diesem Weib befahl der Statthalter nun, sie wegschaffen zu lassen.

In Patna ereignete sich zu dieser Zeit eine andere wundersame Geschichte, die ich mit eigenen Augen bezeugen kann. Ein heidnischer Priester betrat die Stadt und ließ alle vornehmen Heiden um sich versammeln. Er verlangte von ihnen 2000 Rupien und 20 Ellen Tuch. Selbst die reichsten der Heiden weigerten sich aber, ihm dieses zu geben, und erklärten ihm, sie seien dafür viel zu arm. Der Brahmane ließ von seiner Forderung freilich nicht ab und drohte, keine Nahrung mehr an sich zu nehmen, bis sein Wunsch erfüllt sei. Er bestieg einen Baum und verharrte auf einem Ast. Die Holländer und ich heuerten nun einige Leute an, um diesen Mann zu bewachen, denn wir konnten nicht glauben, daß er die ganzen Tage ohne Nahrung verbrachte. Tatsächlich fastete dieser Phantast 30 Tage lang und würde sicherlich auch noch einen weiteren Monat gehungert haben, wenn die Heiden nicht von dem schlechten Gewissen geplagt worden wären, unter Umständen einen ihrer Priester umzubringen. Eine Sammlung wurde veranstaltet und die Geschenke dann zu dem Baum getragen. Sobald der verrückte Priester das Geld und das Tuch erblickte, stieg er herab und fing sofort an, die Heiden zu beschimpfen. Er nannte sie habgierig und den Armen gegenüber unbarmherzig. Bis auf fünf Rupien verteilte er das ganze Geld und das Tuch unter die Armen der Stadt. Dann verschwand er wie durch einen Zauber aus dem Angesicht der Anwesenden. Niemand konnte während der ganzen Zeit seines Fastens ergründen, von wo dieser merkwürdige Mann herstammte. Bis zum heutigen Tag vermutet man, daß wohl der Teufel mit ihm verbündet war.

Das 9. Kapitel

Von den vornehmsten Pagoden der indischen Heiden

Die Götzenanbeter in Indien besitzen über das ganze Land verstreut eine Unzahl von großen und kleinen Tempeln. In diesen Pagoden beten sie zu ihren Göttern und opfern ihnen dort. Viele arme Leute aber, die in entlegenen Wäldern oder Bergen hausen, nehmen einfach einen Stein, hauen in ihn eine große Nase und ein paar Augen, bemalen ihn mit roter und gelber Farbe und verehren ihn danach als ihren Gott.

Die vier berühmtesten Tempel sind die von Jagrenate, Varanasi, Mathura und Tripati. Ich werde diese nun kurz vorstellen.

Am Ursprung des Flusses Ganges liegt ein Ort namens Jagrenate, in dem auch der gleichnamige Tempel steht. Hier wohnt gleichzeitig der oberste Priester der indischen Heiden. Die größte Götzenfigur des Altars hat zwei Diamanten in den Augenhöhlen und einen um den Hals hängen. Der kleinste von diesen Diamanten hat sicherlich mindestens 40 Karat. Auch die Arme des Gottes sind reich mit Rubin- und Perlarmbändern verziert. Bekleidet ist dieser Götze mit einem Mantel aus goldenem Brokat. Ursprünglich hatte er weder Füße noch Hände; die Brahmanen erklären dies mit folgender Geschichte: Als ihr heidnischer Prophet verstarb, jammerten und weinten dessen Verehrer so sehr, daß ihr Gott ihnen einen Engel schickte, der dem toten Propheten glich. Dieser Engel sollte für die Heiden ein Götzenbild anfertigen. Doch er arbeitete sehr langsam, und die Ungeduld der Heiden war so stark, daß sie die unvollendete Figur einfach stahlen und sie in die Pagode stellten, obwohl sie weder Arme noch Beine hatte. Heute besitzt das Götzenbild aus kleinen

Perlen hergestellte Hände. Der Rest ist aus wunderschönem Sandelholz geschnitzt. Rundherum stehen kleine abscheuliche Statuen, die alle Mißgeburten darstellen. Vor dem Götzen sind zwei Zelte aufgestellt, in die der Pilger seine Opfergaben legen kann. Täglich wird der Götze mit wohlriechenden Ölen eingeschmiert, was auch die Ursache dafür ist, daß die Statue mit der Zeit ganz schwarz wurde. Neben ihm steht die Figur seiner Schwester, die die Heiden Sotora nennen, und hinter ihm befindet sich die Statue seiner Frau, übrigens die einzige Statue in dem Tempel, welche aus massivem Gold gegossen wurde. Alle Figuren sind mit einem Gitter umgeben, denn es darf sie niemand, außer dem dazu bestimmten Priester, berühren.

Die anderen Pagoden von Jagrenate sind als Wohnungen für den großen Brahmanen und andere hohe Priester bestimmt. Alle Priester gehen mit bloßen, kahl geschorenen Häuptern und besitzen als Kleidung lediglich ein Stück Leinwand, mit der sie die untere Hälfte ihres Leibes bedekken. Das Einkommen dieser Pagode ist so hoch, daß jeden Tag bis zu zwanzigtausend Pilger auf Kosten des Tempels gespeist werden können. Außerdem kann sie es sich leisten, über zwanzigtausend Kühe zu halten. Der Reichtum stammt hauptsächlich aus den zahlreichen Almosen der Pilger. Diese werden jedoch nicht ganz freiwillig gegeben, denn die Pilger müssen, bevor sie sich im Ganges waschen und sonstige Andachten verrichten dürfen, den Priestern ihr Vermögen offenbaren und darauf eine Art Vermögensteuer entrichten. So sammelt die Pagode jährlich Unsummen von Geld, die teils der Erhaltung des Heiligtums dienen, teils zur Unterstützung der Armen aufgewendet werden. Außerdem wird, wie bereits erwähnt, jeder Pilger täglich mit Lebensmitteln versorgt. Den Armen, die kein Geschirr besitzen und so nicht kochen können, teilt man die Speisen schon fertig zubereitet aus. Die Priester kochen dann für sie den Reis in großen irdenen Töpfen, die zur Essenszeit zerbrochen werden. Die armen Leute bedienen sich von dem am Boden liegenden Reis. Als Teller werden große Blätter verwendet. Diese können auch in Form einer Schüssel zusammengerollt werden, in die zerlassene Butter gegossen wird. Diese Butter wird nach der Mahlzeit getrunken, so wie wir danach vielleicht spanischen Wein zu uns nehmen.

Diese Pagode gilt als vornehmste von allen vieren, da sie an dem heiligsten Ort der Inder gelegen ist. Das Wasser des Ganges ist hier am reinsten und soll Wunder wirken. Jeder, der sich darin wäscht, wird angeblich von allen Hautkrankheiten befreit.

Merkwürdig ist, daß die Goldschmiede diese Pagode zwar besuchen, sie aber nie betreten. Die Legende besagt, ein Goldschmied ließ sich einmal mit der Absicht in den Tempel einsperren, einen der Diamanten des Götzen zu stehlen. Am nächsten Tag, als die Tore wieder geöffnet wurden, wollte er sich wieder hinausschleichen. Doch als er die Schwelle betrat, fiel er tot auf den Boden. Das war die Strafe des Götzen für diesen Kirchenraub.

Nach dem Tempel in Jagrenate genießt der von Varanasi die größte Achtung. Er ist am Rand des heiligen Flusses Ganges gebaut, und von seinem Turm führen steinerne Stufen bis hinab an das Ufer. Entlang dieser Stiegen findet man kleine Altäre und finstere Kammern, die den Brahmanen als Wohnung oder Küche dienen. Diese Brahmanen führen ein sehr strenges Leben. Sie müssen ihren Leib jeden Tag zuerst im Ganges waschen und dürfen erst dann ihre Gebete im Tempel verrichten. Anschließend bereiten sie ihre Speisen zu. Während der ganzen Zeit darf sie niemand berühren, denn sie befürchten, daß sie dadurch wieder unrein würden.

Das Wasser des Ganges wird von allen Heiden als Trinkwasser sehr begehrt, denn es soll ihre Sünden wegwaschen. Jeden Morgen sammelt eine große Anzahl Heiden das Wasser des Flusses in runden irdenen Krügen, die von ihren Priestern versiegelt und gesegnet werden. Dieses Wasser wird oft über 300 Meilen zurück in die jeweiligen Dörfer getragen, wo es dann den Reichen der Gegend für teures Geld verkauft wird. Das Wasser des Ganges wird außerdem so sehr verehrt, weil es angeblich nicht verdirbt und darin keine Würmer wachsen. Ich weiß aber nicht, ob man dies angesichts der vielen Leichen, die täglich in den Fluß geworfen werden, glauben kann.

Der Tempel von Varanasi ist kreuzförmig angelegt. In der Mitte erhebt sich eine Art Turm, auf dessen Wänden schlecht behauene Tierfiguren ersichtlich sind. Unterhalb dieses Turms befindet sich in der Pagode der Altar. Um diesen herum liegen wertvolle Seidenteppiche, die je nach Fest mit Silber- oder Goldfäden durchwirkt sind. Der Altar selbst ist mit glänzendem Goldbrokat bedeckt.

Keine Frau darf jemals diese Pagode betreten. Frauen ist lediglich erlaubt, den Götzen von draußen anzubeten. Von diesem Götzen sieht der Pilger nur den Kopf und den Hals, denn alles andere ist von einem seidenen Rock bedeckt. Oft wird sein Hals von einer schweren Gold-, Rubin-, Perlen- oder Smaragdkette geziert. Neben dem Götzenbild steht ein abartiges Tier aus Gold, das zum Teil einen Elefanten, zum Teil ein Pferd und zum Teil ein Maultier darstellt. Die Heiden nennen das Tier Garou und erlauben niemandem, sich ihm zu nähern.

Unter der Pforte der Pagode sitzt ein vornehmer Priester mit einem Becken voll gelber Farbe. Die Heiden kommen zu ihm und lassen sich von ihm die Farbe auf Stirn, Nasenspitze, Arme und Brust streichen. An diesem Zeichen erkennt man die Leute, die ihre Körper im Ganges gewaschen haben. Diejenigen, die noch kein Bad in diesem heiligen Fluß genommen haben, gelten unter den Heiden als noch nicht ganz rein.

Im Reich des Großmoguls werden die Heiden je nach Kastenzugehörigkeit mit einer unterschiedlichen Farbe eingeölt. Die Kaste mit der gelben Farbe ist die größte und gilt auch als die sauberste. Während die anderen Kasten sich nach dem Stuhlgang damit begnügen, einen Kübel Wasser zu holen und sich den Hintern zu waschen, reibt sich die gelbe Kaste zuerst hinten mit einer Handvoll Sand ein, bevor sie sich wäscht. Nur so, so behaupten sie wenigstens, seien ihre Leiber vollkommen rein, und es würde damit keine Unsauberkeit daran haften bleiben.

In der Nähe der Pagode errichtete Raja J'effeing, einer der mächtigsten heidnischen Fürsten, ein Kollegium für die Erziehung der heidnischen Fürstensöhne. Diese werden in der Sprache der Brahmanen, die sich von der des gemeinen Volkes gänzlich unterscheidet, unterrichtet. Auch lernen sie von den Brahmanen allerhand Mathematik und andere Wissenschaften. Ich besuchte während meines Aufenthaltes in Varanasi diese Schule und befreundete mich mit zwei von diesen jungen Fürsten. Sie zeigten ein großes Interesse an Europa und wollten besonders viel über Frankreich wissen.

Die Gebete der Brahmanen kommen einem Getöse gleich. Schon bevor die Tore des Tempels geöffnet werden, versammelt sich das Volk und erwartet aufgeregt die Priester. Nach einer Weile erscheinen diese mit Rauchgefäßen in den Händen und beginnen sofort, mit ihren Trommeln und Glocken einen großen Lärm zu veranstalten. Ein paar Priester stimmen einen Lobgesang an, worauf das ganze Volk anfängt mitzusingen. Während der ganzen einstündigen Zeremonie wedeln die Priester dem Götzenbild Luft zu und verjagen so die lästigen Fliegen von seinem Gesicht. Danach darf das Volk dem Götzen verschiedene Blumenketten und Sträuße zuwerfen. Ein Brahmane nimmt diese auf und berührt damit den Gott, bevor er sie wieder an das Volk zurückgibt.

Acht Tagesreisen nördlich von Varanasi stehen einige sehr

alte Tempel, auf welchen nichts anderes als Weiber und Mägde dargestellt werden. Die Reise dahin führt durch ein sehr fruchtbares Land, doch leider wimmelt es dort von Elefanten, die einen großen Teil der Ernte wegfressen. Die Reisenden müssen sich in der Nacht vor den Elefanten in acht nehmen. Meistens zünden sie große Feuer an und feuern vereinzelt Musketenschüsse ab, um diese großen Tiere zu verjagen.

In einem dieser Tempel befindet sich eine Statue aus massivem Gold, welche die heilige Frau Ram-Marion darstellt. Diese Figur wird nur einmal im Jahr verehrt. Die Pilger müssen vorher 14 Tage lang fasten und ihren Körper dreimal täglich waschen. Damit kein einziges Haar beim Waschen ausfällt, was eine große Sünde wäre, wird das Haar mit einer bestimmten Sorte Erde eingerieben.

Die drittvornehmste Pagode ist die von Mathura. Sie liegt 18 Tagesreisen von Agra entfernt auf dem Weg von Agra nach Delhi. Es ist wohl das prächtigste Gebäude in ganz Indien und verzeichnete früher einen regen Zustrom von Pilgern. Seit der Fluß Yamuna, der früher hier vorbeifloß, aber seinen Lauf geändert hat, haben sich die Heiden ohne Bedenken von dieser Pagode abgewandt. Sie fürchten nämlich, nachdem sie sich im Fluß gewaschen haben, auf dem nunmehr längeren Weg zum Tempel wieder verunreinigt zu werden.

Ein Teil der Pagode besteht aus einem rötlichen Stein. Diese Steine findet man in einem Steinbruch in der Nähe von Agra. Sie sind leicht zu bearbeiten, und ein guter Steinhauer kann herrliche Säulen und Mauerwerk daraus machen. Die ganze Festung sowie die Stadtmauern von Agra, der Palast und die Moschee von Gehanabad sind aus diesem Stein gemacht.

Der Tempel steht auf einem achteckigen Fundament. Um dieses herum stehen Statuen in Gestalt von Affen und anderen edlen Tieren. Die Pforte der Pagode ist über eine steinerne

Treppe zu erreichen. Diese Pagode nimmt nicht mehr als ungefähr die Hälfte des Fundaments ein, die andere Hälfte dient dem Tempel als Vorplatz. Auch hier besitzt die Pagode einen Turm, auf dem sich aus Stein gehauene Affen, Widder und Elefanten befinden. Außerdem stehen in den Mauerlöchern allerlei Figuren, die wahrscheinlich Dämonen oder Teufel darstellen sollen. Die einen haben Tierleiber mit Menschenköpfen darauf, die anderen Hörner und Schwänze. Es ist für einen europäischen Reisenden eine abscheuliche Sache, soviel Häßlichkeit vor Augen geführt zu bekommen.

Die Pagode ist immer mit steinernen Schranken verschlossen. Nur die vornehmsten Brahmanen dürfen in diesen Tempel hinein. Als Eingang benützen sie eine geheime Tür, die so gut versteckt ist, daß ich sie trotz nahhaltiger Suche nie fand. Als ich einen Brahmanen fragte, ob er mir ihren großen Ram-Ram zeigen würde, willigte er erst ein, nachdem ich ihm zwei Rupien in die Hand gedrückt hatte. Der Ram-Ram ruht auch hier auf einem mit Goldbrokat bedeckten Altar. Sein Gesicht besteht aus schwarzem Marmor, in dem zwei Rubine als Augen funkeln. Sein Leib ist in einen roten Samtrock gehüllt, so daß ich seine Arme nicht ausmachen konnte. In diesem Raum entdeckte ich auch ein Gerüst, das mit vielen kleinen Teufelsgestalten verziert war. Es handelt sich hier um einen tragbaren Altar, auf dem an Feiertagen Ram-Ram in einer feierlichen Prozession durch die Straßen von Mathura zum Fluß getragen wird.

Die vierte Pagode, Tripati, liegt in der Provinz Carnatica. Sie befindet sich in der Nähe der Koromandelküste und des Vorgebirges des Comorin. Um diese große Pagode herum befinden sich einige kleine Wohnungen für die Brahmanen, so daß der gesamte Komplex einer kleinen Stadt gleicht. Zwischen den Häusern liegen viele Teiche, aus denen aber niemand trinken darf, es sei denn, ein Brahmane würde das

Wasser ausschenken. Entnähme ein Reisender dennoch ohne Erlaubnis Wasser daraus, so würde der Teich als verunreinigt gelten.

Das 10. Kapitel

Von den Wallfahrten der Heiden zu ihren Tempeln

Alle Heiden im Reich des Großmoguls sind bemüht, wenigstens einmal in ihrem Leben zu einer der vier beschriebenen Pagoden eine Wallfahrt zu machen. Die reichen Heiden besuchen diese Pagoden sogar mehrmals, und es gibt sogar solche, die jedes vierte Jahr eine Wallfahrt unternehmen. Die beliebtesten Wallfahrtsorte sind Jagrenate und Varanasi, da sie beide am heiligen Fluß Ganges liegen.

Während ihrer Wallfahrt tragen die Heiden ihre Hausgötzen zum Tempel mit, und sie werden dabei von ihren Brahmanen begleitet. Sie gehen nie allein auf eine Wallfahrt, sondern es begibt sich zumeist das ganze Dorf oder eine ganze Gegend gemeinsam auf eine solche Reise. Die armen Pilger, die für die Reise zum Ganges meist ihre ganzen Ersparnisse aufbringen müssen, werden, wenn ihnen das Geld ausgeht, von den Reichen mit großzügigen Almosen unterstützt. So erreicht jeder sein Ziel, sei es nun in einer Kutsche, in einer Sänfte oder gar zu Fuß. Die Pilger reisen mit ihrem ganzen Haushalt, da sie auf ihrer Pilgerfahrt, die manchmal bis zu 400 Meilen lang ist, oft mehrere Monate unterwegs sind.

Der Götze, den sie bei sich trugen, ruht auf dem ganzen

Weg auf einer prächtigen Sänfte, die meistens mit Gold- oder Silberbrokat bedeckt ist. Die vornehmsten Pilger wedeln ihrem Gott Luft zu, um damit die Fliegen zu verscheuchen. Dieser Brauch darf uns nicht fremdartig vorkommen, da ich selbst in Sachsen erlebt habe, wie auf einer Beerdigung die Leute die Fliegen vom Gesicht des Toten verjagten. Der Verstorbene war sicherlich genauso unempfindlich wie das Götzenbild.

Im Jahre 1653 traf ich auf der Reise von Golconda nach Surat einen Pilgerzug mit mehr als zweitausend Pilgern. Ihr Götze befand sich auf einer reich verzierten und mit Samt ausgelegten Sänfte. Selbst die Bambusstangen der Sänfte waren mit Gold- und Silberbrokat überzogen. Ich konnte nur Mitleid mit diesem Volk fühlen, das mit solcher Blindheit geschlagen ist, daß es einem Götzen so viel Ehrfurcht erweist.

Das 11. Kapitel

Über Hochzeitsfeste, Bußgänge und andere Gebräuche der indischen Heiden

Die Brahmanen haben umfangreiche Kenntnisse von der Astronomie. Sie können dem Volk die Sonnen- und Mondfinsternisse genau vorhersagen. Am 2. Tag des Heumonats des Jahres 1666 erlebte ich in der Stadt Patna im Königreich Bengala eine Sonnenfinsternis. Es war ein wunderschönes Erlebnis, eine solche Menge von Männern, Weibern und

Kindern aus allen Orten in die Stadt strömen zu sehen – mit dem Wunsch, im Fluß Ganges baden zu dürfen. Schon drei Tage vor der Finsternis müssen die Gläubigen anfangen, sich im Ganges zu waschen. Tag und Nacht lagern sie am Flußufer und bereiten dabei allerlei Süßspeisen zu, die sie den Fischen und Krokodilen auf Geheiß ihrer Priester zuwerfen.

Sobald eine Sonnen- oder Mondfinsternis vorhergesagt ist, zerschlagen die Heiden das gesamte Geschirr ihres Haushaltes. Würde nur ein einziges Stück ganz gelassen werden, brächte das, so glauben sie, großes Unglück über ihre Stadt.

Jeder Brahmane besitzt sein eigenes Zauberbuch, in das allerlei Kreise, Dreiecke und verschiedene Zeichen gemalt sind. Nach diesen Vorlagen zeichnen die Priester verschiedene Figuren auf den Boden, anhand derer sie die heilige Stunde der Finsternis berechnen. Sobald diese angebrochen ist, beginnen sie zu schreien und fordern das Volk auf, die Lebensmittel in den Ganges zu werfen. Ihr Geschrei wird begleitet von Trommelwirbeln, Trompeten und Glockenschlägen. Mit diesem Getöse im Rücken begeben sich die Pilger ins Wasser, in dem sie sich solange waschen müssen, bis die Finsternis vergangen ist.

Die Brahmanen selbst bleiben aber an Land und empfangen dort die reichen Heiden, die ihnen am meisten gespendet haben, wenn diese wieder an das Ufer zurückkehren. Dann trocknen sie ihnen den Körper ab und bekleiden sie mit einer Leinwand. Die Reichen werden dann zu einem Sessel geführt, um den herum viele Lebensmittel gehäuft sind. Dieser Ort wird von den Priestern zuerst gründlich gereinigt und dann mit eingeweichtem Kuhkot bestrichen. Dies alles geschieht, damit keine Ameise oder sonstiges Insekt irrtümlicherweise getötet wird. Selbst zum Kochen verwenden die Brahmanen nie Holz, sondern getrockneten Kuhmist. Sie befürchten, daß sich im Holz Würmer befinden könnten, die dann mitverbrannt würden. Wenn sie einmal aus Mangel an

Kuhmist doch Holz benützen, wird dieses vorher gründlich gereinigt und von allen Insekten gesäubert. Der heidnische Glaube besagt, daß nach dem Tod die Seele eine andere Gestalt annimmt, und so befürchten sie, damit vielleicht einen ihrer verstorbenen Verwandten umzubringen.

Auf dem so gereinigten Platz werden kleine Häuflein von Kuhkot aufgerichtet, auf die Reis und andere Lebensmittel gestreut werden. Zuletzt gießen die Priester heiße Butter darüber und zünden alles an. Aus der Flamme lesen die Priester dann heraus, ob im kommenden Jahr ein Überfluß an Reis und Korn herrschen wird.

Während des Vollmonds im Monat März halten die Heiden ein Fest zu Ehren eines ihrer Götzen ab, der die Form einer Schlange hat. Dieses Fest dauert neun Tage, und während dieser Zeit sind die Inder faul und müßig. Ihre Tiere schmücken sie reich mit falschen Goldplatten und bemalen sie um die Augen herum mit roten Ringen. Die Hörner der Stiere werden zudem mit bunten Bändern versehen. Die Mädchen der Heiden tanzen während dieser neun Tage jeden Morgen vor ihrem Gott und werden dabei von lautem Trommel- und Pfeifengetöse begleitet. Danach essen alle miteinander und amüsieren sich bis tief in die Nacht hinein.

Obwohl die Heiden üblicherweise keine starken Getränke zu sich nehmen, trinken sie während dieses Fests sehr viel Palm- und Branntwein, der aus Palmsaft gegoren wird. Dieser Wein muß in entlegenen Dörfern hergestellt werden, da die mohammedanischen Befehlshaber es den Einheimischen untersagen, ihren Wein an viel besuchten Orten herzustellen. Dieser Wein ist sehr stark, und als ich einmal zehn gläserne Flaschen damit füllte, mußte ich am nächsten Tag zu meinem Entsetzen feststellen, daß die Flaschen wegen der Stärkte des Saftes zersprungen waren.

Als ich im Jahr 1642 in Agra verweilte, erlebte ich eine gar sonderbare Geschichte. Dort wohnte ein alter Heide, der oft mit den Holländern Geschäfte tätigte. Wie nun dieser Heide, dessen Name Voldas war, vernahm, daß sein verehrter oberster Priester von Mathura gestorben war, bat er die Holländer, die noch ausstehenden Rechnungen einfach für erledigt zu betrachten. Sein einziger Wunsch sei, bald zu sterben, um dem heiligen Mann in der anderen Welt dienen zu können. Er bestieg seine Kutsche und fuhr mit seinen Verwandten aus der Stadt. Seit der Nachricht vom Tod des Priesters verweigerte der alte Händler jede Nahrung. So starb er binnen kurzer Zeit nach Verlassen der Stadt.

Die Heiden haben den Brauch, ihre Finger knacken zu lassen, wenn ein Gast ihr Haus verläßt. Dieses Fingerknacken soll verhindern, daß ein böser Geist sich in den Körper ihres Gastes einschleichen kann, oft rufen sie dabei auch den Namen einer ihrer Götter.

Die indischen Heiden sind sicherlich von Blindheit geschlagen, was die Erkenntnis des wahren Gottes betrifft. Man muß ihnen jedoch zugestehen, daß sie ein sehr sittliches Leben führen. Die verheirateten Männer bleiben ihren Frauen treu, und Ehebruch kommt sehr selten vor. Man hört bei ihnen auch fast nichts über die abscheuliche Sitte der Sodomie. Ihre Kinder werden aus Furcht, sie könnten sich dieser Sünde hingeben, bereits im Alter von sieben oder acht Jahren verheiratet. Eine solche Heirat ist sehr aufwendig. Am Abend vor der Hochzeit geht der junge Bräutigam mit seinen Verwandten in das Haus der Braut. Er trägt ein paar Armbänder mit sich, die je nach dem Reichtum des Bräutigams aus Silber, Gold oder Messing angefertigt sind. Diese Armbänder werden um die Beine des Mädchens gelegt als Zeichen dafür, daß sie von nun an für immer an ihn gefesselt ist. Am folgenden Tag wird ein großes Fest im Haus des Bräutigams veranstaltet, an dem alle Verwandten von beiden Seiten teilnehmen. Erst um drei Uhr nachmittags wird die Braut in das Haus gebracht. Danach erscheinen mehrere Brahmanen, und ihr Oberster führt den Kopf des Bräutigams zu dem der Braut. Während dessen spricht er einige Worte und begießt dabei das Paar fortwährend mit Wasser. Danach werden Schüsseln, voll mit Speisen und allerlei Tücher herbeigeschafft. Der Brahmane befragt den Bräutigam, ob er, solange er von Gott versorgt würde, alles mit seinem Weib teilen wolle und sie durch seine Arbeit ernähren könne. Wenn dieser das bejaht, ist die Hochzeit vollzogen, wonach alle Besucher gemeinsam die Mahlzeit einnehmen.

Ist der Bräutigam nun reich, wird eine solche Hochzeit mit großem Pomp und hohen Unkosten durchgeführt. Der Bräutigam reitet auf einem Elefanten einher, seine Frau folgt ihm in einem Wagen, begleitet von einer Menge Fackelträger. Je nach Besitz mietet die Familie des Bräutigams von dem Befehlshaber der Stadt mehrere Elefanten und Zierpferde und spaziert mit diesen bis tief in die Nacht hinein durch die Straßen der Stadt. An jedem Platz werden dann prächtige Feuerwerke veranstaltet. Die größte Verschwendung bei diesen Hochzeiten jedoch geschieht mit dem Wasser des Ganges. Dieses Wasser ist für die Heiden ein heiliges Getränk. Der oberste Brahmane von Jagrenate läßt das sauberste Wasser in Flaschen füllen und in das ganze Land verschicken. Nach dem Hochzeitsmahl schenkt der Bräutigam den Gästen zwei bis drei Schalen von diesem Wasser ein. Je mehr Wasser er den Gästen gibt, für desto tapferer und prächtiger wird er dann von ihnen gehalten. So ist es durchaus möglich, daß während einer einzigen Hochzeit zwei- bis dreitausend Rupien allein für das Gangeswasser ausgegeben werden.

Am 8. April wird in der Stadt Malche im Königreich Bengala ein gar sonderbares Fest gefeiert. An diesem Tag begeben sich die Einwohner vor die Stadt und binden an die Äste der Bäume eiserne Haken, die sie dann in ihren Rücken spießen und sich daran aufhängen. So verweilen sie mehrere Stunden, bis durch das Gewicht ihres Körpers das Fleisch auf ihren Rücken aufreißt. Es ist eine wunderliche Sache, daß dabei nicht ein einziger Tropfen Blut aus ihren Leibern fließt, und auch an den Haken sieht man keines. Nach zwei Tagen sind diese Leute durch die Heilmittel ihrer Brahmanen wieder vollkommen geheilt. Andere Heiden legen sich an diesem Tag auf ein eisernes Brett, welches mit spitzen Nägeln versehen ist. Diese dringen tief in das Fleisch ein. Während sie so Buße tun, bringen ihren Verwandten und Freunden allerlei Geschenke. Die Büßer müssen jedoch alle Geschenke an die Armen verteilen. Als ich einen fragte, warum sie sich solche Schmerzen freiwillig antun, antwortete er mir, dies geschehe zum Gedächtnis an den ersten Menschen, den auch sie Adam nennen.

Ich will hier noch ein Beispiel von einer merkwürdigen Buße, die ich am Ufer des Ganges im Jahre 1666 erlebte, anfügen. Ein Heide hatte eine kranke Kuh vor seinem Haus einfach sterben lassen, ohne diese vorher nach Landessitte am Ufer eines Wassers zu waschen. Der Brahmane legte ihm nun für dieses Vergehen folgende Buße auf: Er mußte einen ganzen Monat jeden Tag fünfzig Liegestützen am Ufer des Ganges machen und dabei jedesmal dreimal die Erde küssen. Er durfte dabei niemals mit seinem Leib den Boden berühren, und wenn er aufstand, mußte er seinen rechten Fuß in die Luft halten. Während des ganzen Monats durfte der arme Mensch weder essen noch trinken. Wann immer einem Heiden ein Stück Gold und Silber abhanden kommt, sei es ihm nun gestohlen worden oder einfach verlorengegangen, so muß er dieselbe Summe seinem obersten Priester stiften. Tut er dies nicht und wird der Verlust dennoch bekannt, wird der Heide von seinen Kastenangehörigen mit Schmach vertrieben. Dies geschieht angeblich, um den Heiden mehr Sorgfalt zu lehren.

Zum Schluß möchte ich noch bemerken, daß die Malavaren die Nägel ihrer linken Hand und ihre Haare sorgfältig wachsen lassen. Diese Nägel werden dabei bis zu einem halben

Finger lang und dienen ihnen als Kamm. Mit ihrer linken Hand verrichten sie alles Unreine. Niemals berühren sie ihr Gesicht oder ihr Essen mit dieser Hand.

Nun werde ich noch kurz über die Königreiche nördlich und östlich des Reiches des Großmoguls berichten. Über diese Königreiche von Bhutan, Assam, Tipra und Siam haben wir Europäer bis zum heutigen Tag leider nur wenig Kenntnisse.

Das 12. Kapitel

Vom Königreich Bhutan, in welchem es Bisam und guten Rhabarber gibt

Das Königreich Bhutan soll angeblich sehr groß sein, doch leider ist bis zum heutigen Tag nichts Genaueres darüber bekannt. Ich habe hier lediglich das wiedergegeben, was ich während meiner Reise darüber in Erfahrung bringen konnte.

Während meiner letzten Reise hatte ich das Glück, in Patna, der größten und berühmtesten Handelsstadt Bengalas, eine Gruppe von Kaufleuten aus Bhutan zu treffen. Diese besuchen Patna jährlich, um ihren Bisam zu verkaufen. In den zwei Monaten, die ich in dieser Stadt verbrachte, kaufte ich ihnen Bisam im Wert von 26 000 Rupien ab. Wäre der hohe indische Zoll nicht gewesen, den man für diese Ware für die Ausfuhr nach Europa entrichten muß, hätte ich sicherlich einen guten Gewinn einstreichen können.

Was den Rhabarber betrifft, so ist wohl keine andere Ware dem Verderb so ausgeliefert wie diese. Transportiert man sie von Patna aus in Richtung Norden über Kabul nach Europa, so ist sie wegen der hohen Feuchtigkeit der Verrottung ausgesetzt. Andererseits ist der südlichere Weg auch gefährlich, da die plötzlichen Regenstürme die Ware gänzlich vernichten können.

Der Weg von Patna nach Bhutan dauert ungefähr drei Monate. Üblicherweise verreisen die Kaufleute im Frühling und erreichen nach acht Tagen die Grenzstadt Gorrochepur. In dieser letzten Stadt im Reich des Großmoguls müssen sich die Reisenden ihre Verpflegung für die Weiterreise beschaffen. Die nächste Reiseetappe geht bis zum Fuß der großen Berge. Diese Etappe, die wiederum acht Tage dauert, ist wohl die schwierigste, denn der gesamte Weg führt durch einen dichten Wald. In diesem wimmelt es von wilden Tieren und vor allem von Elefanten. Anstatt in der Nacht ruhen zu können, müssen die Reisenden große Feuer anzünden und Musketenschüsse abfeuern. Dies alles dient dazu, die Elefanten abzuschrecken. Die Elefanten schleichen sich andernfalls so leise an die Reisegruppe heran, daß man sie erst merkt, wenn sie inmitten der Gruppe stehen. Allerdings sind die Elefanten keine Gefahr für die Menschen, sondern versuchen lediglich, einen Sack voll Lebensmittel zu ergattern. Wie man mir oft berichtete, sollen die Elefanten in der Kunst des Stehlens wahre Meister sein.

Es ist von Patna bis zum Fuß des Gebirges möglich, mit Sänften oder Kutschen zu reisen. Für gewöhnlich benutzt man hierfür jedoch Ochsen, Kamele oder Pferde. Die indischen Pferde haben einen sehr kleinen Körper, so daß ein ausgewachsener Mann, wenn er darauf reitet, mit seinen Beinen beinahe den Boden berührt. Im übrigen sind sie sehr stark und genügsam. An einem Tag schaffen sie im schwierigen Gelände der Berge bis zu 20 Meilen. Aber trotz dieser

Moschustier

Vorzüge können die kleinen Pferde nicht jeden Paß bewältigen. Man bedient sich dann eines anderen Mittels, von dem ich gleich berichten werde.

Sechs Meilen jenseits von Gorrochepur liegt das Land des Rajas von Nepal. Sein Reich grenzt direkt an Bhutan an. Er ist ein Vasall des Großmoguls und schickt diesem jedes Jahr einen Elefanten als Tributzahlung. Sein Hof befindet sich in der gleichnamigen Stadt Nepal. Das ganze Land besteht aus dichten Wäldern und kargen Bergen, so daß hier kaum Handel betrieben werden kann und deshalb nur wenig Geld im Land vorhanden ist.

Sobald die Reisegruppe den Fuß der hohen Berge erreicht hat, erscheinen von den umliegenden Bergen viele Weiber. Die Reisenden können diese für den Weitertransport ihrer

Lebensmittel und Waren mieten. Es ist sogar möglich, sich selber von diesen Weibern über die Pässe tragen zu lassen. Dies geschieht auf folgende Art: Die Weiber haben um ihre Schultern einen Riemen hängen, an dem ein Kissen befestigt ist. Der Riemen häng am Rücken der Frau herunter, und der Reisende kann darauf bequem sitzen. Für eine Paßüberquerung werden pro Person jeweils drei Weiber angeheuert, da sich diese oft abwechseln müssen. Die Lebensmittel und Waren werden in Körben, die jeweils bis zu 60 Pfund schwer wiegen, getragen. Der Weg über die Berge ist so schmal und voller Schluchten, daß man froh sein kann, wenn die Überquerung nur zehn Tage dauert. Die Pferde können die schmalen Wege oft nicht passieren, und so bleibt den Besitzern nichts anderes übrig, als diese hinaufziehen zu lassen. Dies ist wohl auch der Grund dafür, daß man für diese schwierige Reise nur ungern Pferde benutzt.

Nach der Überwindung der Berge stehen dem Reisenden wieder Kutschen, Ochsen und sogar Sänften zur Verfügung. So kann er ohne größere Strapazen bis zum Ziel weiterreisen. Das Land selbst ist fruchtbar, und überall wachsen Korn, Reis und Hülsenfrüchte. Sogar Wein wird angebaut. Im Sommer ist das Volk mit leichten Baumwollstoffen bekleidet, im Winter trägt es einen groben, filzähnlichen Stoff. Auf dem Haupt tragen die Leute Kappen, die rundherum reich mit Wildschweinzähnen, Schildpatt, Korallenstücken und Achatsteinen verziert sind. Die Weiber sind sehr schlank und anmutig. Als Schmuck tragen sie Halsketten aus Korallen oder gelben Achatsteinen.

Das Volk ist erzheidnisch, dennoch essen sie des öfteren Fleisch. Lediglich Kuhfleisch rühren sie nicht an. Dafür genießen sie den Branntwein wie wir Europäer. Man merkt ihrer Lebensweise auch den chinesischen Einfluß an. Nach jeder Mahlzeit verbrennen sie, genauso wie die Chinesen, einen gelben Achatstein. Diese Sitte macht den Stein zu einer begehrten und wertvollen Ware, und in Patna bezahlen die Kaufleute für einen etwa nußgroßen Stein bis zu 40 Rupien.

Neben Bisam und Rhabarber findet der Kaufmann im Königreich Bhutan den besten Safran der Welt. Dieser wächst wild auf den Wiesen, und man darf ihn nie mit der Hand pflücken, da er sonst leicht kaputtgehen würde. Der Preis für diese Ware ist sehr hoch, denn während der Reifezeit wehen heftige Winde die Samen unter das Gras, wodurch der meiste Safran vernichtet wird.

Wären die Leute aus Bhutan ebenso geschickt wie die Moskowiter, könnten sie viele Marder erlegen und mit ihren Fellen einen regen Handel betreiben. Die Moskowiter lauern den Mardern bei ihren Höhlen auf, und sobald ein Tier seinen Kopf herausstreckt, schießen sie ihm in die Nase. Würde nämlich sein Leib getroffen werden, wäre das Fell wegen des vielen Blutes, das auf die Haare spritzt, unbrauchbar.

Der König von Bhutan wird die ganze Zeit von achttausend Mann bewacht. Die meisten der Wächter sind mit Pfeil und Bogen bewaffnet und besitzen außerdem noch ein Beil und einen Schild. Dieser Schild ist auf der Innenseite mit einer Spitze versehen, so daß er gleichzeitig als Fausthammer benützt werden kann. Schon seit geraumer Zeit bedienen sich die Soldaten aus Bhutan der Muskete. In Patna zeigten bhutanesische Kaufleute mir eine solche und versicherten mir, daß die Inschrift am Kolben über 500 Jahre alt sei. Ohne ausdrückliche Erlaubnis des Befehlshabers dürfen die Soldaten das Reich nie verlassen. Selbst dann dürfen sie keine Muskete mitnehmen, es sei denn, sie lassen ihren besten Freund dafür bürgen. Auf der ganzen Welt wird kein König so verehrt wie der König von Bhutan. Dieser wird von seinen Untertanen sogar angebetet. Wenn er Audienz oder Gericht hält, müssen alle, die etwas von ihm wünschen, mit vor der Stirn gefalteten Händen herantreten und sich vor ihm auf die Erde werfen. Niemals dürfen sie das Haupt in Gegenwart ihres Königs hochhalten. Erst wenn sie am Boden liegen, können sie ihren König anreden. Entfernen dürfen sie sich nur rücklings und in gebeugter Haltung, bis sie ganz seinen Blicken entschwunden sind.

Die Brahmanen täuschen diesem armen Volk vor, der König sei die Reinkarnation eines indischen Gottes. Wie sehr das Volk seinen König schätzt, soll eine kurze Geschichte zeigen. Sobald der König seine Notdurft verrichtet hat, wird sein Kot sorgfältig aufgesammelt, um daraus dann eine Art Schnupftabak herstellen zu können. Dieser wird in kleine Dosen gefüllt, und an Markttagen schenkt der König reichen Bauern und Kaufleuten, von denen er Geschenke erhält, diesen Tabak. Die Beschenkten bewahren diese Dosen wie Kostbarkeiten auf. Wenn sie gute Freunde bewirten, werden die Speisen jedesmal mit diesem Unrat bestreut.

Das Volk von Bhutan ist stark und wohl gebaut. Allerdings haben sie ein sehr flaches Gesicht und eine eingedrückte Nase. Die Frauen sollen größer unbd stärker sein als die Männer. Dieses Volk ist so friedlich, daß es nicht einmal weiß, was das Wort Krieg bedeutet. Außer dem Großmogul hat es auch niemanden zu fürchten, denn das Land ist von hohen Bergen, dichten Wäldern und trockenen Wüsten, in denen es nur ein wenig bitteres Wasser gibt, umgrenzt. Allem Anschein nach befinden sich im Königreich Bhutan mehrere Silbergruben. Der König läßt alljährlich achteckige Silbermünzen herstellen, die den Wert von ungefähr einer Rupie besitzen. Niemand konnte mir jedoch in Patna sagen, wo sich die Minen befinden.

Leider konnte ich nicht mehr über dieses Land in Erfahrung bringen. Als der Großherzog von Moskau eines Tages Botschafter nach China sandte, mußten diese Bhutan durchqueren. In China angekommen, verlangte man von ihnen, sich nach Etikette des Hofes dreimal vor dem König auf die Erde zu werfen. Die stolzen Gesandten weigerten sich jedoch, sich dieser demütigenden Sitte zu unterwerfen. Man gewährte ihnen deshalb keine Audienz, und sie mußten mit ihren wertvollen Geschenken unverrichteter Dinge wieder nach Moskau zurückkehren. Hätte der Großherzog weniger stolze Abgesandte ausgeschickt, so bestünde heute wohl ein guter Landweg zwischen Rußland und China. Auch das Königreich Bhutan wäre leichter erreichbar, und sicher würde man dann heute mehr über dieses geheimnisvolle Land wissen.

Da ich gerade über die Moskowiter berichtete, fällt mir eine Geschichte ein, die mir ein Russe auf einer meiner Reisen erzählt hat. Im Jahre 1654 soll angeblich eine zweiundachtzigjährige Frau in Moskau ein Kind auf die Welt gebracht haben. Als der Großherzog davon hörte, ließ er den Knaben an seinen Hof bringen und dort fortan ernähren.

Das 13. Kapitel

Vom Königreich Tipra

Bisher war ich der Meinung, daß das Königreich Burma an Indien grenzt. In Dacca traf ich jedoch einen Kaufmann aus dem Land Tipra, der mich von diesem Irrtum befreite. Er befand sich auf einer Reise von Tipra nach Dacca, um dort Korallen, Achatsteine und Schildpatt einzukaufen. Damit die Bewohner ihn mit Ehrfurcht behandelten, hatte er sich als Brahmane verkleidet. Seine Einkäufe bezahlte er mit kleinen achatähnlichen Steinen, die eine Inschrift trugen. Auch hatte er immer eine Waage bei sich, die aus einer Holzart hergestellt war, die so fest wie Eisen ist.

Wenn alle Leute im Königreich Tipra sind wie dieser Kaufmann, so muß dieses Volk von der Trunksucht besessen sein. Es war mir eine Freude zuzusehen, wie mein Gast meinen Branntwein und die verschiedenen Sorten Wein aus Shiras, Reims und Mante genoß. Auf allen meinen Reisen halte ich mir immer einen genügenden Vorrat von diesem Lebenselixier. Ich hätte sicherlich viel von dem Kaufmann über die Größe und Beschaffenheit seines Landes erfahren können, doch als ich mit meinen Fragen beginnen wollte, war der Wein schon geleert und der Kaufmann nicht mehr in der Stimmung, etwas zu erzählen. Alles was ich erfuhr, war lediglich, daß der Reisende ungefähr fünfzehn Tage braucht, um das Land zu durchqueren. Die Tagesreisen sind dabei nicht alle gleich lang, da man sich immer nach den vorhandenen Wasserquellen richten muß. Für den Transport stehen den Reisenden Ochsen und Pferde zur Verfügung. Der König und die vornehmen Herren reisen jedoch in Sänften herum und besitzen außerdem noch eine Reihe von Kriegselefanten.

Alle Einwohner leiden an einer Art Halskrankheit, denn ihr Kropf ist übergroß. Der Kaufmann selbst hatte einen faustgroßen Kropf. Diese Krankheit ist vermutlich auf unreines Trinkwasser zurückzuführen, denn auch in vielen anderen Teilen Asiens und Europas ist diese zu beobachten.

Ansonsten scheint es nichts in Tipra zu geben, was den Handel beleben könnte. Es gibt dort lediglich eine Goldgrube mit zudem sehr minderwertigem Gold. Auch die dort gewebte Seide ist schlecht gearbeitet und äußerst grob. Beides, Gold und Seide, werden nach China verkauft. Dies ist die einzige Einnahmequelle des Königs, denn er bezieht keine Steuergelder von seinen Untertanen. Merkwürdig ist, daß die Adeligen in Tipra verpflichtet sind, sechs Tage im Jahr für den König in den Goldgruben zu arbeiten oder Seide zu weben.

Im Laufe der Zeit wird man sicherlich mehr über dieses sonderbare Land in Erfahrung bringen können.

Das 14. Kapitel

Vom Königreich Assam

Genaueres über dieses Königreich weiß man erst seit dem Krieg des großen Feldherrn Mirgimola mit dem Land Assam. Nachdem Mirgimola im Auftrag Aureng-zebs dessen Land befestigt und die Feinde besiegt hatte, entschloß er sich, seine untätigen Truppen gegen Assam marschieren zu lassen.

Er wußte, daß Assam seit fünfhundert Jahren keinen einzigen Krieg mehr geführt hatte, und so hoffte er, nur einen kurzen Kriegszug unternehmen zu müssen. Er vermutete allerdings zu Unrecht, daß die Armee Assams schlecht ausgerüstet und unerfahren sei. Übrigens soll angeblich in Assam das Schießpulver erfunden worden sein. Erst von dort fand es dann seinen Weg nach China, weshalb wir glauben, die Chinesen seien dessen Erfinder. Mirgimola brachte von seinem Kriegszug einige Proben davon mit. Das Pulver aus Assam ist äußerst rein und viel wirksamer als das unsrige.

In Dacca scharte Mirgimola ein mächtiges Kriegsheer um sich und zog mit diesem teils zu Land, teils auf dem Wasserweg den Ganges entlang, um das nichts Böses ahnende Volk zu überwältigen. Seine Truppen verbrannten und plünderten dabei mehrere Grenzorte. Alle Einwohner Assams sind

Heiden, während das Heer Mirgimolas aus Mohammedanern bestand. Auf Befehl ihres Feldherrn wurden alle heidnischen Pagoden verwüstet, und sie empfanden es als eine heilige Aufgabe, dies zu tun.

Mittlerweile kehrten die Späher, die Mirgimola ausgeschickt hatte, zurück und berichteten ihm, daß der König von Assam mit einem noch viel größeren Heer als erwartet ihnen im Inneren des Landes auflauerte. Auch sei es mit allerlei Feuerwerk, Granaten und Sprengkugeln ausgerüstet. Mirgimola fand es daraufhin ratsam, nach Dacca zurückzukehren. Der Hauptgrund seines Rückzugs war aber wahrscheinlich die anhaltende bittere Kälte in Assam. Seine Soldaten waren dagegen so empfindlich, daß bei einem längeren Kriegszug in diesem Land wohl sein ganzes Heer umgekommen wäre.

Bevor er jedoch Assam verließ, entschloß er sich, die südlich gelegene Stadt Azoo zu belagern. Nach kurzer Belagerung stürmten die Truppen die Stadt und plünderten sie vollständig aus. Azoo ist der Begräbnisort der Könige von Assam. Obwohl diese Heiden sind, lassen sie sich dennoch nicht verbrennen, sondern begraben. Sie glauben wie wir Christen, daß nach dem Tod diejenigen, die in ihrem Leben nur Gutes getan haben, in eine andere Welt kommen, in der es ihnen an nichts fehlen wird. Die schlechten Leute aber würden Hunger und Durst leiden müssen. Deshalb sei es auch ratsam, dem Toten ins Grab etwas mitzugeben, auf das er dann in Zeiten der Not zurückgreifen könne.

So fand Mirgimola in den Gräbern der Könige, die seit Jahrhunderten dort begraben werden, großen Reichtum vor. Jeder dieser Könige hat sich selbst zu Ehren einen Tempel erbauen lassen und diesen reich mit Gold, Silber und Teppichen ausgeschmückt. Nach ihrem Tod bestattet man sie unter den Tempelgewölben. Neben die Leiche legen die Priester all die Sachen, die den Königen während ihres Lebens lieb und teuer gewesen sind. Selbst die am meisten verehrten Götzen-

Himalaya-Hochwald

bilder aus Gold und Silber werden mit eingegraben. Sehr grausam ist indes, daß ein Teil ihrer Lieblingsfrauen und ihrer Diener sich mit einem giftigen Trunk selbst umbringen müssen, damit sie den Königen in der anderen Welt weiterdienen können. Weitere Grabbeigaben sind ein lebendiger Elefant, zwölf Kamele, sechs Pferde und eine große Menge von Jagdhunden.

Das Königreich von Assam ist wohl eines der glücklichsten Länder dieser Erde. Man findet dort alles, was zum Leben nötig ist, ohne mit anderen Ländern Handel betreiben zu müssen. Es sind dort Gold-, Silber-, Eisen- und Bleigruben vorhanden. Auch Seide wird dort hergestellt, die viel gröber ist als die indische. Das Gold darf nicht aus dem Land hinausgebracht werden. Der König läßt daraus große und kleine Münzen prägen. Die übrigbleibenden Goldklumpen werden von den Einwohnern untereinander gehandelt. Obschon es in diesem Land keinen Mangel an sonstigen Lebensmitteln gibt, bevorzugen die Einwohner Hundefleisch als ihre Hauptnahrung. In jeder Stadt des Reiches findet jeden Monat ein Markt statt, auf dem Hunde aus dem ganzen Reich zum Kauf angeboten werden.

Es werden hier auch Weintrauben angebaut, die man trocknet, um daraus einen vorzüglichen Branntwein herzustellen. Das Salz in diesem Land wird aus Feigenblättern gewonnen. Diese werden getrocknet und dann verbrannt. Die zurückbleibende Asche ist ein derart scharfes Salz, daß es unmöglich pur zu genießen ist. Erst nach zehn- bis zwölfstündigem Aufquellen im Wasser kann die Asche gegessen werden.

In der Stadt Kemmerous hält der König von Assam Hof. Er bezieht keine Steuern von seinen Untertanen; jedoch gehören ihm die Gold-, Silber- und Eisengruben. Die Arbeit dort wird aber nicht von seinem Volk verrichtet, sondern von Sklaven, die der König aus den benachbarten Gebieten kauft.

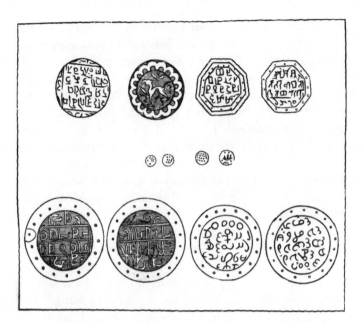

*Gold- und Silbermünzen der Könige von Assam, Tipura,
Arakan und Pegu*

Deshalb sind die Bauern von Assam auch sehr vermögend. Die meisten von ihnen besitzen ein steinernes Haus und einen von Bäumen umringten Brunnen. Für die Beförderung ihrer Weiber halten sie sich oft einen eigenen Elefanten.

Im Gegensatz zu den anderen Heiden, die nur ein Weib heiraten, haben die Assamesen bis zu vier Frauen. Damit unter diesen kein Zank ausbricht, heiratet er jede mit folgenden Worten: Zu der einen sagt er: „Ich heirate dich, damit du mir meinen Haushalt führst"; zur anderen sagt er: „Ich nehme dich zur Frau, damit du meine Kinder erziehst." So hat jede der Frauen eine besondere Aufgabe in der Familie.

Das Volk von Assam ist wohlgestaltet und hat eine rötliche Hautfarbe. Als Bekleidung tragen die Leute lediglich ein

Stück Leinwand, mit der sie ihre Scham bedecken, und eine mit Schweinzezähnen verzierte Mütze. Die Haare der Männer sind schulterlang, die der Weiber reichen fast bis auf den Boden.

Assam treibt viel Handel mit seinem Nachbarn Bhutan. Besonders Armbänder aus Korallen, Schildpatt und Meermuscheln sind gefragt. Dies ist auf folgende Sitte zurückzuführen: Wenn ein Mann stirbt, müssen alle seine Freunde und Verwandten ihn zu Grabe tragen. Sobald der Leichnam in die Erde gelegt wird, sind alle Anwesenden verpflichtet, ihre gesamten Armbänder in die Grube zu werfen und mitbegraben zu lassen.

Das 15. Kapitel

Über die gefahrvolle Seereise nach Ceylon

Am 14. April 1648 verließ ich Mingrela, einen großen Ort im Königreich Visapour, auf einem holländischen Schiff, das mit Seide beladen aus Persien kam und nach Batavia segelte. Am 18. legten wir in Bakanor an, um dort Reis aufzunehmen. Ich war mit dem Kapitän an Land gegangen, um beim König die Erlaubnis für den Reiskauf einzuholen. Wir fanden den König drei Meilen stromaufwärts am Ufer. Dort standen zwölf aus Palmblättern geflochtene Hütten. Der König lag in seiner Kammer auf einem persischen Teppich, sechs Frauen fächelten ihm Luft zu, reichten ihm Betel und stopften ihm die Pfeife. Die Vornehmen des Landes, an die 200 Mann, befanden sich in den anderen Hütten. Sie schienen anderswo ihre Häuser zu haben und nur die Kühle hier zu genießen. Nachdem uns der König mit Freuden die Erlaubnis zum Aufladen des Reises gegeben hatte, verließen wir ihn. Er ließ uns zwölf Hühner und sechs Krüge Palmwein mitgeben. Noch am gleichen Abend gelangten wir in ein kleines Dorf, in dem wir übernachteten. Am Morgen brachten uns unsere Schiffsleute gemeinsam mit vier jungen Leuten aus dem Dorf das Frühstück. An Land gekommen, begehrten die Schiffsleute sofort Palmwein. Der Besitzer der Hütte erbot sich, vom besten holen zu lassen, gleichzeitig warnte er uns aber vor den Folgen, die der Genuß dieses Weins haben kann. Die Bootsleute lachten aber nur darüber und tranken, soviel sie konnten. Doch am nächsten Tag hatten wir alle starke Kopfschmerzen, die zwei Tage anhielten. Als wir die Einheimischen befragten, warum der Palmwein eine so starke Wirkung habe, meinten sie, er sei so stark, weil um die Palmen herum Pfeffer gepflanzt werde. Als ein Bauer daherkam, vereinbarten wir mit ihm einen Preis für den Reis. Der Reis mußte aber von weit hergebracht werden. Deshalb waren wir etwas in Sorge, weil der Wind sich zu drehen drohte und wir so bald wie möglich absegeln wollten. Der Kapitän wollte aber erst aufbrechen, wenn der Nahrungsvorrat unseres Schiffes vervollständigt war.

In der Nacht des 29. drehte sich der Wind, und die Mannschaft drängte den Kapitän deshalb, abzufahren. Der Kapitän weigerte sich aber, denn der Wasservorrat war noch nicht aufgefüllt. Nachdem der Wind die ganze Nacht über heftig geblasen hatte, legte er sich am Morgen wieder, und man fuhr fort, Reis zu laden. Die Mannschaft murrte bereits und drängte den Kapitän zur Abfahrt, so daß dieser zwei Boote ausschickte, um Wasser zu holen. Aber diese waren nicht einmal bis zur Mündung des Flusses gekommen, als der

Wind so heftig wurde, daß sie umkehren mußten, ohne Wasser geladen zu haben. Sie erreichten nur mit Mühe und Not wieder unser Schiff. Die beiden Boote wurden befestigt, und in das große Beiboot wurden vierzehn Mann gesetzt, damit sie es vom Schiff auf Distanz halten konnten, denn sonst wäre es daran zerschellt. Wir wollten die Anker heben, aber der Wind wurde immer stärker, so daß wir gezwungen waren, statt dessen auch noch alle übrigen Anker zu werfen. Von dem herumwirbelnden Segelgestänge wurden zwölf Männer verletzt; auch der Kapitän trug eine Verletzung an der Hand davon, als er selbst mithelfen wollte. Als die Situation sich gefährlich zuspitzte, bereuten alle ihre Sünden, und innerhalb von zwei Stunden wurde dreimal die Messe gelesen. Bis Mitternacht hatten wir alle sieben Anker verloren, und wir konnten nichts anderes tun, als uns auf die Betten zu legen und abzuwarten. Auch der Kapitän lag schon seit einiger Zeit im Bett, weil ihm die zerquetschte Hand schwer zu schaffen machte. Ich befand mich derweil an Bord und schaute den Wellen zu. Als ich so dastand, lief das Schiff plötzlich auf Grund, und jeder dachte, es sei zerschellt. In diesem Augenblick boten mir zwei Ruderknechte aus Hamburg an, mich gegen eine hohe Belohnung zu retten; ich versprach ihnen auch tatsächlich fünfhundert Taler. Während sie sich an die Arbeit machten, beobachtete ich ständig das Ufer und bemerkte nach einiger Zeit, daß sich der Wind wieder gedreht hatte und jetzt vom Land her wehte. Dies schrie ich den Bootsleuten zu, die dann mit großem Geschrei die ganze Besatzung zusammentrommelten. Auch die vierzehn Männer, die im großen Beiboot waren, wurden herbeigerufen; es rührte sich jedoch nichts, und als man nachschaute, sah man keine Spur mehr vom Boot und der Mannschaft. Niemand hatte je erfahren, was mit ihnen geschehen war. Der Kapitän konnte sich nicht von seinem Bett erheben, denn er hatte in Folge seiner Verwundung

Fieber bekommen. Obwohl das Schiffsruder gebrochen war, konnte man sich mit einem kleinen Segel behelfen und das Schiff damit steuern. Je dunkler es nach dem Untergang des Mondes wurde, desto mehr legte sich der Wind, wofür alle Gott dankten.

Trotzdem waren noch nicht alle Gefahren überstanden, denn wir mußten an drei hohen Felsen vorbei, die wir aber wegen der Dunkelheit nicht ausmachen konnten. Als der Tag anbrach, berieten wir, wohin wir segeln sollten. Die einen waren dafür, wieder nach Goa zurückzusegeln, weil wir keine Anker mehr hatten. Die anderen waren der Meinung, wir sollten nach Ponte de Galle weitersegeln. Dies ist die erste Stadt, die die Holländer den Portugiesen auf Ceylon abgenommen hatten. Der Weg dorthin sei nämlich genauso weit, und die Winde stünden auf beiden Seiten ebenso günstig. Ich war der Meinung, daß man nach Ponte de Galle segeln sollte, denn ich hatte Angst, daß sich die Mannschaft in Goa leicht in Gefahr bringen könnte. Goa wurde nämlich von den Portugiesen beherrscht, und es befand sich dort die Inquisition. Außerdem gab es in dieser Stadt viel Palmwein, was dazu führen konnte, daß sich zur Abfahrt kein einziger Matrose an Bord einfinden würde. Es wurde also beschlossen, nach Ceylon weiterzusegeln. Acht Tage später erreichten wir den Hafen Ponte de Galle. Wir setzten ein Segel ab, um den Hafen, der einer der gefährlichsten in ganz Asien ist, unversehrt erreichen zu können. Der Befehlshaber der Stadt schickt gewöhnlich immer, wenn er ein Schiff kommen sieht, zwei Lotsen zu ihm, um es gut um die Felsen zu lenken. Weil aber das Wetter und auch das Meer für uns sehr günstig waren, glaubte der Befehlshaber, diesmal darauf verzichten zu können. Und obwohl wir an den Felsen schon vorbei waren, dies aber nicht bemerkten, weil wir uns hier nicht auskannten, drehten wir ab und fuhren wieder auf die offene See hinaus. Der Befehlshaber und die Lotsen waren darüber sehr verwundert. Als wir dann wieder auf offener See waren, drehte sich der Wind erneut, und wir hatten zwei Tage keine Gelegenheit, in den Hafen zu fahren. Hätte uns der Wind noch weiter aufs Meer hinausgetrieben, wären wir gezwungen gewesen, in den bengalischen Meerbusen hinaus zu segeln. Nachdem uns die Lotsen schließlich abgeholt hatten, gingen wir am 12. Mai an Land. Ich besuchte den Befehlshaber Madsuere, der jetzt General in Batavia ist, und er lud mich jeden Tag, solange ich dort war, zum Essen ein.

Das 16. Kapitel

Vom Königreich Siam

Das Königreich Siam liegt zwischen Burma und Malacca. Der kürzeste und beste Weg dorthin führt über Isphahan, Ormus, Surat, Golconda und Masulipatam. Dort schifft man sich dann nach Denouserin, dem Hafen von Siam, ein. Von Denouserin reist man noch ungefähr 35 Tage, um in die Hauptstadt zu gelangen. Die Hälfte der Reise kann man zu Schiff auf dem Fluß bewältigen, den anderen Teil muß man mit Wagen oder Elefanten zurücklegen. Beide Wege sind gleichermaßen unbequem und gefährlich: Zu Land muß man sich gegen Tiger und Löwen behaupten, und auf dem Fluß erschweren die vielen Wasserfälle die Reise.

Ganz Siam ist außerordentlich fruchtbar und reich an Reis und Früchten, von denen die schmackhaftesten Mangos genannt werden. Die Wälder sind voll von Hirschen, Elefanten, Tigern, Nashörnern und Affen. Überall findet man Bambus, der hier sehr hoch wächst und ganz hohl und hart wie Eisen ist. Auf der Spitze der Bambusrohre sieht man Nester, so groß wie ein Mannskopf. Diese werden von den Ameisen aus Erde gebaut. Nur ein kleines Loch ist darin zu entdecken, in das die Ameisen hineingehen. Im Nest hat jede Ameise, wie die Bienen, eine eigene Kammer. Sie bauen ihre Nester auf die Spitzen der Rohre, weil sie so vor dem heftigen Regen, der hier vier bis fünf Monate dauert und das ganze Land überschwemmt, sicher sind.

In der Nacht muß wegen der Schlangen immer jemand Wache halten. Es gibt hier Schlangen, die bis zweiundzwanzig Schuh lang sind und zudem zwei Köpfe haben. Der zweite Kopf befindet sich am Ende des Schwanzes; dort kann die Schlange aber das Maul nicht öffnen und es auch sonst nicht bewegen.

In Siam gibt es noch ein anderes giftiges Tier, das nicht länger als einen Schuh wird. Sein Schwanz ist gespalten und hat zwei Spitzen. Im übrigen hat es ganz die Form unseres Salamanders.

Die Flüsse dieses Königreichs sind sehr schön, und der, welcher durch die Stadt Siam fließt, ist an allen Stellen gleich breit. Sein Wasser ist sehr sauber und gesund. Leider ist er voll von abscheulich großen Krokodilen, welche Menschen, die nicht genügend auf sich aufpassen, häufig verschlingen. Wenn die Sonne die mitternächtlichen Zeichen durchläuft, überschwemmen die Flüsse Siams das Land. Dies trägt sehr zur Fruchtbarkeit der Felder bei, besonders gut wachsen dann die Reisähren.

Siam, die Hauptstadt und gleichzeitig die königliche Residenzstadt, ist von Mauern umgeben. Sie liegt auf einem Eiland, das auf allen Seiten von einem Fluß umgeben ist. Der König könnte deshalb leicht in allen Gassen Wasserleitungen bauen lassen, wenn er nur einen Teil seines Goldes, das er für die Götzenaltäre verwendet, dafür hergäbe.

Die Siamesen haben dreiunddreißig Buchstaben in ihrem ABC und schreiben so wie wir, von links nach rechts, ganz anders als die Völker in Japan und China, die von rechts nach links und von oben nach unten schreiben. Die Völker dieses Reiches sind dem König und den großen Herren untertan. Frauen und Männer schneiden sich die Haare ab, und auch ihre Kleider sind nicht sehr schön. Einer ihrer höflichsten Bräuche ist, niemals vor jemand, den man besonders ehrt, ohne Erlaubnis voranzuschreiten. Die Reichsten haben – wie auch im Königreich Assam – viele Frauen.

Die Landeswährung besteht aus Silber und ist wie Musketenkugeln geformt. Außerdem verwenden die Siamesen als Zahlungsmittel auch Muscheln, die aber von geringem Wert sind. Diese kommen aus Manila, wo es auch schöne Zinngruben gibt.

Der König von Siam ist einer der reichsten Monarchen des Orients, und er nennt sich auch »König des Himmels und der Erde«, obwohl er dem chinesischen König tributpflichtig ist. Er läßt sich nur selten bei seinen Untertanen sehen und gewährt nur den Vornehmsten seines Hofes Audienz. Die Ausländer erhalten indes keinen Zutritt zu seinem Palast. Er überläßt die Regierungsgeschäfte seinen Untergebenen, die sehr oft ihre Machtbefugnisse mißbrauchen. Nur zweimal im Jahr läßt er sich in der Öffentlichkeit sehen, was dann mit großer Pracht vor sich geht. Das eine Mal sieht man ihn, wenn er sich mit großem Pomp zu einer Pagode begibt, die sich in der Stadt befindet und deren Turm innen und außen vergoldet ist. In dieser Pagode befinden sich drei Götzenstatuen, sechs bis sieben Schuh hoch und mit Gold bedeckt. Durch viele Almosen, die er den Armen gibt, und durch Geschenke an die Götzenpriester glaubt er, die Götter günstig stimmen zu können. Bei dieser Gelegenheit zieht er mit seinem ganzen

Hof durch die Straßen der Stadt und zeigt seinen riesigen Besitz vor; unter anderem 200 Elefanten, darunter einen weißen, den der König so hoch schätzt, daß er es für eine Ehre hält, „König des weißen Elefanten" genannt zu werden. Die Elefanten leben, wie ich schon früher erwähnt habe, viele Jahrhunderte lang. Das zweite Mal läßt sich der König sehen, wenn er abermals zu einer Pagode geht, die sechs Meilen außerhalb der Stadt liegt. Diese erreicht der König stromaufwärts auf dem Fluß. Nur er und seine Priester dürfen diese Pagode betreten. Sobald das Volk die Pforten der Pagode erblickt, muß es sich mit dem Gesicht nach unten zu Boden werfen. Darauf erscheint der König auf dem Fluß mit zweihundert Galeeren von besonderer Länge. Jede ist mit vierhundert Ruderern besetzt und meistens vergoldet und schön verziert. Weil dieser öffentliche Auftritt des Königs im Wintermonat vor sich geht und genau in diesem Monat der Fluß sich wieder in sein ursprüngliches Bett zurückzieht, reden die Götzenpriester dem Volk ein, daß nur der König den Lauf des Wassers regeln könne durch seine Gebete und den Eifer, den er in der Pagode zeigt. Diese armen Leute bilden sich ein, der König zerschneide das Wasser mit seinem Säbel und befehle ihm, ins Meer zurückzufließen.

Noch ein drittes Mal geht der König in eine Pagode, die sich auf der Insel befindet. Dort haben die Holländer ihre Häuser stehen. Dieser Tempelbesuch geht aber ohne die Pracht der beiden anderen ab. Am Eingang der Pagode befindet sich ein Götze im Schneidersitz, die eine Hand hält er auf dem Knie und die andere auf die Seite. Er ist 60 Schuh hoch, und um ihn herum stehen mehr als 300 andere Statuen, die verschiedene Männer und Frauen darstellen. Alle Statuen sind vergoldet. Im ganzen Land findet man sehr viele dieser Pagoden, denn jeder reiche Siamese läßt sich eine zu seinem Gedächtnis erbauen. Sie alle haben Türme und Glocken, ihre Mauern sind innen bemalt und vergoldet. Die Fenster aber sind so klein, daß nur wenig Licht einfällt. Auf den Altären stehen kostbare Götzen, wobei gewöhnlich drei Götterstatuen von unterschiedlicher Größe nahe beisammen aufgestellt sind. Die beiden Pagoden, zu denen sich der König mit vollem Prunk begibt, sind von verschiedenen, schön vergoldeten Säulen umringt. Zu der Insel, wo die Holländer ihre Häuser haben, gehört außerdem ein sehr zierlich gebautes Kloster. Die Pagode, die sich mitten in der Stadt befindet und die der König bei seinem öffentlichen Auftritt besucht, enthält beinahe viertausend vergoldete Götzenbilder. Um diesen Tempel herum stehen viele kleine Türme, deren Schönheit einen die Kunst des Landes bewundern läßt.

Wenn der König erscheint, müssen alle Türen und Fenster geschlossen werden. Das Volk wirft sich auf den Boden, ohne den König anzusehen. Weil sich niemand an einem erhabeneren Ort als der König befinden darf, müssen sich alle anschließend in die Häuser hinunterbegeben. Wenn der König sich die Haare schneiden läßt, macht dies kein Barbier, sondern eine seiner Frauen. Dieser Fürst hat Elefanten sehr gerne; er hält sie sich als Staatszierde. Wenn einer von ihnen erkrankt, sorgen sich die Vornehmen des Hofes sehr, um dadurch bei ihrem Herren Gefallen zu erwecken. Stirbt einer dieser Elefanten, so wendet man bei seinem Begräbnis ebensoviel Pracht auf, wie wenn ein Großer des Landes gestorben ist.

Die Begräbnisse der Vornehmen laufen auf folgende Art ab: Aus Binsen wird eine großartige Grabstätte, Mausoleum genannt, errichtet, die außen und innen mit farbigem Papier überzogen ist. In die Mitte des Grabs legt man – dem Gewicht des Verstorbenen entsprechend – eine Menge wohlriechender Hölzer, die, nachdem die Priester einige Gebete gesprochen haben, zusammen mit der Leiche eingeäschert werden. Die Reichen verwahren die Asche in goldenen oder silbernen Gefäßen, während die Armen sie in die Luft verstreuen.

Verbrecher, die hingerichtet wurden, verbrennt man nicht, sondern begräbt sie.

Der König erlaubt öffentliche Prostitution. Die Dirnen leben in einem abgesonderten Haus, wo ihnen Schutz gewährt wird. Wenn aber eine Dirne stirbt, wird sie nicht wie die anderen Frauen verbrannt, sondern lediglich auf einen Platz geworfen, wo sie dann von Hunden und Raben gefressen wird.

In diesem Königreich soll es mehr als zweihunderttausend Priester, Bonzen genannt, geben, die sowohl beim Hof als auch beim einfachen Volk sehr angesehen sind. Der König achtet manche von ihnen so hoch, daß er sich in ihrer Gegenwart sogar erniedrigt. Die Ehrfurcht, die ihnen bezeugt wird, macht manche Bonzen so hochmütig, daß sie sogar mit dem Gedanken spielen, die Herrschaft an sich zu reißen. Falls der König solches aufdeckt, läßt er sie hinrichten, wie es erst vor kurzem geschah, als ein Bonze, der Anführer eines Aufruhrs gewesen war, auf Befehl des Königs enthauptet wurde.

Die Bonzen gehen gelb gekleidet herum und tragen um die Lenden ein kleines rotes Tuch in Form eines Gürtels. Sie benehmen sich sehr würdevoll und zeigen niemals das geringste Zeichen von Zorn. Sie stehen am Morgen um vier Uhr, wenn die Glocken läuten, auf, um ihre Gebete zu verrichten. Dies wiederholen sie auch am Abend. An gewissen Tagen im Jahr sondern sie sich von der Gemeinschaft der Menschen ab und leben in der Einsamkeit. Die einen leben von Almosen, andere von reichen Stiftungen. Solange sie die Kleidung der Bonzen tragen, dürfen sie keine Frauen haben. Wollen sie sich verheiraten, müssen sie das Priesteramt ablegen. Die meisten der Bonzen sind sehr ungebildet und wissen nichts über ihren Glauben. Sie scheinen, wie die indischen Heiden, ebenfalls an die Seelenwanderung zu glauben. Es ist ihnen verboten, Tiere zu töten, es macht ihnen jedoch nichts aus,

Tiere zu essen, die andere getötet haben oder die von selbst gestorben sind. Ihr Gott ist ein Gespenst, das sie blindlings verehren. Sie beharren auf ihrem Irrtum so hartnäckig, daß es schwer fällt, sie davon abzubringen. Sie sagen, der Gott der Christen und der ihrige seien Brüder, der ihrige sei aber älter. Wenn man sie fragt, wo ihr Gott sei, so antworten sie, er sei verschwunden und sie wüßten nicht, wohin er gegangen sei.

Das Heer besteht fast nur aus Fußvolk; die Soldaten sind sehr tüchtig. Sie sind nur mit einem Stoffstück bekleidet, um ihre Scham zu bedecken. Die übrigen Körperteile wie der Bauch, der Rücken, die Arme und Schenkel sind nackt. Ihre Haut ist in Form von Blumen und Tieren eingeschnitten. Nachdem die Haut eingeritzt und das Blut geronnen ist, werden diese Muster mit Farbe eingerieben. Sieht man sie von weitem, dann meint man, sie hätten Seidenstoffe mit Blumenmustern am Leib. Die Farben gehen nicht mehr weg. Als Waffen besitzen sie Pfeil und Bogen, Musketen und Piken und eine »Azagaye«. Dies ist ein sechs Schuh langer Stab, der vorne beschlagen ist und mit großer Geschicklichkeit dem Feind entgegengeschleudert wird.

Im Jahr 1665 war in der Stadt Siam ein neapolitanischer Jesuit, Pater Thomas genannt. Er ließ die Stadt und den königlichen Palast, der bis ans Ufer des Flusses reichte, befestigen und außerdem gute Bollwerke errichten. Deswegen erlaubte ihm der König, in der Stadt zu bleiben, wo er eine kleine Kirche samt einem Haus hat. In dieses kehrte Herr Lambert, Bischof von Beryte, ein, als er Siam besuchte. Die beiden vertrugen sich nicht lange, und der Bischof entschloß sich, eine eigene Kapelle zu errichten. Im Hafen, der nur eine halbe Meile von der Stadt entfernt ist, kommen ständig christliche Seeleute an. Deshalb hat der Bischof dort ein kleines Haus mit einer Kapelle, in der er die Messe lesen kann, erbauen lassen.

NACHTRAG

Jean Baptiste Tavernier verließ den ceylonesischen Hafen Ponte de Galle auf einem holländischen Schiff und segelte mit diesem in Richtung Indonesien, wo er in der holländischen Niederlassung Batavia einige Zeit verbrachte. Daraufhin besuchte er das indonesische Königreich Bantam und befreundete sich mit dem dortigen König. Als geschickter Betrachter des Zeitgeschehens beschreibt er minutiös die verlustreichen Kriege der Holländer gegen die indonesischen Fürsten, vor allem die Kriege gegen den Kaiser von Java. Gerade nach Batavia zurückgekehrt, starb sein Bruder, der ihm während seiner weiten Reisen wegen seines Sprachtalentes von ungeheuerem Nutzen gewesen war. Wegen einer neuerlichen Streitigkeit mit dem holländischen General verließ Tavernier erzürnt Batavia und segelte mit einer holländischen Flotte zurück nach Europa. Die Flotte legte in St. Helena an, von dem der Autor eine detaillierte Beschreibung gibt, und erreichte schließlich ohne größere Schwierigkeiten Holland.

Worterklärungen

Agra	Stadt im heutigen Bundesstaat Uttar Pradesh, eine der früheren Hauptstädte im Mogulreich
Ahmadabad	Stadt im heutigen Staat Gujerat
Arakan (Arachan)	heute Teil Burmas
Aurangabad	heute im Bundesstaat Maharashtra, Begräbnisstätte und Hauptstadt von Aureng-zeb
Aureng-zeb	Sohn Shah Jehans, 1618–1707, regierte von 1658–1707
Azoo	vermutlich das heutige Aizawl im Bundesstaat Mizoram
Bagnagar	heute Hyderabad in Andhra Pradesh
Balor	im Mogulreich auch Valod, heute in Gujerat
Banarou	siehe Varanasi
Banianen	Kaste der Kaufleute
Barnoli	heute Bardoli in Gujerat, östlich von Surat
Begum	moslemische Bezeichnung für eine Fürstin in Indien
Bengala	damals zum Reich des Großmoguls gehörend, heute zum größten Teil der Bundesstaat Westbengalen (Indien) und Bangla Desh
Betel	Arecanuß, enthält Alkaloid und dient als Rauschmittel
Bharuch	Stadt in Gujerat, nördlich von Surat
Biana	heute Bayana in Rajasthan, bei Agra
Bisam	Moschus
Brahmanen	Priesterkaste der Hindus

Brampour	Burhanpur im heutigen Madhya Pradesh, früher in der Provinz Khandesh, unter Shah Jehan kurze Zeit Hauptstadt des Mogulreiches
Calicut	Stadt im Bundesstaat Kerala
Calivete	heute in Madras
Cambay	Cambay im heutigen Gujerat
Cannanur	heute Cannanore in Kerala
Cha-Abas II.	Shah-Abbas II., Schah von Persien aus dem Geschlecht der Seffewiden um 1650
Cheki-sera	Mathura im heutigen Uttar Pradesh
Chitpour	Stadt in Gujerat, östlich von Ahmadabad
Cochin	Stadt im heutigen Kerala, früher portugiesischer und holländischer Besitz
Coftes	Längenmaß, 1 Coftes ungefähr 1 Meile
Comorin	Cap Comorin im heutigen Tamil Nadu
Cranganor	kleine Küstenstadt im heutigen Kerala
Daboul	Dhabol, kleiner Küstenort im heutigen Maharashtra
Dacca	heute Hauptstadt von Bangla Desh
Dara-Cha	Dara-Shukoh, ältester Sohn Shah Jehans, 1614–1659
Delhi	heute die Hauptstadt von Indien, früher Hauptstadt des Mogulreiches
Deroga	Bürgermeister
Derwisch	mohammedanischer Heiliger
Diu	ehemalige portugiesische Provinz, Insel bei Gujerat
Dultabad	Daulatabad
Erengabad	gehört wie Bagnagar zu Hyderabad
Fakir	hinduistischer Heiliger, Sadhu
Gandicot	Ortschaft im heutigen Andhra Pradesh

Ganges	heiliger Fluß der Hindus im Norden Indiens
Gani	Diamantgrube Ghani oder Kollor, heute in Andhra Pradesh
Gehanabad	heute Fatehpur Sikri, die verlassene Stadt bei Agra im Staat Uttar Pradesh, Residenz Jehangirs
Goa	ehemalige portugiesische Provinz, heute Bundesstaat Goa
Golconda	in der Nähe Hyderabads im Bundesstaat Andhra Pradesh, früher Hauptstadt des Königreichs Golconda
Gorrochepur	heute Gorakhpur in Uttar Pradesh
Gos	Längenmaß, 1 Gos ungefähr 4 Meilen
Großmogul	Herrscher aus dem Geschlecht der Timuriden. Erster Großmogul war Akbar, der einen Großteil Indiens eroberte und der erste mohammedanische Herrscher war, der Zusammenarbeit mit den Hindus versuchte.
Gujerat	heute Bundesstaat im Nordwesten Indiens, früher Provinz des Mogulreiches
Gwalior	heute im Bundesstaat Madhya Pradesh
Isphahan	Stadt in Persien
Jagrenate	vermutlich die Pilgerstätte Badrinath im heutigen Uttar Pradesh
Jehangir	Jehangir Salim, 1569–1627, Sohn Akbars
Kandahar	Provinzhauptstadt im heutigen Afghanistan und Handelszentrum
Lahore	heute »kulturelle« Hauptstadt Pakistans
Madrespatan	heute Madras in Tamil Nadu
Malavar	Malabarküste, die Westküste Indiens

Malavares	Bewohner der Malabarküste, zwischen Goa und Cochin
Mandoua	Madei, Fluß im heutigen Goa
Masulipatam	Hafenstadt im heutigen Andhra Pradesh
Mingrela	vermutlich Vingorla in der Nähe Goas
Mirgimola	Feldherr des Königs von Golconda
Morat Bakche	Sohn Shah Jehans, Verbündeter seines Bruders Aureng-zeb im Erbfolgekrieg, später von seinem Bruder hingerichtet (1661)
Muskat	Stadt in Oman am Persischen Golf
Navapoura	Navapur in Gujerat
Ouguely	Hugli, Flußmündung des Ganges, im heutigen Bengalen, früher eine holländische Niederlassung
Ösbegen	Ösbeken, Uzbeken, Mischvolk aus Türken, Iraniern und Mongolen
Pagodes	indische Währung im Königreich Golconda
Palicat	heute Pulicat in Tamil Nadu
Patna	Stadt am Ganges, heute im Bundesstaat Bihar
Pegu	Stadt im heutigen Burma
Pilau	Reisgericht
Ponte de Galle	heute Galle in Sri Lanka
Porca	kleines Fürstentum an der südlichen Westküste Indiens
Raja	hinduistischer Fürst
Rajputen	Kriegerkaste in Rajasthan
Ram	indische Gottheit, Sohn von Dashrat und Ehemann von Sita
Raolconda	Diamantgrube Rayalconda, im heutigen Andhra Pradesh

Rupien	indische Währung; 1 Rupie = 100 Paisa
Salsete	Insel bei Bombay, im Bundesstaat Maharashtra
Shah Jehan	Kaiser der Mogul-Dynastie, regierte 1628–1658, Sohn Jehangirs
Sindi	heute Teil im Bundesstaat Punjab und in Pakistan
St. Georg	heute in Madras im Bundesstaat Tamil Nadu
St. Johann	heute in Madras im Bundesstaat Tamil Nadu
St. Thomé	heute ebenfalls in Madras im Bundesstaat Tamil Nadu
Sujah	Sultan Shujah, Sohn Shah Jehans
Surat	Stadt im heutigen Gujerat
Suwali	Hafenstadt im heutigen Gujerat, in der Nähe von Surat
Tipra	ist heute der Bundesstaat Tripura
Tripati	heute Tirupati, Pilgerstadt in Andhra Pradesh
Varanasi	Benares, die heiligste Stadt der Hindus; liegt am Ganges im Bundesstaat Uttar Pradesh
Velou	Velore, Gebiet südlich von Madras, heute im Bundesstaat Tamil Nadu
Visapour	Bijapur, ein eigenständiges Königreich, bis es unter die Herrschaft der Moguln kam (1686); heute zum Bundesstaat Karnatika gehörend
Vishnu	bildet mit Brahma und Shiva eine Dreiheit – Trimurti sind die führenden Götter im Hindupantheon
Yamuna	Fluß, entspringt im Himalaya, fließt durch Delhi und Agra

ZEITTAFEL

Zeit der großen Mogulkaiser bis zum Beginn der britischen Kolonialherrschaft:

1526–1530	Herrschaftsantritt von Kaiser Babur, dem Tiger
1530–1533 und 1555–1556	Regierungszeit von Kaiser Humayun
1533–1555	Rebellion der Sur- und Lodi-Fürsten gegen die Herrschaft Humayuns
1540–1545	Sher Shah aus der Sur-Dynastie führt eine mustergültige Regierung
1556–1605	Regierungszeit Kaiser Akbars (Akbar ist der fähigste Herrscher unter den Mogulkaisern; er führt u. a. eine Verständigung zwischen Hindus und Moslems herbei, und unter ihm erlebt Indien eine große kulturelle Blüte)
1605–1627	Regierungszeit Kaiser Jehangirs
1628–1658	Regierung von Kaiser Shah Jehan (unter seiner Herrschaft wird das berühmte Taj Mahal erbaut – als Begräbnisstätte für seine Lieblingsfrau Mumtaz Mahal)
1658–1707	Regierungszeit von Kaiser Aureng-zeb (in seine Regierungszeit fällt der Verfall der Mogulherrschaft)

Europäer in Indien:

1498	Vasco da Gama landet in Kalikut
1510	Goa wird portugiesische Kolonie (bis 1962)

1585	Drei schiffbrüchige Briten erscheinen bei Akbar, angeblich mit einem Brief von Königin Elisabeth
1605	John Mildenhall verhandelt mit Akbar über Handelskonzessionen
1608	Kapitän Hawkins, Abgesandter der Ostindien-Kompanie, sucht Jehangir auf und überreicht einen Brief von König Jacob I.
1612	Gründung der ersten britischen Faktorei in Surat
1615	Sir Thomas Roe besucht im Auftrag des englischen Königs Jehangir wegen Verhandlungen über einen gemeinsamen Handel
1618	Die Holländer erscheinen in Surat
1620	Die Dänen erreichen Tranquebar
1627	Die Holländer gelangen nach Bengalen
1757	Lord Clive siegt entscheidend bei Plassey; Beginn der englischen Kolonialherrschaft
1775–1878	Zahlreiche Rebellionen der Eingeborenen gegen die britische Kolonialherrschaft
1858	Auflösung der Ostindischen Kompanie und Übertragung ihrer Rechte auf die britische Krone
1877	Königin Viktoria nimmt den Titel der »Kaiserin von Indien« an. Der größte Teil des Landes wird als Britisch-Indien der Krone unterstellt
1885	Gründung des Indischen Nationalkongresses. Beginn der Opposition gegen die britische Herrschaft
1920	Mahatma Gandhi beginnt den waffenlosen Kampf gegen die britische Herrschaft
1947	Unabhängigkeitserklärung Indiens

Literatur

Das Originalwerk:

Six voyages en turquie, en perse et aux indes pendant (...) quarante ans (av. planches). Paris, 1676–1679.

Der Bearbeitung des Tavernier'schen Reiseberichts liegt die deutsche Übersetzung von 1681 zugrunde, die in zwei Ausgaben vorliegt:

»Beschreibung der sechs Reisen, welche Johan Baptista Tavernier, Ritter und Freiherr von Aubonne, in Türkei, Persien und Indien, innerhalb vierzig Jahren, durch alle Wege, die man nach diese Länder nehmen kann, verrichtet: Worinnen unterschiedliche Anmerkungen von der Beschaffenheit der Religion, Regierung, Gebräuche und Handlungen jeglichen Landes enthalten.«
(Genff, Johann Hermann Widerhold, 1681, und Nürnberg, Hofmann, 1681.)

Für die Einführung wurde herangezogen:

Wilhelm von Pochhammer: Indiens Weg zur Nation. Die politische Geschichte eines Subkontinents. Bremen, 1973.
Walther Wellmann: Akbar, der Kaiser von Indien. Eine historische Erzählung über eine der bedeutendsten Herrscherpersönlichkeiten der Weltgeschichte. Tübingen und Bombay, 1979.

VASCO DA GAMA

SEEHELD UND ENTDECKER

Einer der wenigen Glücksfälle überlieferter Entdeckungsliteratur – das Tagebuch eines Offiziers auf Vasco da Gamas Flaggschiff.

1497 erhielt Vasco da Gama von seinem König den Auftrag, den Seeweg nach Indien zu finden. Er zog mit vier Schiffen aus. Anders als seine ängstlichen Vorgänger, die sich – stets in Sichtweite des Festlandes – Afrikas Küste entlang getastet hatten, wagte der rauhbeinige Geschwaderkommandant da Gama die Fahrt quer durch den Atlantik und den Indischen Ozean, mit der er schließlich das Gewürzmonopol der Araber sprengte und für Europa das Tor zum lukrativen Asien-Handel aufstieß.

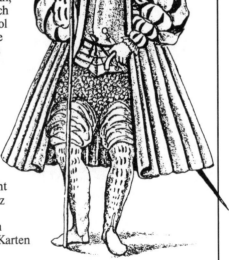

**Vasco da Gama
Die Entdeckung
des Seewegs
nach Indien**
Ein Augenzeugenbericht
Hrsg. Gernot Giertz
225 Seiten mit
24 zeitgenössischen
Illustrationen und Karten

EDITION ERDMANN
in K. Thienemanns Verlag

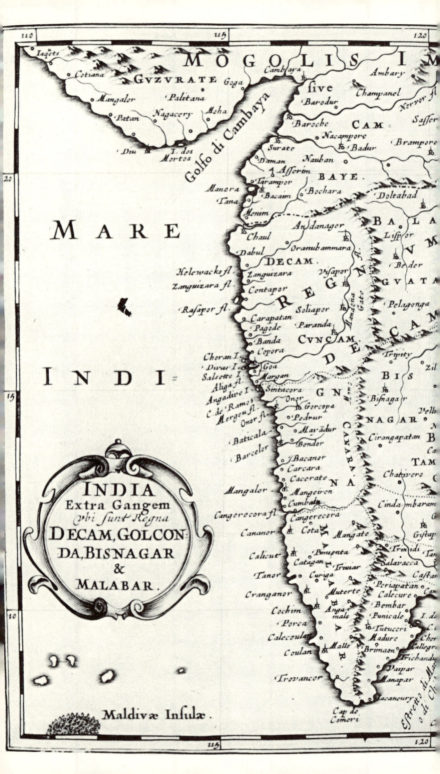